AYMERIC
ZUBLENA

AYMERIC ZUBLENA

architecte
architect

Avec un portrait par / With a portrait by
JEAN-FRANÇOIS POUSSE

SilvanaEditoriale

La *Tour rostrale* présentée sur la couverture de cet ouvrage a pour objet d'explorer les voies d'un autre concept de verticalité urbaine.

Inspirée des colonnes rostrales qui furent élevées en témoignage de batailles navales dans la Grèce et la Rome antiques, cette tour est un ensemble architectural constitué de « rostres » qui se développent autour d'une colonne centrale dans un mouvement spiralé et une croissance arborescente. Ces rostres de longueurs variables accueillent aux niveaux supérieurs beaucoup plus de logements, de bureaux ou de services que ceux des tours habituelles. Ainsi, les occupants de ces niveaux seront plus nombreux à bénéficier de l'altitude et des vues panoramiques.

Depicted on the cover, the *Rostral Tower* aims to explore another concept of urban verticality. Inspired by the rostrum columns that were erected as tributes to the naval battles in ancient Greece and Rome, this tower is an architectural structure composed of "rostrums" that are organized around a central column in a spiral movement and a tree-like growth. Composed of varying lengths, these "rostrums" accommodate an increased number of dwellings, offices, and services at the upper levels in comparison to conventional towers. Thus, a higher number of occupants at these levels will benefit from the height and its panoramic views.

Acknowledgments

I want to thank
all of the contractors who are featured in this book. Without their trust and their constant support to preserve and maintain, against all odds, the architectural dimension of these projects, some of these achievements might never have seen the light of day.

I want to thank
my first three Directors of Marne-la-Vallée, Pierre Carle, Michel Rousselot, who has left us a few years ago, and Jean Poulit for entrusting me with the design of the Planned Community's regional urban center. Because of their energy, the daring goal of the Parisian Region's blueprint was preserved and achieved: to make this regional urban center the main center of the Planned Community. Today, it was one of the main formative poles of Greater Paris.

Thank you to
all the companies that, thanks to their expertise and technical excellence, gave form to concepts, designs, and projects.

Thank you to
my SCAU collaborators, the Design Offices and their engineers, the economists, and to all those who assisted me at each stage of the design and implementation of these projects.

Thank you to
the founding partners of the SCAU, Guy Autran, Thierry Gruber, Albert Longo, Michel Macary, Xavier Menu, Philippe Molle for their friendship, support, and advice regarding all that we achieved together.
I also want to thank our younger associates, Maxime Barbier, Bernard Cabannes, Luc Delamain, and François Gillard, who, a few years ago, took over what we created nearly fifty years ago, and who continue to keep it alive and advance it.

Thank you to
Jean François-Pousse for his long hours of listening and for his portrait of an architect that he was kind enough to paint.

Thank you to
the companies that helped me in the publication of this volume.

Finally, I want to thank
Silvana Editoriale publishing house and their teams who organized all of the documents I gave them in order to produce this book.

Remerciements

Je remercie
tous les maîtres d'ouvrage des projets qui figurent dans ce livre. Sans la confiance qu'ils m'ont témoignée et leur constant soutien pour préserver et maintenir, contre vents et marées, la dimension architecturale de ces projets, certaines de ces réalisations n'auraient peut-être pas vu le jour.

Je remercie
mes trois premiers Directeurs de Marne-la-Vallée, Pierre Carle, Michel Rousselot, qui nous ont quittés voici quelques années, et Jean Poulit pour m'avoir confié l'étude du Centre urbain régional de la Ville Nouvelle. Grâce à leur énergie, l'objectif audacieux du Schéma directeur de la Région parisienne a été maintenu et réalisé : faire de ce centre urbain régional le centre principal de la Ville nouvelle et aujourd'hui l'un des principaux pôles structurants du Grand Paris.

Merci à
toutes les entreprises qui par leur expérience et leur haute technicité ont donné forme aux idées, aux dessins, aux projets.

Merci à
mes collaborateurs de la SCAU, aux Bureaux d'études et à leurs ingénieurs, aux économistes et à tous ceux qui m'ont assisté à chaque étape de la conception et de la réalisation de ces projets.

Merci aux
associés fondateurs de la SCAU, Guy Autran, Thierry Gruber, Albert Longo, Michel Macary, Xavier Menu, Philippe Molle pour leur amitié, leur appui et leurs conseils dans tout ce qu'ensemble nous avons réalisé.
Merci aussi à ces associés plus jeunes, Maxime Barbier, Bernard Cabannes, Luc Delamain, François Gillard qui ont pris, voici quelques années, le relais et qui continuent à faire vivre et développer ce que nous avons créé il y a près de cinquante ans.

Merci à
Jean François-Pousse pour ses longues heures d'écoute et pour le portrait d'un architecte qu'il a bien voulu brosser.

Merci aux
sociétés qui m'ont aidé dans la publication de cet ouvrage.

Merci enfin aux
éditions Silvana Editoriale et à leurs équipes qui ont su mettre de l'ordre dans tous les documents que je leur ai confiés pour réaliser ce livre.

Aymeric Zublena et/and Paul Andreu. Photo : Brigitte Eymann

A Kind of Foreword

I hesitated for a long time. Should I address you formally or informally?

In the end, I opted for informality, if for no other reason than the fact that we are about the same age, both young, still full of hope and desires.

I know without the shadow of a doubt where you were on 12 July 1998: in your stadium, the one for which you had won the contract with Macary, Regembal and Costantini four years earlier and finished building a few months before. Three goals and the cup, what better result can an architect dream of for the inauguration of his work? You were the architects of victory! The television cameras shot endless footage of the oval-shaped suspended roof.

The Stade de France, this is the project for which your work is best known. But there's another, a bit less known to the general public and the media, of equally great importance, namely the Georges Pompidou European Hospital in Paris. The first was designed and built quickly, in haste mixed with joy, four years with no respite, encumbered with countless difficulties but never the slightest doubt: it was necessary to build and build you did. The second instead took up fourteen years of your life and had a more complicated history. How many doubts, hesitations and second thoughts crashed over you as though to test the solidity of your design and your determination to carry it out, to make a good job of it for all those involved in the hospital, patients, families and carers, in a solidarity less conspicuous than that of a stadium, less celebrated by the media, but so much deeper. This hospital was to be your formative work, the one that builds you as much as you build it.

But what a year 1998 was. It marked the end of the first twenty-five years of your career. Which is not nothing, as you have clearly shown ever since.

In 1982, the agency in charge of the construction of hospitals decided to change them and consulted other architects. For a long time, there was to be a constant effort of design and creation giving a new face to the hospital, more technical and more complex in its systems but also more concerned once again with relations between people and the dignity of each individual.

You started by winning one competition. Prof. Bismuth was to tell you that he voted for you because he liked the "pretty curve you put at the end of the corridor." From now on, a large part of your work was devoted to designing and building hospitals, in Paris, Nîmes and Nantes, always with the same care to make them welcoming places, open to the city and in many respects a continuation of the same, always with the same attention to the hopes and needs of every person brought there by illness.

From 1989 to 1993, you worked on the university complex in the University Pole of Strasbourg, a whole made up of five scientific units all of which had to evolve freely and assert their own identity. That could have prompted you to scatter them. You gathered them together in one close-meshed construction developed around an open central space, what

En guise de préface

J'ai beaucoup hésité. Allais-je vous tutoyer ? Allais-je te vouvoyer ? En définitive, le tutoiement l'a emporté. Pour cette raison au moins que nous sommes à peu près du même âge, c'est-à-dire jeunes, n'est-ce pas, pleins de désirs encore et d'espérance.

Sans risque de me tromper, je sais où tu étais le 12 juillet 1998. Dans ton stade, celui dont tu avais gagné le concours quatre ans auparavant avec Macary, Regembal et Costantini et dont la construction s'était achevée quelques mois avant. Trois buts et la Coupe, que peut rêver de mieux un architecte qu'une telle inauguration de son œuvre ? Tu étais, vous étiez, les architectes de la victoire ! Les caméras de la télévision n'en finissait pas de tourner sur l'ovale du toit suspendu.

Le stade de France. C'est l'ouvrage par lequel ton travail est le plus connu. Mais un autre, un peu moins connu du grand public et des médias, a une importance aussi grande : l'hôpital européen Georges Pompidou, à Paris.

Le premier s'est dessiné et construit vite, dans une presse mêlée d'allégresse, quatre années passées sans répit, encombrées de difficultés sans nombre mais sans que le doute jamais s'insinue, il faut construire, on va construire. Le second au contraire, qui a occupé quatorze ans de ta vie, a eu une histoire plus compliquée. Que de doutes, de remises en cause, d'hésitations venant se briser sur toi, comme pour éprouver la solidité de ton projet et ta détermination à le faire, à le faire bien, pour tous ceux que l'hôpital rassemble, patients, familles, soignants, dans une solidarité moins voyante que celle des stades, moins célébrée par les médias, mais tellement plus profonde. Pour toi, cet hôpital aura été l'ouvrage de formation, celui qui vous construit autant qu'on le construit.

Sacrée année 1998 quand même ! Cette année 1998 marque le terme de vingt-cinq ans de carrière. Ce n'est pas rien. Et tu l'as montré bien clairement depuis.

En 1982, l'administration en charge de la construction des hôpitaux veut les changer, consulte d'autres architectes. Ce sera, pendant une longue période, un effort de conception et de création continue, qui donnera un visage nouveau à l'hôpital, plus technique, plus complexe dans ses réseaux mais plus soucieux à nouveau de relations entre les personnes et la dignité de chacun.

Tu gagnes d'abord un premier concours, le professeur Bismuth te dira pourquoi il avait voté pour toi, parce qu'il avait aimé cette « jolie courbe que tu avais mise au bout du couloir ». Désormais c'est une partie importante de ton activité que tu consacres à l'étude et à la construction des hôpitaux, à Paris, à Nîmes, à Nantes, avec toujours le même souci de faire des lieux accueillants, ouverts sur la ville et qui en soit à bien des égards le prolongement, avec toujours la même attention portée aux besoins et aux espérances de chacun que la maladie rassemble.

De 1989 à 1993, tu étudieras le pôle universitaire d'Illkirch dans le Pôle universitaire de Strasbourg. C'est le rassemblement de cinq unités scientifiques qui doivent pouvoir évoluer librement et marquer leur identité. Cela aurait pu t'inciter à les disperser. Tu les rassembles dans une construction unique, dense, qui se développe autour d'un espace central libre, l'analogue, dis-tu, la réinterprétation de ce quadrilatère autour duquel les collèges anglais s'organisent. Car, là encore, même si cette exigence n'est pas la première dans le programme, il faut qu'étudiants et enseignants de diverses disciplines ne s'ignorent pas, il faut qu'ils se rencontrent, qu'ils aient une chance de se rencontrer. Ta manière de construire s'affirme et s'affine. L'acier, le verre, les panneaux métalliques donnent au bâtiment beaucoup de précision et servent ta recherche calme de la clarté et de la lumière.

L'École nationale supérieure des Mines de Nantes plus tard, de 1992 à 1994, puis le lycée de Créteil te permettront de reprendre ces thèmes et de les développer de manière différente. Dans l'immeuble de la direction de l'action sociale, de l'enfance et de la santé de la ville de Paris, la DASES, au bord de la Seine, terriblement contraint par l'angle dur de l'avenue Ledru-Rollin et par l'exiguïté du trottoir devant la façade qui regarde la Seine, tu crées un « Atrium » étroit, sur toute la hauteur du bâtiment, dont on s'aperçoit qu'il s'ouvre le matin et se ferme le soir parce que ce que l'on a cru être sa façade est une porte en fait, une porte immense démesurée dont le déplacement latéral ouvre l'angle du bâtiment en évitant tout encombrement du trottoir.

Impossible d'évoquer tous les ouvrages que tu as construits. Plus impossible encore d'évoquer toutes les études que tu as faites à l'occasion de concours. Elles font pourtant partie de ton œuvre. Pour toi, comme pour beaucoup d'architectes, elles sont inégales, bien sûr, et les jurys ont eu plus d'une fois raison de ne pas les retenir. Mais pas toujours. Il y a des idées qu'ils ne voient pas ou refusent de voir, certaines parce qu'elles ne se dégagent pas clairement et qu'elles ne sont encore que des promesses trop vagues, mais d'autres, aussi, parce qu'elles heurtent leurs propres pensées et vont au-delà de leur imagination. Idées dont on espère qu'elles reparaîtront ailleurs, plus fortes, mais le plus souvent perdues, regrets que le temps finit par effacer, la vie d'un architecte en est pleine.

J'imagine que le projet d'un pont habité au-dessus des voies ferrées à Massy est celui que tu regrettes. C'était un ouvrage d'art. Tu en as construit un avec bonheur, le pont Gustave Flaubert à Rouen, dont on dit qu'il est le pont levant le plus haut d'Europe. Un autre ouvrage semblable, celui de Bacalan-Bastide est resté, à ton grand regret, à l'état de projet. Tu aimes les ouvrages d'art. Mais celui de Massy était plus que ça, c'était aussi un espace fonctionnel et technique bien conçu, mais encore et surtout un ouvrage essentiellement urbain.

Urbain, voilà ce qui est important pour toi. Les mots avec lesquels tu décris tes projets le disent, leur forme et leur organisation le montrent, la référence à la ville, le respect et le souci de la ville sont à tout moment présents dans ton travail.

C'est par l'urbanisme, comme beaucoup d'architectes de ta génération et de la suivante, que tu as commencé. En 1967, quand tu termines tes études d'architecte avec un deuxième Grand Prix de Rome, tu vas rejoindre ceux qui travaillent dans et pour les villes nouvelles. C'est alors

you called an analogue or reinterpretation of the quadrangle around which the British university colleges are organized. Because here too, even though this requirement was not the first in the programme, it was necessary for students and teachers of the different disciplines to be aware of one another, for them to meet, to have the chance to meet. Your way of building asserted and honed itself. Steel, glass and sheet-metal panels give the edifice great precision and serve the purposes of your calm focus on clarity and light.

The Nantes School of Mines (1992–94) and the high school in Créteil then enabled you to address these themes again and develop them in a different way. In the headquarters of the Direction de l'Action Sociale, de l'Enfance et de la Santé on the Seine in Paris, a site terribly constricted by the sharp corner of avenue Ledru-Rollin and the narrowness of the pavement in front of the side looking onto the river, you created a narrow atrium the whole height of the building that can be seen to open in the morning and close in the evening. Because what appears to be its façade is in fact a door, a disproportionately huge door laterally displaced to open up the corner of the building and avoid any obstruction of the pavement.

It is impossible to mention all the works you have built and even more impossible to list all of your design proposals for competitions. They are a key part of your work. For you as for many architects, they are of course uneven and juries have had good reason to reject them more than once. But not always. There are ideas that they cannot or will not see, some because they do not stand out clearly and are as yet only vague promises but others also because they clash with their own notions and go beyond their imagination. Ideas that one hopes will reappear in a stronger form elsewhere but are generally lost, regrets that time ultimately erases. An architect's life is full of these things.

I imagine that the project for a habitable bridge over the railway lines in Massy is the one you regret. That was a work of art. You have built a bridge, fortunately, namely the Gustave Flaubert Bridge in Rouen, which is said to be the highest vertical-lift bridge in Europe. Much to your regret, the similar Bacalan-Bastide project never got beyond the drawing-board. You like works of art but the Massy project was more than that. It was also a well-designed functional and technical space but still and above all a primarily urban work.

It is indeed the urban dimension that matters to you. The words with which you describe your projects say it just as their form and organization show it. Reference to the city, respect and care for the city are present in your work at every moment.

It is in urban planning that you started out, like many architects of your generation and the next. In 1967, when you ended your studies as an architect with second place in the Prix de Rome competition, you went to join those working in and for the new towns, an effervescent sector full of hope, desire and enthusiasm at the time.

At the same time, you started teaching in Paris-Villemin. You spoke of the importance of imagining space but also of learning how to build it. You fought to preserve drawing, sketching by hand, as an essential tool in the teaching of architecture despite the use of digital technology.

You have never abandoned town planning. It has marked all of your career and shaped your thinking. General interest turned away from it at one point. The large-scale high-rise housing estates known as grands projets gave way to the Grand Paris or Greater Paris initiative. A great ambition was launched. It was a great revival of seriousness and enthusiasm that we witnessed. Impossible to prevent it from being lost, to prevent months of imagination being followed by months of stagnation or regression.

One thing alone is certain, namely the need to invent. It is this certainty rather than models to imitate that history gives us.

It is in this opening of hope and general passion for urban planning, the urban planning to which you have devoted so much of your work and your life, that we welcome you into our home. As you already know, hope can be disorientated by the great perspectives of immortality and get exhausted. You are already aware of the ability that all of us here have to control our passions, not to give them free rein, to forget them sometimes in the comfort of our black and green apparel, which is perhaps not really all that cosy. Yes, you certainly know all that. You've already been told. The hope that I now express, I am sure, in the name of everyone here is that you will give the lie to those who told you so and help us all to remain immortally young in an immortally young academy full with hope and ambition.

In the name of us all, I welcome you.

PAUL ANDREU
Architect and Member of the Institute

Extracts from the speech delivered on 2 December 2009 at the induction of Aymeric Zublena into the Académie des Beaux-Arts

un monde en effervescence, traversé de désirs et d'enthousiasmes. Dans le même temps tu deviens professeur à Paris-Villemin. Tu disais l'importance d'imaginer l'espace mais aussi d'apprendre à le construire. Tu t'es battu pour que le dessin, les croquis à la main, reste, malgré l'informatique, un outil essentiel dans l'enseignement de l'architecture.

L'urbanisme, tu ne l'abandonneras pas. Il a marqué toute ta carrière, ta pensée a pris forme avec lui. Un temps, l'intérêt général s'est détourné de lui. Aux « Grands Projets » succède l'idée du « Grand Paris ». Une grande ambition a été lancée. C'est à un grand renouveau du sérieux et de l'enthousiasme que nous avons assisté. Comment éviter qu'il se perde, qu'à des mois d'imagination succèdent des mois de stagnation ou de recul.

Une seule chose est certaine : il faut « inventer » plus que des modèles à imiter, c'est cette certitude que nous donne l'histoire.

C'est dans cette éclaircie d'espoir et de passion générale pour l'urbanisme, cet urbanisme auquel tu as consacré tant de ton travail et de ta vie, que tu es reçu dans notre Maison. Tu le sais déjà, il arrive que l'espoir se trouve désorienté dans les grandes perspectives que l'immortalité dessine, et qu'il s'épuise. Tu connais déjà cette capacité que nous avons tous ici à contrôler nos passions, à ne pas leur donner libre cours, à les oublier parfois dans le confort pourtant bien peu douillet de notre habit noir et vert. Oui, tout cela, certainement, tu le sais. On te l'a dit. L'espoir que j'exprime au nom de tous, j'en suis convaincu, c'est que tu fasses mentir ceux qui te l'ont dit et que tu nous aides tous à rester immortellement jeunes dans une Académie elle aussi immortellement jeune, pleine d'espoir et d'ambition.

Au nom de tous, soit le bienvenu.

PAUL ANDREU
Architecte Membre de l'Institut

Extraits de son discours à l'occasion de l'installation le 2 décembre 2009 d'Aymeric Zublena à l'Académie des Beaux-Arts.

Couverture / Cover
La Tour rostrale, project, 2020
The Rostral Tower, design, 2020

Silvana Editoriale

Direction éditoriale / Direction
Dario Cimorelli

Directeur artistique / Art Director
Giacomo Merli

Coordination d'édition / Editorial Coordinator
Sergio Di Stefano, Chiara Golasseni

Rédaction / Copy Editor
Paola Rossi

Traduction / Translation
Terri Morris
Scriptum S.r.l, Roma

Conception graphique et mise en page / Graphic project and layout
Annamaria Ardizzi

Organisation / Production Coordinator
Antonio Micelli

Secrétaire de rédaction / Editorial Assistant
Ondina Granato, Giulia Mercanti

Iconographie / Photo Editor
Alessandra Olivari, Silvia Sala

Bureau de presse / Press Office
Lidia Masolini, press@silvanaeditoriale.it

Droits de reproduction et de traduction réservés pour tous les pays /
All reproduction and translation rights reserved for all countries
© 2020 Silvana Editoriale S.p.A.,
Cinisello Balsamo, Milano
Dépôt légal / Legal deposit: Avril / April 2020

EAN: 9788836640935

Aux termes de la loi sur le droit d'auteur et du code civil, la reproduction, totale ou partielle, de cet ouvrage sous quelque forme que ce soit, originale ou dérivée, et avec quelque procédé d'impression que ce soit (électronique, numérique, mécanique au moyen de photocopies, de microfilms, de films ou autres), est interdite, sauf autorisation écrite de l'éditeur /
Under copyright and civil law this volume cannot be reproduced, wholly or in part, in any form, original or derived, or by any means: print, electronic, digital, mechanical, including photocopy, microfilm, film or any other medium, without permission in writing from the publisher.

SOMMAIRE
CONTENTS

12 **MOTS**
WORDS

40 **AYMERIC ZUBLENA ARCHITECTE**
AYMERIC ZUBLENA ARCHITECT

PROJETS PROJECTS

62 **HÔPITAUX**
HOSPITALS

136 **STADES**
STADIUMS

198 **ENSEIGNEMENT SUPÉRIEUR**
HIGHER EDUCATION INSTITUTIONS

218 **L'ARCHITECTURE DU TERTIAIRE**
TERTIARY ARCHITECTURE

258 **PONTS**
BRIDGES

272 **UNE TOUR ROSTRALE**
A ROSTRAL TOWER

277 ANNEXES APPENDIX

300 Liste des projets avec les divers participants
List of projects with their participants

MOTS

WORDS

A silence hovers over the lines that follow, the silence of Aymeric Zublena, architect, member of the Institut de France and the Académie d'Architecture, the subject of this book. It is not that he refuses to speak but that he does so with a curious mixture of frankness and reserve, loath to talk about himself and be appraised while also wishing to testify to his life. All his life? Only a part. There are few glimpses into his private sphere and slightly more about his work as an architect, describing his projects and creations, in the chronological text bearing his signature, the body of this book. This half-silence — simultaneously a kind of filter, a veil of modesty, a refusal to be pigeon-holed and an assertion of independence — does afford sufficient characters, however, for a tentative portrait here developed through the words of a dozen witnesses, all of whom are warmly thanked. They include clients, engineers, the director of a school of architecture, a former pupil, associates and co-workers, and fellow members with their own tale of Aymeric Zublena to tell.[1]

The first of a long series of meetings with Zublena took place, at his invitation, in the Institut de France on Conti Quay in Paris. Not quite his home but, in any case, his favorite base since he became a member of the Académie des Beaux-Arts in June 2008 and indeed its president for the year 2015. A deliberate choice of location. The gold decorations, the venerable dome and the sheer scale of the edifice designed by Louis le Vau and built of stone between 1673 and 1677 in the halcyon days of Louis XIV's reign all form a worthy setting against which he stands out like a cameo. A member of the French Academy. Was his election his

Plane une part de silence sur les lignes qui vont suivre. Le silence d'Aymeric Zublena, architecte, membre de l'Institut de France et de l'Académie d'Architecture, pourtant sujet de ce livre. Non qu'il refuse de parler, mais qu'il le fasse au travers d'un curieux mélange de franchise et de retenue, rétif à se raconter, à se laisser mesurer alors qu'il souhaite témoigner de sa vie. De toute sa vie ? D'une partie seulement, de rares éléments privés, un peu plus de son activité d'architecte dont il explique les projets et les réalisations au fil d'un texte chronologique signé de sa main, le corps de ce livre. De ce semi-silence – à la fois filtre, voile de pudeur et refus d'être catalogué par désir d'indépendance – s'échappent cependant des traits suffisants pour tenter une ébauche de portrait, précisé grâce à l'entremise d'une douzaine de témoins, ici chaleureusement remerciés : maîtres d'ouvrage, ingénieurs, directrice d'École d'architecture, conducteur de travaux, ancienne élève, associés et collaborateurs, confrères qui ont bien voulu raconter leur Aymeric Zublena[1].

D'une longue série de rencontres avec lui, la première se déroule, à son invitation, à l'Institut de France, quai Conti à Paris. Pas tout à fait son chez soi, mais tout de même son port d'attache favori depuis qu'en juin 2008 il est devenu membre de l'Académie des Beaux-Arts qu'il préside tout au long de l'année 2015. Des lieux choisis à dessein. Les ors, la vénérable Coupole, l'ample respiration de l'architecture bâtie de pierre de 1673 à 1677, conçue par Louis le Vau au plus beau du règne de Louis XIV, encadrent de son prestige le personnage et le posent en figure de camée. Académicien de l'Institut ! Un aboutissement au moment de son élection ? Pas tout à fait, car après des réalisations majeures – les stades dont ceux de France et d'Istanbul, les grands hôpitaux et sièges sociaux – quelques projets sont encore à venir. Mais oui tout de même, car il marque l'acmé d'une ambition et suscite chez lui un contentement profond, un zeste d'autosatisfaction sans doute, mais sans morgue, à ce point palpable qu'à l'interrogation un peu étonnée : « Mais Monsieur Zublena, vous semblez aimer les honneurs ? », vient aussitôt un « Oui » gourmand, franc et honnête. Pour sûr moins ficelle que la réponse délicieuse à la même question de feu son alter ego de l'Académie française Jean d'Ormesson : « Les honneurs ? Je les méprise, mais je ne déteste pas forcément ce que je méprise. »

À LA FORCE DU POIGNET

Loin d'en faire toute une histoire, cet aveu sans détour n'en est pas moins suggestif. Il vient après des années de travail acharné, puissant, constant, le couronnement justifié – il se garde bien de le souligner – d'une carrière d'architecte commencée en 1963, il y a 56 ans (en 2019), et menée à la force du poignet. Faut-il évoquer une réussite sociale à la française ? Sans doute. De parents italiens, des Piémontais venus en France, il a de qui tenir. S'il n'est pas né au monde avec une petite cuillère en argent dans la bouche, il a hérité leur volonté d'avancer, de réussir, de faire ses preuves. N'évoquant pas grand-chose de son enfance et de son adolescence, il lâche pourtant quelques traits. Né à Paris le 28 septembre 1936 en plein Front Populaire – deux ans, il s'en amuse, jour pour jour après Brigitte Bardot – de l'Italie, il ne connaît longtemps, au nord de Turin, que la région d'Ivrea d'où sa famille est originaire et où il passe des vacances chez sa grand-mère paternelle restée seule après la mort de ses deux filles et le départ de ses trois fils : Bernardino, Carlo (1910-1986), son père venu en 1930 à Paris, et Amerigo, parti pour Buenos Aires et mort par noyade dans le Rio de la Plata, en mémoire duquel il porte le prénom. L'Italie des églises, des palais, des villes et des villages admirables, il la découvrira beaucoup plus tard quand il voyagera avec des amis. Sa ville c'est Paris, comme la France est le pays de son père, le pays d'adoption dont il se sent redevable, qu'il aime car il l'a accueilli. Pas des mots lancés en l'air. De l'Italie de Mussolini les souvenirs restent, entêtants, mauvais : absence de travail, chemises noires et tristesse mêlées. En 1939, aux premiers jours de la « drôle de guerre », alors qu'Aymeric n'a que trois ans et qu'un deuxième enfant est en route, Carlo s'engage dans l'armée qui l'envoie à la Légion Étrangère. Cantonné à Sidi Bel Abbès en Algérie, il vit la déclaration de guerre italienne le 10 juin 1940 puis son attaque de la France le 21 juin comme un coup de couteau dans le dos. Il ne revient qu'après les accords d'armistice. Ses premières années en France sont râpeuses, les sous rares, gagnés en vendant dans la

crowning achievement? Not exactly, as there were still projects to come after the great works, the major hospitals, company headquarters and sports stadiums, like those of Paris and Istanbul. But perhaps so all the same, as it marked the fulfillment of his ambition and instilled him with a feeling of deep content, a touch of self-satisfaction most probably but no arrogance at all. His response to the expression of slight surprise at his apparent delight in honors was thus frank, sincere acknowledgment of the fact. This is certainly more straightforward than the splendid response of his late fellow member of the French Academy Jean d'Ormesson: "Honors? I despise them, but I don't necessarily hate what I despise."

THROUGH SHEER EFFORT

Without reading too much into it, we can see this frank admission as in any case revealing. It came after years of constant, dogged, hard work, the legitimate crown – as he takes care *not* to point out – of a career in architecture commenced in 1963, 56 years ago now (in 2019), and pursued through sheer effort. Should we call it a story of social success in the French style? Most probably. He can thank his Italian parents, who left Piedmont for France. He may not have been born with a silver spoon in his mouth but he inherited their determination to succeed, to make something of themselves. While saying little about his childhood and adolescence, he does reveal something. Born in Paris on 28 September 1936 under the government of the Popular Front – two years to the day after Brigitte Bardot, as he likes to point out – he knew nothing of Italy for a long time but the area of Ivrea north of Turin. This is the place his family came from and where he spent holidays at the home of his paternal grandmother, left alone after the death of her two daughters and the departure of her three sons: Bernardino, his father Carlo (1910–86), in Paris since 1930, and Amerigo, who left for Buenos Aires and drowned in the Rio de la Plata, whose name he bears. He was not to discover the Italy of beautiful churches, buildings and cities until much later on journeys with friends. His hometown is Paris, just as France was his father's country, the adopted homeland that welcomed him and for which he felt love and gratitude. Not just empty words. Bad, heady memories of Mussolini's Italy lingered on, a mixture of unemployment, Black Shirts and sadness. In 1939, during the early days of the "phoney war," when Aymeric was just three and another child was on the way, Carlo enlisted and was sent to serve in the Foreign Legion. Stationed at Sidi Bel Abbès in Algeria, he experienced Italy's declaration of war on 10 June 1940 and its attack on France on the 21st as a stab in the back. He did not return until after the armistice agreement. The early years in France were tough. The little money he made was from selling musical instruments in the streets, banjos and guitars that he made himself in his first small workshop. He had married before leaving for France and his wife Elda was just 19 when she joined him in 1933. They lived in a cheap boarding house with the splendid name L'Espérance, meaning hope, on rue de Montreuil before moving to rue des Immeubles Industriels in the 11th arrondissement, a street built in 1873 near the Place de la Nation. The remarkable complex of 19 identical blocks combining apartments and small workshops was designed by Emile Leménil, a simple, composite, rational, effective edifice of brick, stone and cast iron. Is it too facile to see Aymeric Zublena as unconsciously influenced by this in his future designs? In any case, it is not this that he recalls but rather his father's combined workshop and apartment on the ground and first floor, the large room with the bandsaw and the one for veneering with thin sheets of wood in a press. And then the raids during the German occupation, the rounding up of the many Polish Jews recently settled in the neighborhood, his father being arrested and finally released, the arrest of Marcel Rayman, aged 21, living in the same building – as attested today by a commemorative plaque – who was shot on Mont Valérien with the rest of the Manouchian group on 21 February 1944. And then the growth of the family business. Having started work in a café at the age of 11 and then served an apprenticeship to a cabinetmaker, his father attended evening classes at the Ecole Boulle of Applied Arts as from his arrival in France. A cabinetmaker by necessity and what we would now call a furniture designer by taste, he explored the qualities first of wood, then of metal and finally of polymers in the 1960s. Examples include the *Boule oscillante* and his lounge chair of solid oak and then plastic, named the

rue des banjos et des guitares qu'il fabrique lui-même, dans son premier petit atelier. Elda, qu'il a épousée avant de partir pour la France, le rejoint en 1933 à juste 19 ans. Ils logent dans un hôtel pauvre, l'Espérance !, un bien beau nom, rue de Montreuil, puis déménagent rue des Immeubles Industriels dans le 11e arrondissement, une voie ouverte en 1873, à côté de la Place de la Nation. Un ensemble remarquable de 19 immeubles identiques, mixtes, dédiés à l'artisanat et l'habitation conçus par l'architecte Émile Leménil. Une architecture constitutive du viaire, simple, composée, rationnelle, efficace, de pierre, de brique et de fonte. Est-il trop facile d'y voir une influence inconsciente sur les conceptions futures d'Aymeric Zublena ? En tout cas, ce n'est pas ce qu'il en retient, mais bien plutôt l'atelier de son père au rez-de-chaussée et à l'étage qui sert aussi d'appartement, la grande salle de la scie à ruban, celle dite du châssis où s'effectuent les opérations de placage des feuilles de bois, serrées à la presse ; et puis aussi, les rafles pendant l'Occupation, celles de nombreux juifs polonais installés depuis peu dans le quartier, celle de son père finalement relâché, celle de Marcel Rayman, âgé de 21 ans, qui habite le même immeuble – une plaque en témoigne aujourd'hui – fusillé au mont Valérien avec l'ensemble du groupe Manouchian le 21 février 1944 ; et encore le développement de l'entreprise familiale. Garçon de café à onze ans, puis en stage chez un ébéniste, son père, dès son arrivée en France, a suivi les cours du soir de l'École des Arts appliqués Boulle. Ébéniste par nécessité, créateur de meuble par goût – aujourd'hui on dirait designer – il explore d'abord les vertus du bois, ensuite du métal et dans les années 1960 celles des polymères : sa *Boule oscillante*, par exemple, ou son Relax en pièces de chêne massif, puis décliné en plastique, baptisé *Eurolax R1*, plus fuselé qu'une aile, dessiné spécialement pour le Club Med qui en équipe toutes ses plages, une réalisation repérée par André Malraux, alors ministre de la Culture, au 43e Salon du SAD (en 1963), le Salon des Artistes Décorateurs pour lequel Carlo Zublena expose à plusieurs reprises. Plus tard, la grande firme italienne Olivetti lui commande présentoirs et gondoles pour mettre en scène, dans ses magasins, ses célèbres machines à écrire fabriquées à Ivrea, le berceau familial. Élu deux fois meilleur ouvrier de France, Carlo apprend le dessin à ses deux fils, Jean-Pierre et l'aîné Aymeric. Ce premier contact avec le crayon, ces premières tentatives, sur

Eurolax en plastique
Designer : Charles Zublena. Photo : Colas
Plastic Eurolax
Designer: Charles Zublena. Photo: Colas

Prototype originel en assemblage de pièces de chêne
Designer : Charles Zublena. Photo : Colas
Prototype in oak assembly
Designer: Charles Zublena. Photo: Colas

le papier, pour représenter la réalité et donner vie à l'imaginaire, il ne le sait pas encore, vont laisser des traces. Mais rien encore ne semble le prédisposer à l'architecture. En fait il aimerait devenir sculpteur. Il s'y essaye un peu, aime les outils de la taille du bois : ciseau, rabot, tenaille, massette, les gouges aussi. Plus de trente ans après le décès de son père, il conserve minutieusement empaquetées dans une trousse celles qu'il lui a laissées, dont certaines mesurent plus d'un mètre vingt.

DÉCLIC

Ni à l'école communale rue de Picpus, ni au lycée Charlemagne, il ne se découvre un intérêt particulier pour l'architecture. Certes, Paris en est un livre merveilleux et concourt insensiblement à l'éducation du regard comme l'infinie richesse des villes italiennes qu'il visite le baccalauréat en poche. Mais l'envie de devenir architecte vient par des chemins détournés. Son père à ses débuts a connu la dureté de l'ébénisterie. Pour son fils, il aimerait un métier d'un autre renom. Et c'est lui qui l'emmène chez une de ses connaissances, un architecte qui conçoit alors une école. La rencontre a lieu dans la baraque de chantier où sont punaisés les plans et se poursuit par la visite des travaux en cours.

Déclic ? Simple curiosité pour ce métier encore prestigieux qu'il ne connaît pas ? Ce micro événement lui plaît. L'année de son voyage en Italie, à 17 ans et demi, il décide de s'inscrire à l'École nationale supérieure des Beaux-Arts de Paris (ENSBA).

Pour les étudiants en architecture d'aujourd'hui, l'École de la rue Bonaparte n'évoque pas grand-chose. Une autre époque, une tranche d'histoire assez éloignée, mais pas assez pour intéresser. Peut-être sont-ils encore marqués par le mépris hérité des professeurs d'après 1968 et de leurs successeurs. Pour tous ceux qui ont été formés avant cette rupture radicale, perdure encore la crainte d'être catalogués, collés à la réputation d'une école morte, fielleusement supposés incapables d'en transgresser l'enseignement. Zublena entre autres, d'autant qu'il sera second Prix de Rome en 1967, juste avant la suppression de ce concours prestigieux par André Malraux. D'où son souhait répété de ne pas trop insister sur ces années de formation au risque de perdre ce qu'elles ont justement de richesses constitutives. Et l'envie de renverser les perspectives et de montrer que ce bagage non seulement n'a pas été un poids, un handicap, mais une base à la fois solide, précieuse et porteuse d'émancipation, l'inverse d'une sclérose.

Une banalité peut-être, une évidence en tous cas, Zublena aux Beaux-Arts apprend à travailler dur. « J'ai toujours été un très gros bosseur », avoue-t-il, et ses collaborateurs, ceux qui l'ont côtoyé, confirment. L'admission à l'École l'exige. Un parcours du combattant. Avant de suivre les cours, il faut se présenter au concours d'entrée, devenir « admitionniste », intégrer un atelier

Eurolax R1 and more streamlined than a wing, specially designed for the Club Med and used on all of its beaches. The latter attracted the attention of André Malraux, then Minister of Culture, in 1963 at the 43rd edition of the Salon des Artistes Décorateurs, at which Zublena Snr presented work for years. The major Italian company Olivetti later commissioned him to create stands and gondolas for their shops to display the famous typewriters produced in Ivrea, Zublena family's birthplace. Twice voted France's best worker, Carlo taught his two sons, Aymeric and Jean-Pierre, how to draw. This initial contact with the pencil, those first attempts to represent reality and bring the imaginary to life on paper, left an imprint of which he was unaware at the time. But nothing appeared as yet to predispose him towards architecture. He would indeed have liked to be a sculptor. He tried his hand at this for a while and loved the tools of wood carving, the chisel, plane, vice, hammer and gouges. More than thirty years after his father's death, he still keeps the gauges he left, some of which measuring over 120 cm, carefully wrapped in a case.

THE TRIGGER

Neither at the municipal junior school on rue de Picpus nor at the Lycée Charlemagne did Zublena discover any particular interest in architecture. Paris is of course a wonderful book and helps almost imperceptibly to educate the eye, just like the countless riches of the places he visited in Italy after graduating from high school. The desire to become an architect arrived, however, in a roundabout way. Having experienced the difficulties of cabinetmaking at the beginning and wanting a more illustrious profession for his son, Carlo took him to see an architect he knew who was then working on a school. The meeting took place in a hut on the site with the plans tacked to the walls and continued with a tour of the work under way.

Was it a revelation or simple curiosity about a still prestigious profession that he did not know? In any case, this mini-event triggered something. At the age of 17, in the year of his trip to Italy, he decided to enrol in the Ecole Nationale Supérieure des Beaux-Arts in Paris (ENSBA).

The school on rue Bonaparte means little to today's students of architecture: another era, a slice of fairly remote history, not really enough to kindle their interest. They may also be still affected by the disdain inherited from the post-1968 teachers and their successors. For all those trained before that radical break with the past, the fear still lingers on of being pigeon-holed, mired in the reputation of a lifeless school, venomously regarded as incapable of breaking the rules. And for Zublena too, even though he came second in the illustrious Prix de Rome competition in 1967, just before it was abolished by André

Malraux. Hence his insistence on not attaching too much importance to these years of education at the risk of losing the fundamental riches they can rightly be regarded as imparting. Hence too the desire to demonstrate on the contrary that this background was not burden or handicap but a solid, precious and liberating basis, the opposite of fossilization.

It may be a cliché but it certainly applies in any case. At the ENSBA Zublena learned how to work hard. "I've always been a very hard worker." This is what he says about himself and his associates, the ones who have stayed at his side, confirm. Admission to the school entailed this, like training for battle. Before attending the courses, it was necessary to sit the entrance exam, be admitted and join an *atelier* or class taught by a *patron* or director (Pierre Vivien in this case) with the assistance of students in the second and first classes. A different subject was set to work on each week. The *patron* went around the class providing guidance and correcting the work at the end of a few days. At the same time, the students learned how to draw and apply washes, to produce copies of classical orders, Doric, Ionic and Corinthian capitals, details of Greek and Roman architecture. Pencil in hand, they drew inspiration, among other things, from Georges Gromort's works (1870–1961) and Paul-Marie Letarouilly's book for classical architecture, a generous series of engravings of buildings published between 1840 and 1855 under the title *Edifices de Rome moderne ou recueil des palais, maisons, églises, couvents, et autres monuments publics et particuliers les plus remarquables de la ville de Rome*. They attended higher-level courses in mathematics and learned the basics of art history. The exam, held in July with a second chance in September or October for those who fail, was known to be very tough. It often took two or three years to pass. The various stages included drawing, 12 hours of tests and 7 hours in the gallery of plaster casts to draw a copy of a classical work, and then mathematics before the oral examination before a panel of architects and engineers. Any mark below 7 out of 20 meant failure. Zublena was admitted the second year, in September 1957, as the first out of 600 candidates, an honor he has never forgotten.

With respect to those years as a student, he only mentions in passing how drawing, the essential tool of the trained hand, enabled him to enter into architecture, to discover its constituent and component elements from the inside, how much he also loved the physical act of working on paper, when he learned to moisten the double and quadruple Grand Aigle sheets (75 × 110, 110 × 160, 220 × 160 cm), which stretch on the frame as they dry out. At the same time, he is far from regarding himself as a virtuoso of the pencil or as possessing the almost innate gift that is the equivalent of perfect pitch in music. In any case, he needs to draw in order to operate, to give a

dirigé par un patron – pour lui ce sera Pierre Vivien – aidé par les étudiants de seconde et première classes. Chaque semaine a son thème de travail. Le patron passe, oriente et clôt le cycle au bout de quelques jours par un corrigé. Parallèlement, l'étudiant apprend à dessiner, à passer des lavis, fait des copies d'ordres, chapiteaux dorique, ionique, corinthien, des détails de l'architecture grecque et romaine. Le crayon en main, il s'inspire entre autres des planches de Georges Gromort (1870-1961) et du Paul-Marie Letarouilly pour l'architecture classique, un recueil de bâtiments couchés sur des planches généreuses publié entre 1840 et 1855 sous le titre *Édifices de Rome moderne ou recueil des palais, maisons, églises, couvents, et autres monuments publics et particuliers les plus remarquables de la ville de Rome*. Il suit des cours de mathématiques niveau Math Sup, apprend des bases d'histoire de l'art. Le concours – en juillet et si recalé en septembre ou octobre – est réputé difficile. Il faut souvent deux ou trois ans pour le réussir. Il se déroule en plusieurs étapes : l'esquisse, douze heures à plancher ; l'épreuve de dessin, toujours la copie d'un Antique, sept heures d'affilée dans la Galerie des plâtres ; puis celle de mathématiques et enfin l'oral devant un jury d'architectes et d'ingénieurs. Toute note en dessous de 7 sur 20 est éliminatoire. Zublena est reçu la seconde année, en septembre 1957. Et premier sur 600 candidats. Une place d'honneur qu'il n'oublie pas ! De ces années d'admissionniste et d'étudiant, il ne mentionne qu'en passant combien le dessin, la main, irréductible outil, lui permet d'entrer en architecture, d'en découvrir comme de l'intérieur les constituants et les composants, combien il a aimé aussi la gestuelle déployée autour de la feuille, quand il apprend « à mouiller la planche », à humidifier sur châssis les formats Grand Aigle, double et quadruple (75 x 110 ; 110 x 160 ; 220 x 160 cm) qui se tendent en séchant. Néanmoins, il s'estime loin d'avoir le coup de crayon du virtuose, ce don quasi natif dont l'oreille absolue serait l'équivalent en musique. N'empêche, il a besoin de dessiner pour agir, pour formaliser une réflexion, une pensée. Cette retenue à se reconnaître bon, voire excellent en dessin, dit à nouveau la crainte d'être assimilé à des générations d'architectes Beaux-Arts tombées dans le piège du geste, parfois de l'enflure que l'après 1968 stigmatisera pour leur virtuosité loin des préoccupations sociales de l'architecture.

Une fois admis, Zublena fait une école qu'il qualifie « d'assez brillante », « très brillante », précisent aujourd'hui des collègues d'alors. Au fil des études, il remporte plusieurs distinctions (prix des Architectes américains, Paulin, Redon, Victor Lalou, Arfvidson…). « Je ne cache pas le plaisir que j'ai eu à faire les Beaux-Arts, même si nous en percevions les faiblesses croissantes : sa réputation, le retentissement considérable et international de son enseignement depuis plus d'un siècle pâlissaient, sa vision du monde vieillissante renâclait à prendre en compte son évolution. L'École avait été conçue pour former des architectes capables de concevoir des projets souvent considérables et pour répondre à des maîtres d'ouvrages dotés de moyens conséquents. Les sujets proposés portaient sur des programmes – pas ou peu de logements – décrits sur deux ou trois pages dont il fallait extraire, développée sur des grands formats, une composition élégante, harmonieuse : façade, coupe, plan. Un essentiel débarrassé de l'accessoire quel que soit le projet, un processus qui me servira toute ma carrière d'architecte. » L'exercice pousse à la virtuosité graphique, aux effets : le rendu. Les dimensions techniques à peine évoquées, l'aspect fonctionnel juste suggéré ne disparaissent pas mais s'intègrent à une conception plus vaste : le parti, soit l'expression d'une idée manifestée par l'ordonnancement des volumes dans l'espace. L'architecture se doit alors de traduire le caractère du bâtiment – une expressivité que ce début de XXIe siècle redécouvre à sa manière. « Elle cherchait la force du symbole, appuyé sur des modèles récurrents, ce que Paul Tournon résumait par : "Une gare c'est une horloge, un Palais de Justice une salle des pas perdus". Le tout empreint de solennité et de grandeur. » Avec sous-jacente, la conviction profonde que l'architecture ne peut s'occuper de choses subalternes, qu'elle doit se plier à des préoccupations d'une autre nature, à des exigences élevées en filiation avec un héritage considérable, multimillénaire, profus, mais traversé de principes immuables, une sorte d'éternité.

CONSCIENCE DE SOI PARTICULIÈRE

Ce sentiment d'éternité évidemment donne à l'architecte une conscience de soi particulière au sein de la société, une mission spécifique, à son métier une stature, à sa fonction une gravité. Situation étrange, presque schizophrénique en décalage avec le réel. En tant qu'architectes, les professeurs appliquent les attendus de la Modernité, mais ne les enseignent pas. Qu'est-ce qui les retient ? L'emprise de l'ENSBA, qui souhaite asseoir son enseignement sur la dimension classique de l'architecture et tend à ignorer celles sociales, économiques et les techniques modernes de construction. Et pourtant les professeurs que côtoie Zublena, les Pierre Vivien, Eugène Beaudouin, Marcel Lods, Georges-Henri Pingusson, sont dans la vie active des fers de lance de l'architecture contemporaine. Les admissionnistes, alors qu'ils dessinent colonnes et modénatures, connaissent tous la Modernité, le Fonctionnalisme, ne cessent d'aller voir les projets des étudiants plus avancés dans le cursus, d'en discuter et de gratter pour eux. « Dès ces premières années, nos références sont déjà quasi exclusivement contemporaines, découvertes dans les revues et de très rares projections », ou en agences. Tous y travaillent – pour sa part dès 1956 – en changent souvent et facilement, font « la place », l'équivalent des stages d'aujourd'hui, à l'époque payés, plutôt bien d'ail-

thought or idea formal expression. This reluctance to admit his skill or indeed excellence in drawing is again indicative of the fear of being bracketed with the generations of ENSBA-trained architects that fell into the trap of empty gesture, sometimes of pomposity, and were despised after 1968 for a virtuosity blind to the social concerns of architecture.

Once admitted, Zublena had a scholastic career that he describes as "quite brilliant" and his former classmates as "very brilliant," including distinctions such as the Prix des Architectes américains and the Paulin, Redon, Victor Lalou and Arfvidson awards. "I cannot conceal the pleasure I took in studying at the Beaux-Arts, even though we perceived its growing weaknesses. Its reputation and the major international impact of its teaching for over a century were fading and its increasingly outmoded vision of the world was reluctant to take change into consideration. The school was born to train architects capable of developing often large-scale projects and meeting the needs of clients with abundant means. The subjects put forward rested on programs – little or no housing – outlined in two or three pages, from which it was necessary to extract and develop on a large scale an elegant, harmonious composition: façade, cross-section and plan. The bare essentials stripped of accessories regardless of the project, a process that was to serve me all through my career as an architect." This exercise led to graphic virtuosity, effects: rendering. The barely outlined technical dimensions and functional aspect did not disappear but formed part of a larger conception: the overall vision, the expression of an idea manifested through the arrangement of volumes in space. It was the task of architecture to translate the character of the building, an expressive dimension that the early 21st century is now discovering in its own way. "It sought the power of the symbol based on recurrent model, what Paul Tournon encapsulated in his aphorism, 'A railway station is a clock, a courthouse a waiting room', all imbued with solemnity and grandeur." Underlying this was the deep conviction that architecture should not concern itself with minor matters but rather matters of a higher nature, lofty requirements bound up with a broad, weighty legacy of millennia resting on immutable principles, a kind of eternity.

A PARTICULAR SELF-AWARENESS

This sense of eternity obviously gave architects a particular awareness of their role and specific mission in society, endowing their profession with stature and its function with gravity.

A strange and indeed almost schizophrenic situation out of step with reality. As architects, the teachers applied the expectations of modernity but did not teach them. What held them back? The grip of the ENSBA, which preferred to base its teaching on the classical dimension of architecture and tended to ignore its social and economic aspects as well as modern construction techniques. At the same time, however, the teachers with whom Zublena was in contact, including Pierre Vivien, Eugène Beaudouin, Marcel Lods and Georges-Henri Pingusson, were spearheads of contemporary architecture in their active professional lives. As they drew columns and moldings, the new students were all well aware of modern architecture and functionalism, and never ceased to look at the projects of those further on in the school, to talk about them and develop passions for them. "As from those early years, our points of reference were already almost exclusively contemporary, discovered in magazines and very rare slide projections." Or in the firms where they all worked, as he did from 1956 on, switching often and easily from one to another. These positions, the equivalent of present-day internships, were even paid – and quite well – at the time. Professional training was therefore acquired outside and parallel to the ENSBA. The gap between the school and active professional life was definitively established.

It was a time of upheavals in architecture "and of constant friction for us," leading into the post-war boom of 1945–75 with the period of national reconstruction and non-stop building projects in an effort to cope with the rise in population and exodus from rural areas. The ideas of Walter Gropius, Mies van der Rohe and above all Le Corbusier, for whom he has the deepest respect, circulated, disturbed and shook the foundations. "I am also influenced by figures like Alvar Aalto and Louis Kahn. Everything seems possible but we are already witnessing the degeneration of functionalism. Industry takes over housing with complete indifference to social considerations. The *grands ensembles* [large-scale, high-rise housing projects] were born in conditions of emergency dominated by technical considerations, a bleak vision of the habitat that does not correspond to the complexity of life." *Bureaux d'études* or consultancies came into being and began to take over the architect's prerogatives. For the record, the Office Technique de l'Habitat (OTH) was created by the Banque de Paris et des Pays-Bas in 1948 and became France's leading engineering firm. The government and the Ministry of Construction needed these *bureaux d'études*: "They came to assist architects, previously the key figures in construction projects, whose status was undermined and eroded."

Seen from a distance, the 1950s seem to be full of optimism and growth everywhere. Zublena tones down this happy vision. The enthusiasm was to come after 1968 with the challenging of dogmas. What he recalls is rather the paralysis of the ENSBA soon followed by misguided applications of the precepts of the Modern Movement as from the early 1960, tensions. "It was when I passed the entrance exam in 1957 and during my early years at the school, in this extremely

leurs. La formation professionnelle s'acquiert en dehors et parallèlement à l'École des Beaux-Arts. Entre l'École et la vie active, l'écart est consommé.

Époque de bouleversements en architecture. « Et pour nous de tiraillements constants ». Époque charnière d'après guerre et du début des Trente glorieuses. La Reconstruction, les chantiers à tour de bras tentent de répondre à l'exode rural et à l'essor démographique. Les idées de Walter Gropius, Mies van der Rohe, de Le Corbusier surtout, pour qui Zublena a une estime profonde, circulent, ébranlent, dérangent. « Je suis aussi marqué par des personnalités comme Alvar Aalto, Louis Kahn. Tout semble possible et pourtant nous sommes déjà témoins des dérives du Fonctionnalisme. L'industrie se saisit du logement, indifférente aux réflexions sociales. Les grands ensembles naissent dans l'urgence, dominés par des considérations techniques, une vision asséchée de l'habitat qui ne correspond pas à la complexité de la vie. » Les bureaux d'études se constituent, commencent à prendre en main les prérogatives de l'architecte. Pour mémoire, OTH (Office Technique de l'Habitat) est créé par la Banque de Paris et des Pays-Bas en 1948 et devient le premier groupe français d'ingénierie. Le Gouvernement et le ministère de la Construction ont besoin des bureaux d'études. « Ils viennent épauler les architectes, personnages jusque-là décisifs du chantier, dont le statut s'érode, battu en brèche. »

À distance, les années 1950 paraissent auréolées d'essors tous azimuts, optimistes. Zublena tempère cette vision heureuse. L'enthousiasme ce sera après 1968, avec la remise en cause des dogmes. Il se souvient plutôt des blocages à la fois de l'École et bientôt des applications dévoyées dès le début des années 1960 des attendus du Mouvement moderne. De tensions. « Quand je passe le concours d'entrée en 1957, et durant les débuts de ma formation, dans ce temps extrêmement limité, les grands ensembles sortent de terre. Les ZUP (Zones à Urbaniser en Priorité) sont créées en 1959. Ces milliers de logements collectifs ne sont pas encore contestés. Nous avons conscience que l'industrie doit se saisir du bâtiment et, je schématise, qu'il doit être construit comme les voitures. » À preuve, Georges-Henri Pingusson, André Lurçat, Bernard Zehrfuss, Marcel Lods avenue du Maine à Paris, à la Grand-Mare dans le quartier Saint-Julien à Rouen. « Nous sommes persuadés que construire et produire l'habitat des hommes ne doit plus se faire avec des méthodes artisanales. Le Bauhaus et le Mouvement moderne ont une vision généreuse, en rien cynique. Mais leur pensée se vide, détournée, asséchée sous la pression de l'urgence, des politiques, d'une industrie extraordinairement puissante qui fait que toutes les considérations subtiles et complexes s'effacent. » Joseph Belmond qui plus tard lui confie : « Dans ces années-là, les bulldozers d'une vision de la Modernité et de l'économie font que tout ce qui est plus nuancé, plus subtil ne résiste pas, sauf exception. » Grandes gagnantes, les entreprises ravies de l'industrialisation des composants et de l'éradication de l'ornement préconisée par Adolf Loos, autant de gain de temps, de retour sur investissement. « Les codes de la construction, les panneaux préfabriqués, les coffrages tunnel, réduisent le jeu plastique, sorte de minimalisme avant la lettre, mais sec, pauvre. En quelques années, la Modernité devient la caricature d'une pensée et nombre d'architectes se font prendre au piège. »

Sentiment réel, écartèlement, histoire revisitée avec le temps ? Plus de soixante ans plus tard, la plupart des étudiants aujourd'hui mettent dans le même panier Modernisme, Style international, Fonctionnalisme et peuvent s'étonner que ce dernier soit déjà sur la sellette, chez un Zublena entre autres. Pour lui le basculement se dessine au début des années 1960.

Au sortir des Beaux-Arts, qu'en retire-t-il ? Des leçons fondatrices : le discernement de l'os dur des sujets, de ce qu'il désigne souvent comme l'essentiel, les éléments fondateurs qu'il sait magnifier par la composition, l'ordonnancement des volumes dans l'espace, nourris de la connaissance des grands principes transversaux de l'histoire de l'architecture depuis les Grecs et les Romains, le tout servi par la maîtrise de la représentation. Un enseignement classicisant dont les faiblesses le poussent – contre coup moteur – à découvrir ailleurs ce qui lui manque. D'où la succession d'agences dans lesquelles il gratte et participe à des concours prestigieux et se confronte à la réalité du présent : chez Paul Tournon, Pierre Devinoy, Raymond Lopez, Michel Holley, La Tour d'Auvergne et surtout Pierre Vivien, chez qui il travaille dans les années 1961, 1962, 1963 et fait plusieurs allers et retours pendant et après ses études. Preuve, s'il en est besoin, d'une ambition personnelle, d'une volonté voilée et têtue, d'un objectif tendu : avancer, progresser, pallier les manques de sa formation. En urbanisme en particulier, que l'École enseignait peu si ce n'est à travers le Séminaire Atelier Tony Garnier (le STAG) – fondé en 1961 par Henri Gutton et Robert Auzelle – qu'il intègre et dont il suit les cours et planche sur des cas concrets à développer dans trois villes du Nord de la France (Chauny, Tergnier, La Fère). Comme l'explique Guillemette Cheneau-Deysine[2] : « Le séminaire […] consiste en un travail collaboratif, théorique et discursif. Les élèves étudient, analysent, débattent, se confrontent et rédigent un mémoire collectif de fin d'année sur le sujet de leur choix dans le cadre d'une thématique générale. Pendant l'atelier de seconde année, les élèves travaillent, toujours en équipe, à la réalisation d'études d'urbanisme réelles au bénéfice d'organismes publics ou semi-publics avec lesquels l'association à laquelle le SATG est adossé conclut des contrats de recherche. » Choix heureux pour Zublena. Son diplôme en poche en 1963, c'est par le biais de l'urbanisme qu'il vient un peu plus tard à l'architecture comme nombre d'architectes d'ailleurs.

limited period, that the *grands ensembles* rose from the ground. The ZUP (*zones à urbaniser en priorité*) were created in 1959. These thousands of housing projects were still unchallenged. We realized that industry would have to take over construction and that, at the risk of oversimplifying, buildings would have to be made like cars." As shown by Georges-Henri Pingusson, André Lurçat, Bernard Zehrfuss, Marcel Lods, the avenue du Maine in Paris, the Grand-Mare in the Saint-Julien district of Rouen. "We were convinced that building and producing the human habitat should no longer be done with artisanal methods. The Bauhaus and the Modern Movement had a generous and wholly uncynical vision but their ideas were distorted and stripped of content under the pressure of emergency situations, politics and an extraordinary powerful industry capable of sweeping aside all subtle and complex considerations." Zublena quotes what Joseph Belmond later said to him: "During those years, the bulldozers of a vision of Modernity and the economy ensured that everything of a more nuanced and subtle nature was lost with no exception." The big winners were firms delighted with the industrialization of component parts and the elimination of ornamentation advocated by Adolf Loos, which meant so much time saved and greater return on investment. "The codes of construction, prefabricated panels and tunnel formwork reduced the artistic leeway and led to a sort of minimalism *avant la lettre* but stark and impoverished. In the space of a few years, modernity became the caricature of a school of thought and a lot of architects fell into the trap."

A real feeling of being torn? History revisited? Over 60 years later, most of today's students bracket Modernism, the International Style and Functionalism all together and can be surprised that the latter has already been challenged, by Zublena among others. For him, the turning point came in the early 1960s.

What did he leave the ENSBA with? Some fundamental lessons: perception of the backbone of the subjects, of what is often referred to as the basics, the essential elements he was able to enhance through composition, the arrangement of volumes in space, fuelled by knowledge of the great transversal principles of the history of architecture since the Greeks and Romans, all served by the mastery of representation. A classically-oriented teaching whose weaknesses drove him by reaction to look for what he lacked elsewhere. Hence the work in a succession of firms, taking part in prestigious competitions and addressing the reality of the present: Paul Tournon, Pierre Devinoy, Raymond Lopez, Michel Holley, La Tour d'Auvergne and above all Pierre Vivien, where he worked in the period 1961–63 and returned to several times during and after his studies. Proof, if any ere needed, of personal ambition, of veiled and stubborn determination, a goal pursued: to make progress and fill the gaps in his training, above all in urban planning. The ENSBA offered little in this field apart from the Séminaire Atelier Tony Garnier (SATG), founded in 1961 by Henri Gutton and Robert Auzelle. He joined this, attended classes and worked on some concrete cases for development in three towns in northern France (Chauny, Tergnier and La Fère). As Guillemette Chéneau-Deysine explains,[2] "The seminar [...] consists of joint theoretical work and discussion. The pupils study, analyze, discuss, exchange ideas and draw up a collective end-of-year report on the subject of their choice within the framework of a general set of themes. During the second year, they work, again as a team, on real studies of urban planning for public and semi-public bodies with which the association supporting the SATG obtains research contracts." This was a good choice for Zublena. In 1963, having graduated, it was through town planning that he arrived slightly later at architecture, like many other architects.

AN URBAN PLANNER
Pierre Vivien assigned him a study on the ZUP of Hautepierre on the west side of Strasbourg. "I'm not a sociologist, my ideas are not based on considerations of a social nature, tenuous, embryonic. I have no revolutionary views." No matter. A strictly urban and architectural approach? In any case, for this initial town-planning scheme, he was "convinced that large blocks and large-scale linear compositions derive from overly simplistic thinking and are no longer acceptable." He had just read Colin Buchanan's report *Traffic in Towns*, published in 1961, a detailed examination of the organization of flows and their relations with the city, "the first approach based on consideration at the same time of the layout of the different component volumes of the project under construction and the invasion of traffic peculiar to our generation." As against the kilometric habitat, he suggested organizing the 6,000–7,000 homes envisaged in octagonal blocks with peripheral transport services, pathways running through them and green spaces here and there, segmented into sub-blocks in which enough free and flexible space is left for public facilities such as schools in accordance with future needs. With Pierre Vivien, he met the Marxist sociologist and philosopher Henri Lefebvre, whose influential concept of the right to the city called for the creation of a shared urban space where the social needs of the human being are taken into consideration. Zublena frankly states that he derived little from this meeting: "I didn't need those explanations to abandon mono-functionality. Its rejection was becoming obvious as a reaction to the *grands ensembles*."
He performed his military service from 1963 to 1965, assigned for some time with his regiment to the re-excavation of the dry moat in front of Perrault's Colonnade at the Louvre, planned since the 17th cen-

URBANISTE
Pierre Vivien lui confie une étude sur la ZUP de Hautepierre sur le flanc ouest de Strasbourg. « Je ne suis pas sociologue, mes pensées ne sont pas alors fondées sur des considérations d'ordre social, ou alors ténues, embryonnaires. Je n'ai pas de vues révolutionnaires. » N'empêche. Approche strictement urbaine et architecturale ? En tous cas pour ce premier plan d'urbanisme, « je suis convaincu que barres et grandes compositions alignées procèdent d'une pensée trop simpliste et ne sont plus supportables ». Il vient alors de lire le rapport de Colin Buchanan, *L'Automobile dans la ville*, publié en 1961, une réflexion fouillée de l'organisation des flux et de leur relation avec la ville, « la première pensée construite sur le comment réfléchir en même temps à la disposition des différents volumes constitutifs de la cité en cours de fabrication et l'intrusion de la voiture propre à notre génération ». Contre l'habitat au kilomètre, il propose d'organiser les 6000 à 7000 logements attendus au sein d'îlots octogonaux desservis par leur périphérie, infiltrés de venelles, ponctués de plantations, segmentés en sous-îlots, dans lesquels il réserve assez d'espace libre et flexible pour accueillir selon les besoins à venir équipements publics, école, collège, etc. Avec Pierre Vivien, il rencontre Henri Lefebvre, philosophe, sociologue marxiste, dont « le droit à la ville », très écouté voire influant, appelle la création d'un espace urbain partagé où les besoins sociaux de l'être humain sont pris en compte. De cette rencontre attendue, honnêtement dit-il « je n'ai pas retenu grand chose. Je n'avais pas besoin de ces explications pour cesser de faire de la mono-fonctionnalité. En réaction aux grands ensembles, son rejet commençait d'aller de soi ».

De 1963 à 1965, il effectue son service militaire, affecté quelque temps avec son régiment au creusement prévu dès le XVIIe siècle et resté en suspens des douves devant la colonnade de Perrault au Louvre, mais ne quitte pas l'architecture pour autant et participe au projet de siège de l'Otan, abandonné après la décision du Général de Gaulle de quitter l'organisation. Toujours ce besoin de reconnaissance, cette même volonté d'avancer, de progresser, de se mesurer, de se tester, de prouver et de se prouver ses capacités. À preuve, la décision de s'attaquer en 1967 au Grand Prix de Rome, une Épreuve d'épreuves redoutables à laquelle se présentent environ 400 candidats. La 1ère, celle de façade, dure 12 heures en loge ; la 2e, du plan 12 heures aussi. Une douzaine de retenus passe la 3e 24 heures durant. La 4e se déroule à Fontainebleau sur un mois. Le thème : *Dans le cadre de la rénovation du centre de Paris, imaginez un développement urbain, au centre duquel prendra place la Maison de l'Europe*. Il remporte le Second Grand Prix avec un projet puissant. Sur presque un kilomètre, il propose le long de la Seine un ensemble monumental de l'Hôtel de Ville à la Cour Carrée ponctué sensiblement à mi-parcours par la Maison de l'Europe. S'il conserve quelques architectures remarquables, les vieux immeubles sont rasés. Une telle proposition aujourd'hui ferait pousser des hauts cris, bien sûr. Mais à l'inverse de Le Corbusier avec son plan (1922) d'une ville pour 3 millions d'habitants appliqué en 1925 au cœur de Paris, à la demande de Gabriel Voisin, la rue traditionnelle est conservée, les alignements aussi. Continuité et basculement. Des éléments constitutifs des propositions qu'il développe avec une équipe fraîchement constituée à l'IAURP (Institut d'Aménagement et d'Urbanisme de la Région Parisienne) qu'il rejoint quelques semaines avant de se lancer dans l'aventure du Prix de Rome.

Pourquoi s'engager dans une carrière d'urbaniste alors qu'il est architecte ? Regrattant chez Pierre Vivien, un jour il déjeune avec lui et Jean Dellus, l'un des concepteurs de la ville nouvelle d'Évry et acteur de l'IAURP, qui lui propose de l'intégrer. Hasard ? Plutôt une chance saisie au vol. Après quelques hésitations, balayées par la réflexion cinglante d'Adrien Fainsilber : « On ne réfléchit pas quand on vous propose d'entrer à l'IAURP ! », il se décide en cohérence avec son intérêt pour l'urbanisme, en fait sa seconde inclination, même s'il met toujours et encore l'architecture au premier plan.

VILLES NOUVELLES

Rien ne ressemble aujourd'hui à l'incroyable aventure des villes nouvelles, même celle des premiers jours les plus optimistes du Grand Paris. Il s'agit d'en construire cinq, pas moins, pour accueillir à terme 500 000 habitants chacune : Marne-la-Vallée, Évry, Cergy-Pontoise, Saint-Quentin-en-Yvelines et Melun-Sénart. Tout est à imaginer, inventer, discuter, confronter, créer ex nihilo – principes urbains, formes – et à réaliser de front : réseaux de transport (train, route), habitats, commerces, bureaux. Objectif : éviter le cancer de l'étalement sans fin de la ville ou de ce qui en tient lieu, qui pousse anarchique, sans vision, sans contrôle, débridée, faucheuse erratique de terres arables. Travaux lancés à l'initiative du Général de Gaulle, sous le haut commandement du préfet de région Paul Delouvrier, de polytechniciens ingénieurs des Ponts et Chaussées comme Jean Millier, Serge Goldberg, Jacques Michel, entourés de fonctionnaires intrépides, déterminés, grands serviteurs de l'État et d'une ambition immense. Au sein de l'IAURP à la demande du polytechnicien Jacques Michel, Zublena intègre la Mission Ville Nouvelle, futur EPAMARNE (Établissement Public d'Aménagement de Marne-la-Vallée) en charge avec ses confrères Thierry Gruber et Jean-Jacques Villey du premier secteur de la ville nouvelle de Noisy-le-Grand avec son centre urbain régional, alors que Michel Macary et Philippe Molle s'occupent du second (Val Maubuée). Inutile de raconter ici ce que Zublena explique et développe au sein de ce livre (p. 44-52) : cette période unique de l'histoire de l'urbanisme, déterminante pour toute l'Île-de-France, des milliers d'habitants, ses ac-

tury but never carried out. He did not abandon architecture, however, and indeed took part in the project for the NATO headquarters, which was shelved after General de Gaulle's decision to withdraw from the organization. There was always the same need for recognition, the same determination to get ahead, to put himself to the test, to demonstrate his abilities, not least to himself. Witness his decision to enter in 1967 for the Grand Prix de Rome, a formidable test of tests with about 400 candidates. The first and second stages, respectively the design of a façade and composition of a plan, each took twelve hours. The dozen candidates not eliminated went on to the third, which took twenty-four. The fourth was held in Fontainebleau over a month. The set task was to design an urban development with the House of Europe as its centerpiece within the framework of the renovation of the center of Paris. He came second with a powerful plan for a monumental ensemble stretching for nearly a kilometer along the Seine, from the Hôtel de Ville to the Cour Carrée, with the House of Europe in the middle. Some important works of architecture were preserved but the old buildings were demolished. Such a proposal would certainly case great outcry today. But unlike Le Corbusier's plan of 1922 for a city of three million inhabitants, implemented in the heart of Paris in 1925, the traditional street was preserved and the layout too. Continuity and upheaval. Constituent elements of the proposals he developed with a newly-formed team at the IAURP (Institut d'Aménagement et d'Urbanisme de la Région Parisienne), which he had joined a few weeks before entering for the Prix de Rome.

Why should an architect embark on a career in town planning? Back at work with Pierre Vivien, he had lunch one day with him and Jean Dellus, one of the designers of the new town of Evry and a member of the IAURP, who invited him to join. By chance? Rather an opportunity quickly seized. Blisteringly spurred on by Adrien Fainsilber to overcome any hesitations – "You don't think twice when they invite you to join the IAURP" – he decided in accordance with his interest in town planning, his second love, even though he still put architecture first.

THE PLANNED COMMUNITIES

Nothing today is anything like the incredible adventure of the planned communities, not even the early and most optimistic phase of the Grand Paris project. The task was to build no fewer than five ultimately capable of housing 500,000 inhabitants each: Marne-la-Vallée, Évry, Cergy-Pontoise, Saint-Quentin-en-Yvelines and Melun-Sénart. Everything was to be addressed head-on, imagined, invented, discussed, compared and created from scratch, from urban forms and principles to transport system (road and rail), housing, commercial premises and offices. The aim was to avoid the endless urban sprawl of the town, or what passes for such, growing anarchically with no vision or control, unbridled, an erratic reaper of arable land. Launched by De Gaulle under the command of the regional prefect Paul Delouvrier, the works were undertaken by engineers from the Ecole des Ponts et Chaussées like Jean Millier, Serge Goldberg and Jacques Michel with the assistance of intrepid, determined officials of great ambition at the service of the state. Within the IAURP, by request of Jacques Michel, Zublena joined the Mission Ville Nouvelle, the future EPAMARNE (Etablissement Public d'Aménagement de Marne-la-Vallée), with responsibility for the first sector of the new town of Noisy-le-Grand and its regional urban center, together with his colleagues Thierry Gruber and Jean-Jacques Villey. Michel Macary and Philippe Molle were instead responsible for the second (Val Maubuée). There is no need to recount here what Zublena explains and illustrates in the book (pp. 44–52): a unique period in the history of urban planning of crucial importance for the whole of the Île-de-France, for its main actors and thousands of inhabitants, and for himself. We shall just give a broad outline. His team was small, just ten young people, he himself being only 32. First and foremost, his authority, so tangible still today as to appear natural. Through contact with the crowd of opponents, adversaries, critics and politicians, defending the planning schemes in public meetings fraught with tension, he developed a thick skin and forged a singular personality, capable of listening in order to learn, understand and judge the other parties and their arguments quickly. And of explaining his own, the fruit of hard work. This enabled him to avoid violent confrontation, which he dislikes, while holding his ground and persuading through a mixture of skill, flexibility and conviction.

Inventing the town of tomorrow, the place where people are sometimes going to live their entire lives, was a terrible responsibility for an honest man, a burden so crushing as almost to cause paralysis, at the very least prudence and assuredly the utmost respect of the future inhabitants. The new towns were to be created at breakneck speed, nothing like the slow stratification of centuries-old cities. Action took precedence under the pressure of a powerful state. "We had no qualms," he acknowledges. At Noisy-le-Grand, he and his colleagues developed alternative proposals informed by the discussions under way on the city, influenced by the ideas of Georges Candilis and Shadrach Woods at the Mirail in Toulouse, marking a break with the Athens Charter, and those of Geoffrey Copcutt for the town center of Cumbernauld in Scotland, with their radical separation of vehicles and pedestrians, their accumulation and organization of urban functions within a proliferating megastructure. Proposals and creations that they knew and that fu-

teurs et… lui-même. Quelques traits cependant : son équipe est restreinte, à peine dix personnes, jeunes, lui-même a tout juste 32 ans, années fondatrices. Et au premier chef de son autorité, si palpable encore aujourd'hui qu'elle paraît naturelle. À se frotter à la foule des contradicteurs, aux opposants, aux critiques, aux élus, à défendre au cours de réunions publiques nerveuses les schémas urbains échafaudés, il se tanne le cuir, se forge une personnalité singulière, capable d'écoute pour apprendre, comprendre et jauger vite ses interlocuteurs et leurs arguments. Et en retour mieux expliquer les siens obtenus à force de labeur, qui lui permettent en évitant la confrontation violente qu'il n'aime pas, de tenir ferme, de convaincre, mélange d'habileté, de souplesse et de conviction.

Inventer la ville pour demain où les hommes vont vivre parfois leur vie entière paraît à l'honnête homme une responsabilité écrasante, une charge telle qu'elle pourrait susciter la paralysie, au moins la prudence et sûrement le plus extrême respect des futurs habitants. Le temps des villes nouvelles ne peut attendre. Rien qui ne ressemble à la lente stratification des villes séculaires. Sous la pression d'un État puissant, l'action prime. « Nous n'avions aucun état d'âme » reconnaît Zublena. À Noisy-le-Grand, avec ses confrères, il développe des propositions alternatives, nourries des débats en cours sur la ville, influencées par les propositions de Georges Candilis et Shadrach Woods au Mirail à Toulouse en rupture pour faire vite avec la Charte d'Athènes ou encore celles de Geoffrey Copcutt pour le centre de Cumbernauld en Écosse qui sépare radicalement piétons et voitures, accumule et articule au sein d'une mégastructure proliférante les fonctions urbaines. Des propositions et réalisations qu'ils connaissent et qui nourrissent les leurs, pragmatiques, réalistes, sensibles à l'existant, aux réalités économiques, administratives et sociales, des traits qu'il développera un peu plus tard dans ses projets d'architecture. Il reprend des principes déjà ébauchés, les dispositions du plan de Colin Buchanan par exemple pour la ZUP de Hautepierre qu'il applique à plus vaste échelle, voire des options déjà développées y compris dans son projet pour le Grand Prix de Rome. Il défend le retour à la rue continue dessinée par le bâti contre l'espace disloqué des grands ensembles et du pavillonnaire, la densité contre l'étalement, prône diversité architecturale et unité formelle, nécessaires souligne t-il à l'affirmation d'une centralité, complexe, imbriquée, une ville à la fois retrouvée et autre.

Décisif, il rencontre au sein des équipes de l'IAURP, des confrères qui, comme lui, en continuité avec leurs activités d'urbanistes éprouvent peu à peu le besoin de faire leur métier d'architecte, de passer à la conception, à l'acte de construire, eux qui donnent des directives à leurs collègues actifs au sein de la ville nouvelle. Les Guy Autran, Thierry Grubert, Albert Longo et déjà mentionnés Michel Macary et Philippe Molle partagent des aspirations, des convictions communes, une même vision du rôle social qui devrait incomber à l'architecte, critiquent la profession et les agences qui loin de ce rôle trustent la commande. D'où la recherche d'une alternative. « J'en discute avec Claude Vasconi alors architecte dans l'équipe de Cergy-Pontoise, Jean Dellus, Michel Macary au charbon sur le Val Maubuée à Marne-la-Vallée et nous décidons de constituer au sein des Villes nouvelles des Ateliers d'architecture, non pas des agences privées mais publiques sous la tutelle de la ville nouvelle. Leur seraient confiés des projets ponctuels, mais significatifs et structurants – écoles, logements, aménagements d'espaces extérieurs. L'objectif est aussi de confronter les architectes au sein des équipes à l'art de construire. » Si le projet n'aboutit pas – le départ de Paul Delouvrier qui lui était favorable le tuant dans l'œuf – reste l'idée de travailler ensemble. En 1971, Zublena et plusieurs collègues créent la Société de Conception d'Architecture et d'Urbanisme, la SCAU[3], sans quitter tout de suite l'IAURP pour Zublena, ce qu'il fait en 1980, soit treize ans après ses débuts. Une structure dans l'esprit de 1968, de l'auto-gestion, de la mise en commun des moyens, lointaine héritière des utopies de Charles Fourrier et de Jean-Baptiste Godin, très particulière cependant. Mais avant de l'évoquer, au lendemain de 1968 justement, alors que la section architecture en pleine effervescence quitte l'École des Beaux-Arts et se recompose, un groupe de professeurs de la toute nouvelle UP1 (Unité Pédagogique n°1) à Paris-Villemain l'invite à enseigner. Une opportunité qu'il saisit, un tournant important.

ENSEIGNER L'AMOUR D'UN MÉTIER MAGNIFIQUE

Concevoir, construire et professer, écrire aussi comme il le fait souvent[4], une activité nourrissant l'autre, dessine sans doute un idéal pour l'architecte. Zublena enseigne 25 ans d'affilée avant de démissionner en 1994 pour cause de concours gagné. Et pas des moindres, celui du Stade de France.

À la rentrée 1969, il découvre avec UP1 une des huit unités créées pour remplacer l'ENSBA. « Je rejoins Henri-Pierre Maillard, Jean Perrottet, Jacques Kalisz, Michel Duplay, Jacques Allegret… Les membres de l'AUA (Atelier d'Urbanisme et d'Architecture) présents et encartés en nombre au parti communiste orientent bien sûr l'enseignement, mais ne représentent pas une majorité et la politique s'incarne plutôt en dimension sociale. »

Le patron de l'atelier à l'ENSBA fait place à un groupement de professeurs – ingénieur, sociologue, plasticien – autour d'un ou deux architectes. « Toutes les disciplines participent de près ou de loin à l'acte de bâtir. » Collégialité à l'évidence bénéfique pour la formation des étudiants, même si au fil des années Zublena sent poindre chez eux le besoin de s'appuyer sur un professeur principal, un peu à l'image du maître d'antan. La part de travail

elled their own: pragmatic, realistic, sensitive to the existing structures and to the economic, administrative and social realities. Features that he was to develop not long afterwards in his architectural projects. He took up principles already sketched out, such as the layout of Colin Buchanan's plan, for the ZUP of Hautepierre, which he applied on a larger scale, as well as options already developed, also in his project for the Grand Prix de Rome. He defended the return to the continuous street defined by buildings against the fragmented space of the *grands ensembles* and the low-rise housing estates, density against sprawl. He championed architectural diversity and formal unity as essential to the establishment of a complex, interlocking centrality, a town rediscovered and different at the same time.

Crucial importance attached to contact in the IAURP teams with colleagues who, in continuity with their work as town planners, gradually felt the need, like him, to practice their profession as architects. To take over the operations of design and construction instead of imparting instructions to their active colleagues in the new towns. People like Guy Autran, Thierry Grubert, Albert Longo and the above-mentioned Michel Macary and Philippe Molle shared the same aspirations and convictions, the same vision of the social role incumbent upon the architect, criticizing the profession and the firms that cornered all the contracts, impervious to any such role. Hence the search for an alternative. "I talked it over with Claude Vasconi, then architect in the Cergy-Pontoise team, with Jean Dellus and Michel Macary, at work on Val Maubuée in Marne-la-Vallée, and we decided to set up architectural firms in the new towns, not private but public and under the administrative supervision of the towns themselves. They would be assigned small but significant and strategically structural works such as schools, housing and open spaces. The aim was also to bring the architects in the teams into contact with the art of building." While this project fell through in the embryonic stage due to the departure of Paul Delouvrier, who was in favour of it, the idea of working together remained. In 1971, Zublena and several colleagues founded the Société de Conception d'Architecture et d'Urbanisme or SCAU,[3] albeit without leaving the IAURP straight away. Zublena did so in 1980, 13 years after beginning his career. The SCAU was characterized by the spirit of 1968, self-management and the pooling of resources, a distant heir to the utopias of Charles Fourrier and Jean-Baptiste Godin but of a very particular nature. Before this, however, just after 1968, when the architectural section in turmoil left the ENSBA and was reconstituted in units elsewhere, Zublena was offered a teaching post at the brand-new UP1 (Unité Pédagogique n°1) at Paris-Villemain. He accepted and this opportunity proved to be a major turning point.

**TEACHING LOVE FOR
A WONDERFUL PROFESSION**

Designing, building, teaching and writing, as Zublena often does,[4] one activity fueling another, is probably the ideal for him. He taught for 25 years on the run before resigning in 1994 because of a contract won, and for nothing less than the Stade de France.

At the start of the academic year in 1969, he discovered the UP1, one of the eight units created to replace the ENSBA. "I rejoined Henri Pierre Maillard, Jean Perrottet, Jacques Kalisz, Michel Duplay, Jacques Allegret..." The members of the AUA (Atelier d'Urbanisme et d'Architecture) present, most of whom were members of the communist party, oriented the teaching to some extent "but were not a majority and politics took the form rather of the social dimension." The figure of the *patron de l'atelier* at the ENSBA was replaced by a group of teachers – engineering, sociology, arts – revolving around one or two architects. "All the disciplines took part, at a greater or lesser distance, in the act of building." While this combined approach was clearly beneficial for the students, Zublena became aware over the years of a growing need felt among them for a principal teacher, something like the master of yesteryear. The amount of work required of the students increased considerably. The courses were based on the transversal and central theme of the habitat for the greatest number and housing as the core of the city. "A concern with sociological aspects and production resting on industry and prefabrication but nothing heavy, rather on what is conducive to the flexibility of the habitat – the stool-type formworks of Henri-Pierre Maillard, Paul Ducamp and Jacques Bardet – with a view to facilitating spatial transformations in accordance with the needs of families." What had made the production of housing rigid in the 1950s and '60s was rejected and priority was given to the ability to build what was designed. "A line in itself is nothing. Drawing for drawing's sake and formal exercises were banished." Other items on the agenda included the concept of "proliferating architecture" and urban macrostructures.

Zublena taught with Claire and Michel Duplay. Over the years, he acquired a reputation for integrity and firmly-held principles without being a theoretician. He distrusted fashions, not least through a dislike of being pigeon-holed. For example, while he accepted the recent incorporation of human sciences into the curriculum, he did not throw himself headlong into this. He did not play a leading part in discussion and debate but rather listened, slightly detached, calming the waters with a presence that endowed his opinions with particular weight. A solid teacher of architectural and urban planning, he avoided egocentric behavior, the trap of all the teachers who end up proclaiming their vision of the world and talking about themselves instead of taking an interest in their students,

demandée aux élèves s'accroît considérablement. Les cours se nourrissent d'un thème transversal et central : l'habitat pour le plus grand nombre et le logement comme noyau de la ville. « Une préoccupation sociologique et de production. Elle s'appuie sur l'industrie, la préfabrication, non pas lourde, mais au contraire sur ce qui concourt à la flexibilité de l'habitat – coffrages 'tabourets' de Henri-Pierre Maillard, Paul Ducamp et Jacques Bardet – dans le but de faciliter les transformations spatiales selon les besoins des familles. » Ce qui avait rigidifié la production du logement dans les années 1950-1960 est rejeté... et prime la préoccupation de pouvoir construire ce qui est conçu. « Un trait en soi n'est rien. Le dessin pour le dessin, l'exercice formel sont bannis. » Au menu aussi, le concept d'architecture proliférante et les macrostructures urbaines.

Zublena enseigne avec Claire et Michel Duplay. Au fil des années, il se taille une réputation d'intégrité avec des principes très fermes sans être théoricien, se méfie des modes, rétif à se laisser enfermer. Par exemple, s'il accepte les sciences humaines intégrées depuis peu au cursus, il ne s'y jette pas à corps perdu, ne se met pas au premier plan des débats et discussions, écoute, un peu à l'écart, calmant le jeu avec une présence qui donne à ses avis un poids particulier. Pédagogue solide du projet architectural et urbain, il évite le comportement égotique, ce piège tendu à tous les enseignants qui finissent par afficher leur vision du monde et se raconter eux-mêmes au lieu de s'intéresser aux étudiants ; au contraire, il se montre respectueux, attentif à leurs personnalités, capable de corriger, de les encourager en fonction de leurs capacités et de leurs progressions à plusieurs vitesses pour au final être capables de se confronter à la réalité.

« Avec des commentaires préalables, des références, à travers les tâtonnements que je ressentais chez eux, j'essayais de leur faire extraire de ce qui est une phase instable et d'insécurité, le meilleur pour leur projet. Et au fond je voulais leur donner l'amour de ce métier magnifique terriblement dur. »

Deuxième tournant de ce début des années 1970 la création de la SCAU, une Scop (Société coopérative et participative de production), une SAS (Société Anonyme Simplifiée), sixtuple initiative des Autran, Longo, Gruber, Macary, Molle, Zublena (puis Xavier Menu et en 2000 Bernard Cabannes et Luc Delamain). Les six associés à salaire identique sont salariés, comme les employés. Plus tard s'ajoute une part proportionnelle à ce que chacun apporte comme affaire à l'agence. Si bénéfices il y a, ils sont partagés. Une création audacieuse et résolue. Ce qui les décide à franchir le pas et les unit ? La place de l'urbanisme dans l'architecture ; la certitude que les pirouettes d'une partie de la profession sont mal venues ; la volonté de concevoir et construire non du pavillonnaire mais des équipements publics et du logement collectif. Pas un mariage d'amour entre eux, mais de raison, pas une vision architecturale commune ou une conception partagée du projet, mais bien plutôt le désir – appuyé sur les moyens réunis par la Scop – d'avoir chacun le sien en propre et en stricte indépendance, libre de le développer à sa guise même si à l'occasion certains se font en binôme.

LA SCAU, UNE SOCIÉTÉ COOPÉRATIVE ET PARTICIPATIVE DE PRODUCTION

La force et la faiblesse de la SCAU d'alors. Sans noircir le trait, les personnalités sont marquées, peu de disputes mais des concurrences internes, des courtoisies musclées, des ego sensibles à l'équilibre des réputations, des quant-à-soi, des temps de parole au contact des maîtres d'ouvrages et des autorités. Au cours des décennies 1980-2000 lorsque la SCAU devient une des grandes agences de France, elle n'apparaît pas comme une entité bien identifiée dans le petit monde architectural, plutôt une société anonyme ou de promotion grincent les plus vachards de ses concurrents. Là où Christian de Portzamparc, Jean Nouvel, l'AUA, l'Atelier de Montrouge, Henri Ciriani, etc., se taillent une réputation de théoricien, de bretteur, d'agitateur, de chefs de file de tendance, théorie, école, la SCAU reste en retrait, peu présente dans le débat médiatique. Faute de défendre doctrine, thèse ou précepte, faute aussi de présenter un front commun et faute surtout de se faire connaître. Quand, dès le début des années 2000, Zublena, Macary et Autran, devenus les pierres d'angle de la SCAU, passent peu à peu le relais puis prennent leur retraite en 2014, l'un des premiers actes de leurs associés successeurs est de créer une structure de communication, de renouveler l'image de l'agence. Erreur de ne pas s'en être occupé plus tôt ? Aux yeux d'aujourd'hui évidemment. Mais qui dit assez bien leur individualisme respectif, leur préférence donnée au savoir-faire plutôt qu'au faire-savoir toujours enclin à l'emphase et la fanfaronnade.

S'ajoute que les confrères de poids dans le débat théorique, ou qui se considèrent comme tels, ne leur font pas de cadeau. Particularité des architectes français de tirer à vue ou dans le dos de leurs confrères forcément de moindre talent ? Toujours est-il que la SCAU est regardée de haut, a le tort de remporter nombre de commandes publiques et pire de gagner de l'argent. Image de l'agence altérée, et altérée plus encore après le choix de l'équipe du Stade de France en 1994. Moins bien noté par le jury que le projet d'AJN, celui des Zublena/Macary/Costantini/Regimbal est cependant choisi par le gouvernement d'Édouard Balladur, une décision attaquée par la presse et les soutiens de Jean Nouvel. Une crise sérieuse, mal gérée. Consulté par l'agence, un conseiller en communication préconise le silence au-dessus de la mêlée avec pour résultat des effets délétères.

Les relations sulfureuses de la profession avec le prince, les ar-

respecting their personalities, capable of correcting and encouraging them in relation to their abilities and their development at different speeds so that they are ready at the end to face reality.

"With preliminary comments and references, through the tentative progress I discerned in them, I tried to help them bring what was best for their project out from a phase of instability and insecurity. In the end, I wanted to instill in them a love of this wonderful and terribly difficult profession."

The second turning point of the early 1970s was the creation of the SCAU, set up under French law as a *société coopérative et participative de production* and a *société anonyme simplifiée*, by Autran, Gruber, Longo, Macary, Molle and Zublena, later joined by Xavier Menu and then in 2000 by Bernard Cabannes and Luc Delamain). The six partners on identical salaries were paid just like the employees with the later addition of an amount proportional to the business brought to the firm by each. Any profits were shared. A daring and resolute creation. What brought them together and decided them to take the plunge? A concern for the place of town planning in architecture; the conviction that the U-turns of some members of the profession are inappropriate; the desire to design and build not low-rise housing estates but public amenities and housing. Theirs was a marriage not of love but of reason, not a shared vision of architecture or planning but rather the desire – with the pooled resources of the cooperative firm – to have each their own means and in strict independence, free to develop as they wished, even though some occasionally did so in two-party partnership.

THE SCAU, A *SOCIÉTÉ COOPÉRATIVE ET PARTICIPATIVE DE PRODUCTION*

The strength and weakness of the SCAU of that period. Without painting too black a picture, we can say that there were few arguments among these distinctive personalities but a certain amount of internal rivalry, courteous but vigorous competition, reciprocal aloofness, egos sensitive to the balance of reputations and the allocation of time in contact with clients and the authorities. During the 1980s and 1990s, when it became one of France's biggest firms, the SCAU was not seen as a clearly identified entity in the small world of architecture but rather as a limited company or property development firm, according to the most malicious of its competitors. Where Christian de Portzamparc, Jean Nouvel, the AUA, the Atelier de Montrouge, Henri Ciriani and so on forged reputations as theorists, duelist, agitators and the leaders of schools of thought, the SCAU stayed in the shadows and played little part in discussions on the mass media. The failure to champion ideas, theses or precepts meant failure to present a united front and above all to make itself known. When A. Zublena, M. Macary, and G. Autran, pillars of the SCAU, gradually withdrew in the early 2000s and then resigned in 2014, one of the first things their successors did was to create a communications structure to project a new image of the firm. Was it a mistake not to have done this earlier? It would obviously be regarded as such nowadays. It also speaks volumes, however, about their respective individualism and their preference for expertise rather than self-advertisement with all its over-emphasis and bragging.

Moreover, their colleagues of importance in the theoretical debate, or those who regarded themselves as such, did them no favours. Is it a peculiarity of French architects to shoot their obviously less talented fellows on sight or stab them in the back? Be that as it may, the SCAU was looked down upon, not least for the defects of winning a lot of public contracts and, worse still, of making money. The firm's image was distorted and still more so after the choice of the team for the Stade de France in 1994. Though less favourably assessed by the jury than the one put forward by the AJN, the design of Zublena, Macary, Costantini and Regimbal was, however, chosen by the government of Edouard Balladur, a decision attacked by the media and by Jean Nouvel's supporters. A serious crisis and one that was mishandled. On the advice of a communications consultant, they chose to ride out the storm in silence, with the worst possible results.

The profession's diabolical relations with the establishment, the mysteries of power, the offices and corporations that influence decisions, of far more weight in the choice of a design than its architectural quality, certainly constitute an ever-recurrent issue and all too often a reality. Did the SCAU sin any more than others in this respect? Zublena, who states that he was neither a communist nor a freemason and worked equally well under right-wing and left-wing governments, can be seen rather as an apolitical architect and therefore able to work with everyone, very respectful of the hierarchy but very good at identifying the right channels and making use of them for his own purposes, always in pursuit of the same goal: the opportunity to design and build.

A HUNDRED PROJECTS BUILT

Even though he only began to build after the creation of the SCAU, 47 years ago in 2019, his *œuvre* – my word, not his – includes over one hundred completed projects and as many consultations that came to nothing. From the development of Evry 1 to his last three hospitals in Italy, two of which now operative and the last nearing completion, his activity has been rich and indeed intense, especially so in the 1990s, 1980s and 2000s. At the risk of over-simplification,

canes du pouvoir, les officines et les entreprises qui pèsent sur les décisions, autrement plus efficaces dans le choix d'un projet que sa qualité architecturale, font certes un increvable serpent de mer et trop souvent une réalité. La SCAU a t-elle péché plus que d'autres ? Zublena, qui affirme n'avoir été ni communiste ni franc-maçon, a œuvré aussi bien sous des gouvernements de droite que de gauche, plutôt un non politique qui, de ce fait, a pu travailler avec tous, très respectueux de la hiérarchie, mais habile à repérer les articulations efficaces, à s'en servir pour aboutir à ses fins, toujours tendu vers un seul but : parvenir à concevoir et bâtir.

CENT PROJETS CONSTRUITS

Même s'il ne commence à construire qu'après la création de la SCAU, il y a 47 ans en 2019, son œuvre – il n'utilise pas le mot – compte plus de cent réalisations et bien autant de consultations sans suite. De l'aménagement du quartier d'Évry 1 à ses trois derniers hôpitaux en Italie dont deux en fonction, le dernier en voie d'achèvement, l'activité est dense voire intense en particulier dans les années 1990-2000. Au risque de simplifier, quelques traits se détachent. Au bilan, une grande variété de programmes : outre des plans urbains, des écoles, des universités, du logement social et en accession, des sièges d'entreprises, des hôpitaux, des stades et même un pont levant et une église paroissiale ; opérations des plus modestes aux plus considérables, de quelques centaines de mètres carrés à plusieurs milliers, conçues seul, à deux ou trois, quasi exclusivement avec l'un ou l'autre des associés de la SCAU, en particulier Thierry Gruber, Guy Autran et, à partir du Stade de France, Michel Macary.

En quatre décennies l'homme change, son architecture aussi. Après sa première commande, il passe par la case concours. « Si je regarde en arrière, je constate que 85% de mes projets réalisés sont des commandes publiques. » Encore jeune architecte, comment s'affirme t-il ? « Je n'ai jamais pensé que mes interlocuteurs étaient des voyous, des incompétents, des incultes. Je pouvais être en conflit avec eux, trouver leur attitude inacceptable, mais je savais à peu près comprendre leur avis, leurs exigences et ce qu'ils défendaient. Je suis parti du principe qu'en général les maîtres d'ouvrage – et ce fut le cas de ceux avec qui j'ai travaillé – ont une culture propre et souhaitent ne pas produire des choses médiocres. »

Mais débutant comment se convaincre et convaincre que ce que l'on affirme est la seule voie possible ? « J'ai beaucoup appris en prenant conseil. » Il évoque une navigation délicate entre ego trop dimensionné, écoute, travail acharné et au final des choix étayés qui lui semblent pertinents, justes et lui donnent sa force de conviction. « Plus tard, je parle pour moi bien sûr, les réalisations s'accumulant, avec l'expérience le puzzle des constituants du projet et ses éléments essentiels se distinguent plus vite, donnent du poids à vos avis. Partant, vous rassurez et les relations avec les maîtres d'ouvrage et les collaborateurs s'apaisent. » Le métier déjà évoqué ? Evidemment. « Pour être architecte, Il faut être solide, dur, parfois violent à la limite des mots grossiers. Quand tout est terminé, il n'est pas rare de rester de bons amis. Mais pour avancer, il faut comprendre les préoccupations de toutes les équipes parties prenantes. Je schématise, l'architecte défend son œuvre, l'ingénieur d'une petite structure participe avec son inventivité. Dans une grande, il a des comptes d'ordre économique à rendre à sa direction. Les majors aux capacités souvent exceptionnelles, sont d'une dureté impressionnante. Leur logique ? Construire plutôt bien, vite dans les délais, ne pas perdre d'argent, c'est-à-dire en gagner. Les entreprises n'entrent pas dans un discours sur le beau. Idem pour les bureaux d'étude. La question se pose pour l'architecte. En phase de projet, la bonne réponse doit croiser cultures technique et architecturale et tant mieux si cela se fait en équipe. Et seul le maître d'ouvrage peut faire des réflexions, souhaiter simplifier. Le programme qui exprime les besoins fonctionnels n'explique jamais de façon claire qu'il vise une belle architecture. La dimension esthétique pour parler simple n'est pas formulée. Le rôle de l'architecte est de faire comprendre qu'il ressent cette demande implicite et qu'il est capable de la traduire dans son architecture. Pendant une partie de ma carrière se sont succédé des courants avec leurs lignes directrices, leurs esthétiques : architectures fonctionnaliste, brutaliste, constructiviste, high tech, organique, post-moderne. Hors ces voies, il était difficile de déroger et de tracer sa route. Ces trente dernières années, les frontières se sont dissoutes laissant place à des hybridations transversales, plus de liberté. La société européenne comprend ces recherches et les approuve. La stigmatisation de l'architecture contemporaine recule, moins virulente aujourd'hui qu'hier. »

Au bout du compte, ceux de tous bords qui ont côtoyé Zublena en viennent sensiblement aux mêmes constats. Il a sa vision stratégique, globale, et sait la traduire en objet architectural. Pédagogue, il convainc par petites touches, habiles, enveloppantes qui n'excluent pas le poing sur la table ni les emportements calculés servis par sa grosse voix de basse. Quelqu'un qui sait inspirer confiance car à l'écoute, ouvert, jamais méprisant, attentif à définir une fonctionnalité maximum, n'oubliant pas la destination, la finalité, l'usage, quitte à la faire passer avant l'image. Une sorte de facilitateur et un décideur. Un homme à poigne qui affronte aussitôt les problèmes, décide vite et sans retour, avec de l'autorité. Naturelle, acquise ? Les deux sans doute, avec en guise de réponse une pirouette inattendue et souriante. « Mon autorité ? Mais c'est ma latinité. » L'un de ses commanditaires le voit en laboureur, constant dans l'effort qui passe et repasse ; une consœur « en force tranquille » façon François Mitterrand ; un maître d'ouvrage en « Pape » ; lui-même, malicieux, « en cardinal » pour son goût du maintien, de la retenue et de la pompe !

some characteristics stand out. On balance, a great variety of programs: not only town-planning schemes but also schools and universities, public and private housing, company headquarters, hospitals and sports stadiums as well as a vertical-lift bridge and even a parish church; operations ranging from the smallest to the largest, from a few hundred square meters to several thousand designed alone or with one or two associates, almost exclusively from the SCAU, especially Thierry Gruber and Guy Autran as well as Michel Macary from the Stade de France on.

A man changes over four decades and so does his architecture. After his first contract, he obtained work through competitions. "Looking back, I see that 85% of my built projects were public contracts." How did he get established as a young architect? "I never assumed that the people I was dealing with were crooked, incompetent or incapable. I could be at odds with them or find their attitude unacceptable but I was able more or less to understand their opinions, their requirements and what they wanted. I took it for granted that clients generally have their own culture and no desire to produce anything mediocre, which is true of those I worked with."

But how, on starting out, do you convince yourself and others that what you propose is the only possible way? "I learned a lot by taking advice." He describes steering a delicate course between an over-sized ego, listening and hard work finally leading up to reasoned choices that he regards as pertinent and right, and that therefore give him the power of conviction. "Later, with the experience acquired through an increasing number of completed works – I am of course speaking for myself – you are quicker to grasp the essential constituent elements of the project, which gives your views greater weight. As a result, you are reassuring and your relations with clients and associates are smoother." The expertise mentioned above? Evidently. "In order to be an architect, you have to be firm, hard, sometimes even violent to the extent of strong language. When it's all over, remaining good friends is not uncommon. But in order to make any progress, you have to understand the concerns of all the teams involved. In schematic terms, the architect defends his work and the engineer of a small structure participates with his inventiveness. In the case of a large one, he has to justify his decisions economically to his superiors. Major companies with often exceptional resources are extraordinarily tough. Their logic? To build quite well, stick to the schedule and earn rather than lose money. These firms aren't concerned with beauty and neither are consultancies. That's a question that arises for the architect. In the design phase, the right answer must respond to both technical and architectural considerations, and should be developed through teamwork. And it is only the client that can make observations and request simplification.

The program that expresses the functional requirements never clearly states that the aim is fine architecture. To put it simply, the aesthetic dimension is never formulated. It is up to the architect to make it understood that he is aware of this implicit request and capable of responding to it in his work. Part of my career saw a succession of schools with their own guidelines and aesthetics: functionalist, brutalist, constructivist, high-tech, organic and post-modern. It was difficult to depart from these and go your own way. The boundaries have become blurred over the last thirty years, giving way to transversal hybridization and greater freedom. European society understands these approaches and approves. The attack on contemporary architecture is now on the retreat, less violent today than it was yesterday."

In the end, the people of all kinds who have been involved with Zublena have come to more or less the same conclusions. He has his own overall, strategic vision and is capable of translating it into an architectural object. As a teacher, he persuades through small, skillful, all-enveloping touches that do not rule out slamming his fist down in the table or calculated expressions of anger in his deep, bass voice. Someone who inspires trust because he is ready to listen, open-minded, never contemptuous, careful to obtain the maximum functionality and never forgetting use and purpose, even if it means giving this priority over the image. A sort of facilitator and decision maker. A man with a firm hand who addresses problems straight away and decides quickly with no second thoughts. Is this authority natural or acquired? Probably both. His own response to the question is an unexpected shaft of wit: "My authority? It comes from my Latin character." One of his clients sees him as a ploughman, constantly going back and forth; a colleague as endowed with quiet strength like François Mitterrand; another client as a "pope"; and he himself, mischievously, as a cardinal in virtue of his taste for bearing, reserve and ceremony.

He is there on site together with his associates. "Not being present is unacceptable for my generation." A principle, one more link in a continuous chain. "The architect designs, talks to the client and fights, also on the site. We insist from the outset on being granted authority to represent the client, a demand that is seriously weakened nowadays."

From the ENSBA, Zublena still retains the deep desire to enhance the standing of the architect and his profession, underlying which is the idea of the architect as the overall director of works, the conductor of the orchestra. A traditional and age-old image of his role as a demiurge of decision-making in town planning and architecture that manifests itself, however, in concern with embedding the work in its context and astonishing attention to use with an *a priori* division between global and local. This apparent contradic-

Avec ses collaborateurs, il est présent sur le chantier. « À ma génération, il est inacceptable de ne pas s'y rendre. » Un principe, le dernier maillon d'une chaîne continue. « L'architecte conçoit, discute avec le maître d'ouvrage, se bat y compris sur le chantier. Nous exigions au concours d'être mandataire. Une demande sérieusement ébranlée aujourd'hui. »

De l'École des Beaux-Arts, Zublena garde le désir profond de valoriser l'architecte et sa profession, avec sous-jacente l'idée qu'il est le grand maître d'œuvre, le chef d'orchestre. Une image traditionnelle et séculaire de son rôle de démiurge de la décision urbaine et architecturale qui pourtant s'incarne dans une forte attention à l'inscription du projet dans le contexte, son étude et une attention étonnante aux usages, une conjugaison a priori écartelée entre global et local. Cette apparente contradiction entre le général et le particulier se résout dans son attention constante à l'urbain, aux circulations, aux transports, au tissu, son macro et micro maillage.

DE QUELLE ÉCOLE ?

En vue cavalière, Zublena traverse tous les courants architecturaux en leur prenant ce qui le sert et l'inspire. Tenter une synthèse oblige à des simplifications de caricature. Du meilleur des deux décennies 1970-1980 que retenir ? Un mélange troublant des genres. Quoi de commun entre l'opération Évry 1 en 1972 à laquelle il participe avec Paul Sirvin, Andrault-Parat et la SCAU, les presque 1000 logements sociaux Emmaüs à Noisy-le-Grand et leur panneaux de façade en polyester, l'école Édouard Vaillant aujourd'hui proposée à l'inscription label Patrimoine du XXe siècle et le centre commercial à Val-de-Fontenay ? Les logements d'Évry 1 (1972), en floraison proliférante, agglomèrent leurs cellules d'habitat en pyramides colorées quadripodes, offrent terrasse façon jardinet comme à la maison ou presque et règlent la question pantelante encore aujourd'hui de la densité urbaine contre l'étalement du pavillonnaire ; Emmaüs (1975-1979) relève encore des grands ensembles mais tente l'innovation et l'expérimentation de nouveaux matériaux ; l'école (1977) rompt avec le schéma traditionnel et se développe à l'horizontal comme un lichen en structures cellulaires articulées, souples et continues ouvertes chacune sur une aire de jeux de plain-pied ; sous son immense toiture parking le centre commercial (1979-1980) tente d'organiser l'espace par un grand mail sous verrière lourdement scandé par des piles massives recouvertes de céramique blanche. Quoi de commun ? L'expérimentation, des tâtonnements stylistiques, la recherche d'une écriture ? Il y a de la croissance organique dans les pyramides d'Évry 1 comme à l'école Vaillant, un intérêt pour les Métabolistes japonais, le travail de Jean-Claude Bernard, leurs influences qui se retrouvent aussi dans les mégastructures comme dans le socle de la tour

Cosmos sur le Front de Seine (1977). Un style Villes nouvelles peut-il être invoqué, qui serait d'en avoir mille avec toutefois des points communs ? Comme peu de ses confrères, il garde le goût de la composition et de l'ordonnance moquées dans les années 1970, mais comme tant d'autres il utilise la céramique justement, la brique, met en scène les structures métalliques, les portiques, les arcs, les surplombs de poutres en béton détachés du plan de façade, bannit l'ornement mais surexprime les encadrements des fenêtres souvent de verre fumé. Caractéristique, pointe déjà ce qui va devenir sa marque de fabrique : le respect du viaire, la participation à sa constitution et la composition. Mais avant de les évoquer, même si la quantité fait écran, au tournant des années 1990 s'opère une évolution, presque une mutation. Ses réalisations prennent une ampleur singulière.

Une liberté nouvelle ? Peut-être. Le fruit de son savoir-faire sûrement qui rassure aussi et pousse à lui confier des projets toujours plus vastes. Déjà en 1986, il livre Le Vendôme, un immeuble considérable de bureaux avec Meunier Promotion avec qui il travaille souvent, en particulier à Noisy-le-Grand où son activité d'urbaniste lui a créé des amitiés. Un vaste U entoure un jardin, des piles puissantes capotées d'aluminium marquent le soubassement, l'étage noble se trame d'un damier de verre réfléchissant, l'attique en retrait termine cette tripartition classique. En 1990, Le Montaigne, siège social pour IBM toujours à Noisy, confirme sa volonté de retrouver le viaire traditionnel de la ville européenne d'avant le Mouvement moderne. Non pas celui sauvage de l'homme motorisé, mais celui pacifié de la rue. Son architecture la borde, la définit. Une place plantée d'arbres la dilate dans l'angle de son bâtiment creusé d'une entaille profonde. Une allée piétonne la poursuit, rejoint puis traverse de part en part l'îlot sous un ciel de verre, croise espace public et privatif. Pas de fioriture, un dessin strict, des lignes de fenêtres sombres scandées par celles gris clair du parement métallique.

Ces deux réalisations concentrent quelques-uns des fondements de ses projets à venir : articulation et imbrication de l'architecture et du tissu urbain ; ordonnance et maîtrise des masses ; jardin intérieur ; patio à verrière ; enveloppe de métal, souvent d'alucobond ; et surtout bien sûr, maîtrise de la composition. Elle se déploie grand large dans toute une série de projets postérieurs. Pas besoin d'être grand clerc en se penchant sur les maquettes et les plans masse pour constater combien l'École des Beaux-Arts apprenait à prendre à bras le corps un territoire et l'ordonner, avec chez Zublena cette aptitude déjà mentionnée à le respecter, à utiliser ses caractéristiques locales existantes (milieu, pentes, vues) au service de l'architecture et inversement.

Autre évidence, la capacité à définir un parti, une identité. Pour l'immeuble Dases (1991) à Paris au débouché du Pont d'Austerlitz, c'est une façade noble, précédée d'une porte géante toute hauteur, mobile, prise dans un carroyage implacable d'acier mar-

tion between the general and the particular is resolved in his constant attention to the urban setting, circulation, transport, the urban fabric and its linkage at the macro and micro levels.

WHAT SCHOOL?

In overall terms, Zublena draws upon all the schools of architecture for ideas and whatever he requires. Attempting to summarize entails simplification on the verge of caricature. What stands out among the best of the 1970s and 1980s? A disconcerting mixture of genres. What is there in common between the Evry 1 project of 1972, in which he took part with Paul Sirvin, Andrault-Parat and the SCAU, the nearly 1,000 public housing units of the Emmaüs estate at Noisy-le-Grand with their polyester facing panels, the Edouard Vaillant school, now a candidate for classification as an item of 20th-century architectural and urban heritage, and the shopping center in Val-de-Fontenay? In blossoming profusion, the housing units of Evry 1 (1972) proliferate in four-footed, colored pyramids with terraces like the gardens of houses, or nearly, and settle the still burning question of urban density as against the sprawl of low-rise housing. Emmaüs (1975–79) still comes under the category of the *grands ensembles* but with an attempt at innovation and experimentation with new materials. The school (1977) breaks away from the traditional pattern to develop horizontally like lichen in cellular structures of an articulated, flexible and continuous nature all opening onto a ground-level playground. Beneath its vast combined roof and car park, the shopping center (1979–80) seeks to organize the space by means of a large, glazed mall heavily cadenced by massive white-tiled piers. What do they have in common? Experimentation, stylistic exploration, the search for a form of expression? There is organic growth in the pyramids of Evry 1 as in the Vaillant school, an interest in the Japanese Metabolists and the work of Jean-Claude Bernard, whose influence is also to be found in megastructures as in the base of the Cosmos tower in the Front de Seine development (1977). Can we speak of a new-town style, which would mean having a thousand but nevertheless with common features? Unlike most of his colleagues, Zublena retained the taste for composition and organization derided during the 1970s. Like so many others, however, he rightly used ceramic and brick, exposed metal structures, porticoes, arches and the overhang of concrete beams projecting from the façade, banished orna-

Stade olympique Atatürk, Istanbul
Atatürk Olympic Stadium, Istanbul

mentation but accentuated the frames of windows, often with tinted panes. What was to be his characteristic trademark already emerged: respect for the road system and participation in its development and composition. But before talking about them, even if the quantity acts as a screen, the pivotal 1990s saw evolution and almost a mutation. His works took on singular breadth.

A new freedom? Perhaps. Certainly the fruit of his expertise, which provided reassurance and led to the assignment of projects of ever-greater scale. As early as 1986, he delivered Le Vendôme, a major office building, with Meunier Promotion, with which he often worked, especially at Noisy-le-Grand, where his work as a town planner had won him friends. A huge U-shaped building surrounds a garden, mas-

qué par le mouvement high tech. Au Pôle universitaire Api (1993) à Illkirch-Graffenstaden au sud de Strasbourg, en tête de l'opération trône une rotonde/vaisseau taillée en soucoupe pour accueillir l'amphithéâtre principal. Et que dire de la corolle blanche du Stade de France reconnaissable entre toutes ou du croissant vertigineux de la couverture du stade Atatürk à Istanbul. Au Pôle d'Illkirch s'affirme le thème amplement développé par la suite de l'enlacement. Deux ailes comme deux bras entourent une intériorité, à l'image du cloître d'hier, changée en jardin(s) puis bientôt en rue intérieure, le coup de maître de l'hôpital européen Georges Pompidou (HEGP), à Paris, malgré un développement difficile durant 16 ans (1984-2000). En plein 15e arrondissement au cœur de la cité, Zublena en invente une autre, croise macrocosme de l'une et microcosme de l'autre, en empathie. Étagé par

paliers vers le Parc Citroën, l'hôpital s'ouvre vers lui et s'organise autour d'une agora longitudinale, accessible à ses deux extrémités, baignée de lumière naturelle grâce à son immense verrière. Une sorte de hub sur lequel se connectent tous les plateaux techniques, les services et les salles en arborescence autour. Les patients viennent s'y promener, s'habillent si leur santé le permet, avant de descendre de leur chambre comme s'ils sortaient en ville. Des chambres justement, le maître d'ouvrage d'alors constate combien encore aujourd'hui rien n'y a changé, avec les têtes de lit sans fluides apparents, pensées, dessinées jusque dans le moindre détail au sein d'un projet gigantesque, combien l'architecte s'est intéressé, pénétré d'humanisme, jusqu'à la position des malades où qu'ils soient, dans leur lit, les couloirs, pour concevoir l'orientation des luminaires de manière à ne pas les éblouir et les importuner, à multiplier les perspectives, les vues, les échappées du regard vers le parc et plus loin la tour Eiffel.

LES MÉGA PROJETS

L'HEGP inaugure et symbolise les méga projets des années 1990-2000 : des sièges sociaux, des hôpitaux, des grandes écoles, des stades bien sûr et pas seulement celui de France, mais aussi de Suwon en Corée du Sud, d'Atatürk à Istanbul, du Vélodrome à Marseille, du Hainaut à Valenciennes, d'Océane au Havre.

Pour tous, souffle et puissance, désir de constituer la ville et de l'accueillir. Y compris pour l'immense Stade de France qui aurait pu la repousser et, à l'inverse, l'a attirée, vite développée sur son flanc est, tout au bord de son parvis non moins gigantesque prévu pour s'offrir aux habitants du quartier malheureusement clos d'une grille pour cause de sécurité et d'attentats post 11 septembre 2001. Toutes aussi frappantes, les vues vers la conurbation depuis les gradins. Peut-être une des réussites majeures de cet équipement d'exception. Grâce à elles, le stade s'immerge dans la marée urbaine de la mégalopole sans limites visibles, s'enracine en son lieu et devient effectivement de France en y plongeant sports et spectateurs.

Cette prise de possession du territoire par l'architecture s'illustre à nouveau avec une série impressionnante et remarquable d'hôpitaux dont chacun mériterait une monographie. Sans pouvoir les citer tous, la brochette 2000-2015 ne manque pas d'allure : Bretonneau à Tours (1998-2007) ; CHU Carémeau (1998-2003) à Nîmes ; Papa Giovanni XXIII à Bergame (2001-2013) ; Sainte Anne à Toulon (2002-2007) ; La Conception (2005-2007) à Marseille ; Michele e Pietro Ferrero à Verduno (2005 - en service début 2020 ; Paul Riquet à Toulouse (2006-2014) ; Madre Teresa di Calcutta à Monselice (2006-2015). Énumération dont la chronologie montre des conceptions concomitantes mais aussi des constructions et des suivis de chantier menés de front, de quoi démontrer la puissance de feu de SCAU/Zublena et com-

sive piers clad in aluminum mark the basement, the first floor displays a grid of reflecting panes, and the recessed top floor completes the classic three-story composition. The Montaigne office building for IBM in Noisy of 1990 confirms his desire to return to the traditional road system of the European city prior to the Modern Movement. Not the jungle of motorized man but the tranquil network of streets delimited and defined by his architecture. A square with trees expands this at the corner of his building, into which a deep notch is cut. A pedestrian walkway continues up to and then all the way through the block beneath a glass roof, crossing public and private space. No embellishments, austere design, rows of dark windows cadenced by the light grey of the metal facing.

These two works encapsulate some of the basics of the projects to come: the interweaving of architecture and urban fabric; the control and arrangement of mass; interior garden; glazed patio; shell of metal, often alucobond; and above all, of course, a mastery of composition. This is displayed on the large scale in a whole series of later projects. It doesn't take an expert, looking over the models and overall plans, to see just how well the ENSBA taught its students to address and organize an area of territory. In the case of Zublena, there is also the above-mentioned respect for the same and tendency to use the existing local characteristics (environment, slopes, views) at the service of the building and vice versa.

Another obvious point is the ability to define an identity. For the Dases building (1991) in Paris at the end of the Pont d'Austerlitz, we have a noble façade with a gigantic, animated, full-height entrance set in an implacable grid of steel characteristic of the high-tech movement. The Pôle universitaire Api (1993) at Illkirch-Graffenstaden, south of Strasbourg, features a round, saucer-like basin housing the main amphitheatre. And what about the immediately recognizable white flower of the Stade de France or the dizzying crescent of the roof of the Atatürk stadium in Istanbul? The Pôle Api at Illkirch saw the emergence of the theme of intertwining, subsequently developed on a large scale. Like arms, two wings encircle an inner space like the cloister of the past, transformed into gardens and soon into an interior roadway, the master stroke of the Georges Pompidou European Hospital (HEGP) in Paris, despite a difficult development taking 16 years (1984–2000). In the 15th arrondissement, in the heart of the city, Zublena invented another, interweaving the macrocosm of one and the microcosm of the other in empathy. Laid out in stages looking onto the Parc Citroën, the hospital is organized around a longitudinal agora accessible at both ends and flooded with natural light through its huge glazed covering. A sort of hub on which all the departments connect with the rooms and facilities branching off. The patients go there for a walk, getting dressed – if their condition permits it – and coming down from their rooms as though going into town. As regards the rooms, the client at the time attests that still today nothing has changed, headboards with no medical fluids, conceived and designed in the smallest detail within the framework of a gigantic project; the architect's deeply human interest in position of the patients wherever they might be, in bed or in the corridors, designing the orientation of the lighting so as not to dazzle and discomfort them and taking care to multiply the views and vistas of the park and the more distant Eiffel Tower.

THE MEGAPROJECTS
The HEGP inaugurated and symbolizes the megaprojects of the 1990s and 2000s: company headquarters, hospitals, large schools and of course sport stadiums, not only the Stade de France but also the Suwon stadium in South Korea, the Atatürk in Istanbul, the Vélodrome in Marseille, the Hainaut in Valenciennes and the Océane in Le Havre.

In every case, spirit and power, the desire to create the city and embrace it. Including the immense Stade de France, which could have repelled the city but instead attracted it with rapid development on its east flank, right on the edge of the no less gigantic forecourt envisaged as opening up to the local inhabitants but instead closed off for reasons of safety and anti-terrorist security in the wake of 11 September 2001. Equally striking are the views of the conurbation from the terraces, perhaps one of the greatest successes of this exceptional facility, thanks to which the stadium is immersed in the urban flow of the megalopolis with no visible boundaries and rooted in its location, becoming effectively the stadium of France, into which sports and spectators are plunged.

This way of taking architectural possession of the territory is further illustrated by a highly impressive series of remarkable hospitals, each of which would merit separate study. While we cannot mention them all, those of the period 2000–15 are by no means lacking in interest: the Bretonneau in Tours (1998–2007), CHU Carémeau (1998–2003) in Nîmes, Papa Giovanni XXIII in Bergamo (2001–13), Sainte Anne in Toulon (2002–07), La Conception (2005–07) in Marseilles, Michele e Pietro Ferrero (2005, to open early in 2020), Paul Riquet in Toulouse (2006–14) and Madre Teresa di Calcutta in Monselice (2006–15). A list whose chronology shows some concomitant conceptions but also operations of construction and construction management tackled head-on, demonstrating the fire power of Zublena and the SCAU and the extent to which their mastery of the technical challenges involved in this type of program is appreciated.

bien sa maîtrise du défi technique de ce type de programme est appréciée.

Carémeau à flanc de colline, étage ses longues strates blanches dans la pente et domine Nîmes qu'il offre en panorama. Aux chambres, aux bureaux, mais aussi à tous ceux qui accèdent par le parvis haut. Car, soulevée sur un jeu de colonnes, sa partie supérieure laisse filer les regards vers la lumière et l'horizon. Impossible de ne pas ressentir face à cet exemple pris parmi d'autres la force de ces compositions, de leurs grandes masses travaillées en sédimentations, étirées, creusées de coursives, surlignées de corniches saillantes, de fenêtres longues, de retraits, de surplombs, à la trame implacable qui pourtant n'inquiète pas, et bien plutôt rassure, tant elle est nette et franche.

L'ARCHITECTURE DANS LA VILLE ET LA VILLE DANS L'ARCHITECTURE
Composition à la fois limpide et savante, fruit d'une singulière maîtrise des échelles, des accords et des combinaisons entre tout et parties. Au fil des réalisations, les grands principes déjà soulignés ne cessent de se consolider, amplifiés jusqu'à l'évidence : figure à identité musclée, carroyage savant d'horizontales et de verticales principales, urbanisme et clarté des parcours intérieurs organisés autour de rues et d'atriums sous verrière, patios/jardins pensés en respirations mais aussi cloîtres pour pacifier, préserver des lieux de silence, garder contact avec le sol et la nature. S'affirme aussi le dessin/dessein d'une architecture/entité autonome pourtant en connivence avec le paysage, une machine globale dont les murs et la toiture débarrassée des excroissances techniques ne font plus qu'un grand animal enveloppé de briques parfois, d'une carapace de métal le plus souvent entre blancheur et luisances de gris d'où émerge parfois une saillie colorée.

Souvent conçus avec Michel Macary, les sièges sociaux, de moindre ampleur bien sûr, gardent pourtant, en concentrant les mêmes fondements, une vigueur semblable. Avec retenue toutefois, une mise à distance. Pas de geste contourné en façade, de la rigueur. Un mur rideau clair pour la Cegid à Lyon Vaise (2003), un autre plus sombre dressé comme à la parade pour l'immeuble de Télévision de France (1994-1997) à Issy-les-Moulineaux au bord du périphérique. Idem pour son alter ego de la BNP (2011) dans la même ville partagé en deux ensembles par une faille que franchissent en pont cinq niveaux et une toiture décollée percée d'oculi géants. Derrière ces nappes de verre, l'essentiel se devine de la rue, attire et incline à entrer, croise espace public et privé. Celui de la Cegid dévoile l'ancienne halle restaurée en fond de perspective ; TDF dresse une sorte de donjon conique saisissant, blanc, percé de rares fenêtres en meurtrière dans un atrium toute hauteur couvert d'une verrière spectaculaire ; suspendue au-dessus du hall d'accueil, une demi-sphère de glaces blanches précède les bureaux de la BNP.

Inattendu dans la profession de l'architecte, le pont Gustave Flaubert (2006-2008) à Rouen. Pas un ouvrage modeste mais un pont-levant routier (conçu avec François Gillard et Michel Virlogeux ingénieur), aux dimensions considérables : jusqu'à six voies de circulation, 670 m de longueur, 90 m de hauteur, tabliers de 120 m constitués de deux travées métalliques de 1350 tonnes chacune, soulevées jusqu'à 55 m au-dessus de la Seine pour laisser libre passage aux bateaux.

Projet inattendu, car il n'a jamais rien conçu de tel. L'occasion de souligner au passage combien la maîtrise technique déployée au Stade de France ou celui d'Atatürk (2001-2004) et pour les grands hôpitaux fait impression et lui vaut la confiance des maîtres d'ouvrage. Zublena rappelle combien jeune architecte, il a écouté, pris conseil. Au sommet de sa carrière, il ne fait pas autrement, consulte, apprend et puis apporte sa pierre. À lire la description qu'il fait lui-même de l'élaboration de son projet (p. 260)

Embedded in the slope of the hillside, the long, white layers of the Carémeau look out over Nîmes and offer views of the city to those in its rooms and offices but also to all those entering and leaving by the upper forecourt. Perched on an array of columns, the upper section presents a panorama stretching away towards the light on the horizon. In this case, just one of many examples, it is impossible not to feel the power of these compositions with their great masses worked into layers, stretched out, embedded with walkways, underscored by projecting cornices, long windows, recesses and overhangs in an implacable pattern that is not disturbing, however, but rather reassuring in its freshness and clarity.

THE BUILDING IN THE CITY AND THE CITY IN THE BUILDING

Simultaneously limpid and deft composition, the fruit of a singular mastery of scales, harmonies and combinations between the whole and the parts. Work after work, the great principles already pointed out attained ever-greater solidity and visibility: features of vigorous identity, a deft grid of primary verticals and horizontals, careful planning and clarity of internal routes organized around roadways and atriums under a glazed canopy, patios and gardens designed as breathing spaces but also cloisters to ensure peace, preserve areas of silence, maintain contact with the earth and nature. Also asserted is the design or goal of the building as an autonomous entity but coexisting with the landscape, a global machine whose walls and roof, kept clear of technical excrescences, make it no more than a huge animal sometimes wrapped in bricks, more often in a shell of metal, white with gleams of grey and the occasional emergence of a colored projection.

Often designed together with Michel Macary, the company headquarters, though certainly on a smaller scale, display similar vigor through a concentration of the same fundamentals but also an element of reserve and distance. Nothing overly elaborate on the façade, just rigor. A light-colored curtain wall for the Cegid in Lyon Vaise (2003), another of darker hue as though standing to attention for the Télévision de France building (1994–97) in Issy-les-Moulineaux beside the ring road, and the same for its *alter ego*, the BNP building (2011) in the same town, two separate parts with the gap bridged by five levels and a projecting roof pierced by giant oculi. Behind these layers of glass, the essential just made out from the street attracts and prompts the desire to enter, crossing

L'église Papa Giovanni XXIII, Bergame. La nef, le cœur, l'éclairage zénithal
The Papa Giovanni XXIII curch, Bergamo. The nave, the choir, the zenithal lighting

L'église Papa Giovanni XXIII, Bergame. Les « Oculi » de la paroi est
The Papa Giovanni XXIII curch, Bergamo. The "Oculi" of the eastern wall

public and private space. The Cegid building reveals the restored former marketplace as a backdrop. The TDF building presents a sort of conical castle keep, white and striking, pierced by just a few slit windows in a full-height atrium with a spectacular glass roof. Suspended above the reception hall, a hemisphere of white sheets of glass precedes the BNP offices.

The Pont Gustave Flaubert (2006–08) in Rouen is somewhat unexpected in the architect's career. No small-scale work but a vertical-lift road bridge (designed together with François Gillard and the engineer Michel Virlogeux) of considerable size: no fewer than six lanes, 670 m in length and 90 m in height with roadways of 120 m consisting of two metal spans of 1,350 tonnes each lifted up to 55 m above the Seine to let vessels through.

Unexpected because he had never designed anything of the kind. An opportunity to point out in passing the extent to which the technical mastery displayed in the Stade de France and the Atatürk stadium (2001–04) as well as the major hospitals impressed clients and earned him their trust. Zublena recalls how much he listened and took advice as a young architect. At the peak of his career, he did the same, consulting others, learning and then making his own contribution. On reading his own description of the development of the project (p. 260), everything seems obvious: examination of the harbor setting; assessment of the location of the crossing to the west of the town; the opportunity to distinguish both with a powerful symbol and highlight the Seine; the need to lift the roadways and hence to design vertical piers; technical advice; close consultation with engineers; repeated discussions and gradual progress, step by step; abandonment of the "bow string" solution as inelegant; the choice of a system of counterweights in the opposite columns. Light is shed on the designer's approach but little explanation is given – when is it ever? – of the aesthetic quality of the forms, what used to be called beauty, a strange alchemical combination of intuition, sensitivity, intelligence, memory and courage.

All these are gathered together in the proposal unsuccessfully put forward in 2009 for the Bacalan-Bastide Bridge (now Chaban-Delmas Bridge) in Bordeaux. His great regret, as this was probably his most limpid design. Taking cognizance of the weight of the sky on the horizon, the scale of the open countryside, the power of the tide and the 420-metre width of the Garonne, he felt the irrepressible need to concentrate his design on a single pier in the middle of the river and invent some way of lifting the roadway, an

tout paraît d'évidence : prise de pouls du paysage portuaire ; appréciation de l'emplacement du franchissement à l'ouest de la ville ; occasion de marquer l'un et l'autre d'un symbole puissant et de signaler la Seine ; obligation de soulever les tabliers routiers donc de dessiner des piles verticales ; avis techniques ; écoute attentive des ingénieurs ; discussions itératives et avancées à petits-pas ; élimination de la solution « bow string » jugée inélégante ; choix d'un système de contrepoids dans les colonnes opposées. La démarche du concepteur s'éclaire, mais n'explique pas grand-chose – mais qui ne l'a jamais pu ? – de la qualité esthétique finale des formes – l'usage hier était d'évoquer la beauté – étrange alchimie où s'entremêlent intuition, sensibilité, intelligence, mémoire et courage.

Tous réunis pour sa proposition non retenue en 2009 du pont Bacalan-Bastide (futur Chaban-Delmas) à Bordeaux. Son crève-cœur car sans doute son projet le plus limpide. Face au poids du ciel sur la ligne d'horizon, aux dimensions du paysage ouvert, à la puissance de la marée, aux 420 m de largeur de la Garonne, il ressent, irrépressible, la nécessité de ramasser son projet en une pile seulement, plantée dans le mitan du fleuve et d'inventer avec les ingénieurs pour lever le tablier un extraordinaire fléau de 170 m de longueur. Une pure figure d'oiseau en vol, née des cultures croisées de la technique et de l'architecture. Si pure, qu'elle rappelle par delà les années, mais taillée en colosse, celle de l'Eurolax R1 dessiné par son père.

Singulièrement, les réalisations des vingt dernières années d'activité de Zublena dépassent toutes les autres. Il nous plaît de terminer par la plus modeste en taille et sans doute l'une des plus achevées : la chapelle et pourtant église paroissiale de l'hôpital Papa Giovanni XXIII à l'ouest de Bergame. Tout architecte, homme de foi ou non, désire construire un jour une chapelle, une église, une cathédrale. Avec une ambition bornée, Il peut ne s'en tenir qu'au programme autrement plus simple que celui du moindre musée. Il peut aussi sentir la folie de sa charge : concevoir la maison de Dieu, confronter sa propre mission de créateur à celle du Créateur, face à face déséquilibré entre tragédie, humilité et lumière. Avec ses 150 000 m², ses 960 lits, l'hôpital de Bergame s'impose au territoire et développe les grands principes déjà mentionnés. Que pouvait être la petite église (200 places) au flanc nord de ce géant ? Fallait-il lui donner de grands airs, pour pallier sa taille si menue ? Trouver une figure insolite pour la signaler ?

Un temps séduit par l'hyperbole, Zublena évite le piège, trouve une solution autrement sensible. Il associe soins des corps et des âmes. La chapelle se cale sur le flanc nord-est de l'hôpital, prolonge sa géométrie mais s'en détache juste un pas de côté, accessible grâce à un léger dénivelé à la fois d'un parvis haut de plain-pied pour les malades et d'un autre en contrebas pour les paroissiens. Les uns et les autres ne le remarquent pas, peut-être, mais sûrement le ressentent. En s'approchant, les sols changent. Les dalles et les pavés gris font place à une pierre blonde, presque blanche, symbole séculaire de la pureté. Le blanc ! Il se dresse d'un seul jet, en parallélépipède aux angles vifs, serti serré d'une colonnade de béton immaculé derrière laquelle se devinent au-delà d'un étroit déambulatoire les murs aveugles et clairs de la chapelle. Un signal, une mise à distance, une protection et une invite à franchir cette limite. La lumière se prend dans ces réseaux de verticales, trace des obliques sombres et pâles, active les vibrations de l'abstraction tranchée nette par le porche d'entrée en retrait, un portail taillé en monolithe à planches de chêne marquées par l'esquisse d'une figure de colline surmontée d'une croix de bois opaline : un Golgotha.

Au moment de passer cette limite, le sol change à nouveau, se couvre de dalles de granit sombre veinées de quartz. Puis, elles font place au plancher filant de la nef. Le mot raffiné peut évoquer un penchant maniéré. Rien de tel ici, mais bien plutôt une réalité cartésienne, terrestre et subtile, touchée de l'aile du ciel, peut-être.

Géométrie encore. Le parallélépipède extérieur se retrouve impeccable à l'intérieur, ciselé aux murs par le calepinage de vastes panneaux de béton préfabriqué. Le mobilier de bois lui aussi décline ces mêmes lignes d'horizontales et de verticales, rigueur et douceur mêlées, comme là-bas l'autel de marbre au bout de l'allée centrale, massif et décollé du sol sur un piétement minimal et, en fond, un chœur tripartite non pas marqué par trois chapelles mais par trois encadrements et une œuvre sur verre d'Andrea Mastrovito rétro-éclairée par une source invisible. Au centre le Christ en croix, presqu'au sommet du Golgotha figuré par une

extraordinary beam of 170 m in length, together with the engineers. The pure figure of a bird in flight born out of the interwoven cultures of technology and architecture. A form so pure that it recalls years later, albeit on a colossal scale, the Eurolax R1 designed by his father.

Oddly enough, the works of the last twenty years of Zublena's career surpass all the others. We shall end with the most modest in size and probably one of the most successful, namely the chapel and parish church of the Papa Giovanni XXIII Hospital to the west of Bergamo. All architects, religious or otherwise, wish to build a chapel, a church or a cathedral some day. If limited in ambition, they can simply stick to the program, which is far simpler than that of the least important museum. They can also realize the madness of the responsibility undertaken: to design the house of God, to pit their creative skills against those of the Creator, an unequal confrontation between tragedy, humility and light. With its area of 150,000 square meters and its 960 beds, the hospital in Bergamo stands out in the territory and develops the great principles outlined above. What form could be given to the small church seating 200 on the north side of this giant? Should it be endowed with airs and graces to make up for its small size? Should something unusual be found to distinguish it?

Once enchanted by hyperbole, Zublena avoided falling into this trap and found a highly sensitive approach associating care for the body with care for the soul. The chapel is located on the northeast side of the hospital, prolonging its geometry but detached, just a step to one side, accessible with a slight difference in height from an upper forecourt at ground level for the patients and from another at a lower level for the parishioners. While neither the former nor the latter may perceive this, they surely feel it. As they approach, the ground changes. Grey paving stones give way to a light-coloured stone that is almost white, the age-old symbol of purity. White! It rises all at once, a sharp-cornered block closely framed by a colonnade of immaculate concrete behind which we can just make out the sheer, light-colored walls of the chapel behind a narrow ambulatory. A signal, a distancing, a protection and an invitation to cross this boundary. The light is caught up in these arrays of verticals, tracing dark and pale diagonals, generating vibrations of the abstraction sharply cut by the recessed entrance porch, a monolithic portal with doors of oak bearing the motif of a hill crowned with an opaline cross of wood: a Golgotha.

The ground changes again on crossing this threshold, now covered with dark slabs of granite veined with quartz that give way in turn to the slab and beam floor of the nave. The word *sophisticated* might suggest something mannered. There is nothing of the kind here but rather a Cartesian reality, earthly and subtle, possibly touched by the heavenly wing. Still more geometry. The outer parallelepiped is reproduced flawlessly inside, engraved on the walls by the arrangement of large prefabricated concrete panels. The wooden furniture also takes up the same horizontal and vertical lines, simultaneously rigorous and gentle, like the marble altar down there at the end of the central aisle, solid and detached from the floor on a minimal base, and at the rear, a tripartite choir marked out not by three chapels but by three framing elements and a work on glass by Andrea Mastrovito with an invisible backlighting system. In the center, Christ on the cross almost on the apex of a triangular Golgotha, still on earth, certainly, but also in a near distance, developed through the deft handling of perspective, in heaven, represented by a peacock, its symbolic bird. Trees on either side and on the left, almost at the foot of the hill, a scene of the swooning Virgin, grief-stricken over the agony of her son, in the arms of the two pious women with the solicitous figure of the sainted pope John XXIII in the background. Is it now that everything becomes obvious? In its

éminence triangulaire. Certes toujours sur terre mais aussi dans un lointain proche, creusé par un jeu habile de perspectives, au Paradis, symbolisé par un paon, son oiseau symbole. De part et d'autre, des arbres avec à gauche, presque en bas de la colline, une scène de la Vierge effondrée, déchirée par l'agonie de son Fils, entourée par deux saintes femmes et la sollicitude de Saint-Jean XXIII en retrait.

Est-ce alors que l'évidence s'impose ? Cette chapelle s'incarne dans une bipartition savante, un détachement de la matière vers l'immatériel. Au sol, le mobilier couleur terre claire. Aux murs un foisonnement, une œuvre de Stefano Arienti incorporée au béton au moment de sa coulée, évocation d'un jardin de fleurs et de broussailles, d'abord dense et touffu, bistre, puis peu à peu clairsemé en s'élevant pour s'étioler dans la blancheur des murs. Des oculi discrets – hommage à ceux dramatiques de Le Corbusier à Sainte-Marie de la Tourette ou à ceux si subtils du même et de José Oubrerie à l'église Saint-Pierre de Firminy – font comme des bulles transparentes, guident le regard vers les hauteurs qui disparaissent dans une sorte d'éblouissement. Flottement.

Le lac du centre urbain régional
The lake of the regional urban center

Couvert d'une verrière, le périmètre interne de la chapelle laisse couler à flot les rayons du soleil. Littéralement, ils noient l'extrémité des murs qui semblent s'évanouir dans la lumière ou le bleu noir la nuit venue. Aspiration ! Voulu ou non, le plafond avec ses ondulations suspendues de maille métallique, blanche toujours, bloque ces envolées éthérées ! Aspiration au transcendant mais encore et toujours ici-bas !

Il faut finir. Quelques mots encore pour conclure et l'envie de les emprunter à Guillaume Balz, le moine cistercien architecte de l'abbaye du Thoronet, le narrateur fictif des *Pierres sauvages*, imaginé par Fernand Pouillon dans son maître livre. « Le courage sera d'être soi, en toute indépendance, d'aimer ce que l'on aime, de trouver le tréfonds de ses sensations [...] L'œuvre réelle est vérité, directe, honnête. C'est dire simplement son savoir à tous. En architecture, seuls le métier et l'expérience sont conseillers ; le reste est instinct, spontanéité, décision, démarrage en force de toute l'énergie accumulée. Jamais courage n'est assez courageux, jamais sincérité n'est assez sincère et franchise assez franche. »

Sans tout lui donner, il y a de l'Aymeric Zublena dans cette énumération : du solitaire capable d'être lui-même et de le rester, de l'indépendant instinctif qui aime les honneurs mais ne s'affiche pas, ne fréquente pas les milieux où se font et se défont les modes ; du courageux aussi ; un architecte, certes de métier et d'expérience, mais bien au-delà, un architecte comme le poète est poète, le musicien est musicien. Incapable de s'arrêter ? Incapable de se défaire de son amour quasi exclusif pour l'architecture ? Sûrement.

Et puis, pour conclure par une pirouette, un homme au regard frisé, malicieux qui semble toujours suggérer : « Eh oui, je suis peut-être tout cela. Mais peut-être autre chose encore. Et je sais aussi convaincre. »

Jean François Pousse

deftly-handled bipartition, this chapel embodies detachment from the material towards the immaterial. On the floor, the light-colored furniture. On the walls, a profusion, a work by Stefano Arienti incorporated into the cast concrete, the evocation of a garden of bushes and flowers, first thick, dense and dark, then increasingly sparse as it gradually rises to fade away into the whiteness of the walls. Like transparent bubbles, two discreet oculi – an allusion to the dramatic oculi of Le Corbusier at Sainte-Marie de la Tourette or the extraordinarily subtle ones by him and José Oubrerie for the church of Saint-Pierre de Firminy – lead the eye towards the upper section, which disappears in a sort of bedazzlement. Floating. Sunlight pours in through the glazed covering of the inner perimeter, drowning the tops of the walls, which seem to vanish in the glow or in the bluish black after nightfall. Aspiration! Intentionally or otherwise, the ceiling with its suspended undulations of wire mesh, again white, halts these ethereal flights! The yearning to transcend is blocked forever down here!

It is now time to end with a few closing words that I shall borrow from Guillaume Balz, the Cistercian monk and architect of the Abbey of Thoronet, the fictitious narrator of Fernand Pouillon's masterly novel *The Stones of the Abbey*: "The courage will be to be yourself, in total independence, to love what you love, to plumb the depths of your feelings [...]. The real work is truth, honest and straightforward. It is simply telling everyone what you know. In architecture, skill and experience are the only counselors, the rest is instinct, spontaneity, decision, starting off with the strength of all the energy accumulated. Courage is never courageous enough, sincerity sincere enough and frankness frank enough."

This captures not all but at least something of Aymeric Zublena: the loner capable of being and remaining himself; an instinctively independent man who loves honors but does not flaunt them, who does not mix in the circles where fashions and made and unmade; the man of courage too. An architect, certainly endowed with professional skill and experience but above all an architect just as a poet is a poet and a musician a musician. Incapable of stopping? Incapable of jettisoning his almost exclusive love for architecture? Unquestionably.

And then, to end with a parting shot, a man with a wry, mischievous expression that always seems to say, "Yes, well, I may be all that but perhaps something else as well. And I can be very convincing too."

Jean François Pousse

[1] The figures who agreed to write about Aymeric Zublena are listed here in alphabetical order: Bernard Cabannes, architect, partner; Sylvie Campet-Cavada, student at the UP1 and then SCAU associate; Sylvie Clavel, former director of the UP1 Paris-Villemain; Bernard Desmoulin, architect; Robert Germinet, client, former director of Veolia and the Ecole des Mines in Nantes and Saint-Etienne, where he directed the extension in Gardanne; Louis Omnes, first director of the Georges Pompidou European Hospital; Dominique Perrault, architect; Eric Serrano, engineer, client for the Stade Vélodrome, Marseille; Tom Sheehan, architect, SCAU associate 1989–97; Michel Macary, architect, partner; Jacques Weinand, architect and SCAU associate 2000–12.

[2] Guillemette Chéneau-Deysine, *L'enseignement de l'urbanisme à l'ENSBA, 1958–1968*, Université de Rennes 2, EA 1279 Histoire et critique des arts.

[3] Now based in Paris (5th arrondissement), the Société de Conception, d'Architecture et d'Urbanisme or SCAU was founded in 1971 by six architects: Guy Autran, Thierry Gruber, Albert Longo, Michel Macary, Philippe Molle and Aymeric Zublena, joined by Xavier Menu in 1973–74 and by Bernard Cabannes and Luc Delamain in 2000. The new partners who joined several years later include Maxime Barbier, Guillaume Baraibar, Mathieu Cabannes and François Gillard. The SCAU is still today one of the major French firms, ranked 25th by turnover in 2017 (source: Maaf).

[4] The texts by Aymeric Zublena included here are drawn from speeches made at the Institut de France and the Académie de l'Architecture, which he directed from 2002 to 2005, and the lectures delivered all through his career and still today, for himself too, free expressions of his dreams for the city and architecture, today and tomorrow.

[1] Par ordre alphabétique, les personnalités qui ont bien voulu raconter leur Aymeric Zublena : Bernard Cabannes, architecte associé ; Sylvie Campet-Cavada, d'abord étudiante d'UP1 puis collaboratrice de SCAU ; Sylvie Clavel, ancienne directrice d'UP1 Paris-Villemain ; Bernard Desmoulin, architecte ; Robert Germinet, maître d'ouvrage, ancien directeur chez Veolia et de l'École des Mines de Nantes et de Saint-Étienne dont il dirige l'extension à Gardanne ; Louis Omnes, premier directeur de l'hôpital européen Georges Pompidou ; Dominique Perrault, architecte ; Eric Serrano, ingénieur, maître d'ouvrage du Stade Vélodrome de Marseille ; Tom Sheehan, architecte collaborateur à la SCAU de 1989 à 1997 ; Michel Macary, architecte associé ; Jacques Weinand, architecte collaborateur à la SCAU de 2000 à 2012.

[2] Guillemette Chéneau-Deysine, *L'enseignement de l'urbanisme à l'ENSBA, 1958-1968*, Université de Rennes 2, EA 1279 Histoire et critique des arts.

[3] L'agence SCAU est désormais basée à Paris (5e). La SCAU (*Société de Conception, d'Architecture et d'Urbanisme*) est fondée en 1971 par six architectes : Guy Autran, Thierry Gruber, Albert Longo, Michel Macary, Philippe Molle et Aymeric Zublena. Ils sont rejoints en 1973-1974 par leur confrère Xavier Menu. En 2000, deux confrères rejoignent l'équipe : Bernard Cabannes et Luc Delamain. Plusieurs années plus tard, de nouveaux associés intègrent l'agence : Maxime Barbier, Guillaume Baraibar, Mathieu Cabannes, François Gillard. La SCAU aujourd'hui fait toujours partie des grandes agences françaises, au 25e rang au classement 2017 par chiffres d'affaires (source Maaf).

[4] Quelques écrits d'Aymeric Zublena accompagnent ce livre. D'autres sont rédigés à l'occasion de communications à l'Institut, à l'Académie de l'Architecture qu'il préside de 2002 à 2005, pour des conférences tout au long de sa carrière et qu'il continue à donner, pour lui aussi, des fictions libres de ton, ses rêves de ville, d'architecture, aujourd'hui et demain.

AYMERIC ZUBLENA
ARCHITECTE

AYMERIC ZUBLENA
ARCHITECT

I was born to Italian parents from Piedmont. At the end of World War II, I discover the city of Ivrea with my younger brother Jean Pierre, who will attend Ecole Boulle and Arts Deco. Ivrea is the city where my mother was born. A few kilometers away, I walk through my father's village, Viverone, which dominates the great lake at the foot of the largest glacier moraine in Europe.
I learn Italian by listening to grandmothers, uncles, aunts and cousins who speak to me in the language, but who speak to each other in Piedmontese, a dialect that more than two million people use daily, including those from the middle class, farmers and workers. I retain some words, phrases and expressions that I will later use during meetings or on the construction site of the hospital of Alba-Bra with engineers, architects and Italian workers, to the amused amazement of my Piedmont interlocutors.
I hear them mention, with warmth and admiration, Adriano Olivetti, the man, his role in the Resistance, visionary entrepreneur, and his passion for culture, architecture, and design. It is he who will give a new impetus to a company of typewriters and calculators exported all over the world. It is he who will invite great creators to erect new buildings, and it is he who will give birth to the new design that will come out of new factories. It is from these factories that I discover modernity, their high glass walls, their "curtain walls," a term that I will learn during my future studies.
It is only a few years later that I travel to other cities in Italy, their streets, squares, monuments, Parma, Florence, Sienna, and then Urbino and Ferrara.
I still think of the emotion I felt in front of the grandeur, strength and harmony that emanate from the walls of stone and brick, along which I walk as I climb towards the Ducal Palace of Urbino. The following year I discover Spain. The cities, the palaces, the churches, the

Né de parents italiens originaires du Piémont, je découvre, à l'issue du second conflit mondial, avec mon jeune frère Jean Pierre, qui fera l'École Boulle et les Arts-Déco, la ville d'Ivrea où est née ma mère. À quelques kilomètres de là, je parcours le village de mon père, Viverone, qui domine le grand lac formé au pied de la plus grande moraine glaciaire d'Europe.
J'apprends l'italien en écoutant grands-mères, oncles, tantes, cousins qui parlent avec moi cette langue mais discutent entre eux en piémontais, ce dialecte que plus de deux millions de personnes, bourgeois, paysans, ouvriers, utilisent quotidiennement. J'en ai retenu quelques mots, quelques phrases, quelques expressions que j'emploierai plus tard, aux cours de réunions ou sur le chantier de l'hôpital d'Alba-Bra avec ingénieurs, architectes, ouvriers italiens, à l'étonnement amusé de mes interlocuteurs piémontais.
Je les entends évoquer avec chaleur et admiration Adriano Olivetti, l'homme, son rôle dans la Résistance, l'entrepreneur visionnaire, passionné de culture, d'architecture et de design. C'est lui qui donnera une impulsion nouvelle à cette entreprise de machines à écrire et de calculatrices exportées dans le monde entier, qui invitera de grands créateurs pour ériger les nouveaux bâtiments et donner naissance au design de ce qui sortira de ces nouvelles usines dont je découvre la modernité, leurs hautes parois vitrées, leurs murs rideaux, ce terme que j'apprendrai par la suite au cours de mes études.
Ce n'est que quelques années plus tard que je parcourrai d'autres villes d'Italie, leurs rues, leurs places, leurs monuments, Parme, Florence, Sienne, puis Urbino et Ferrare.
Je pense encore à l'émotion ressentie devant la grandeur, la force et l'harmonie qui jaillissent de ces murailles de pierres et de briques que je longe en grimpant vers le Palais ducal d'Urbino. L'année suivante je découvre l'Espagne. Ses cités, ses palais, ses églises, ses

jardins, ses places me parlent d'architecture, ce métier que je ne connais pas et que je veux découvrir.

Je m'informe sur le déroulement des études, on me cite les noms de quelques « patrons » chefs d'ateliers, personnages dont j'ignore le parcours, les œuvres, ce qu'ils représentent dans ce monde de l'architecture que je vais découvrir.

Il est très difficile, lorsqu'on n'est pas issu d'un milieu d'architectes, de choisir l'Atelier dans lequel on fera ses études. On me parle des ateliers extérieurs et des ateliers intérieurs de l'École des Beaux-Arts. Je ne perçois pas clairement ce qui les distingue, quelle est l'orientation de l'enseignement des « Patrons » qui les dirigent. J'envisage un instant d'entrer chez Otello Zavaroni, parce qu'il est d'origine italienne, puis, après un entretien avec quelques étudiants déjà élèves des Beaux-Arts, je décide de m'inscrire à l'atelier de Pierre Vivien dont on me dit que l'enseignement y est « moderne ». À peine diplômé, Vivien se fait vite remarquer par quatre tours d'habitation à Boulogne-sur-Mer d'une architecture contemporaine que le Ministère de la Culture et la Communication labellisera en 2009 « Patrimoine du XXe siècle ».

En préparant le concours d'entrée à l'École nationale supérieure des beaux-arts, j'apprends la mathématique savante des « modules » de l'architecture classique, les quelques rudiments de stéréotomie, art de la découpe des pierres de taille, je m'exerce aux tracés des ombres et aux dégradés subtils des lavis d'encre de Chine. J'assiste aux cours de mathématiques et d'histoire de l'art dans les amphithéâtres de la cour du Mûrier et pratique le dessin dans la galerie des Antiques du Palais des études.

Avec *L'Histoire de l'Architecture* du polytechnicien Auguste Choisy et les perspectives axonométriques qui illustrent les divers chapitres, je comprends l'organisation des monuments grecs et romains et l'évolution de leurs systèmes constructifs. Je lis *Eupalinos ou l'Architecte* de Paul Valéry, les revues *Architecture d'aujourd'hui*, *Domus*, *Casabella*.

À l'issue de l'éprouvant parcours du concours d'entrée de la section d'architecture de l'École nationale supérieure des beaux-arts, je suis reçu premier sur six cents candidats et j'entre alors en seconde classe.

Nous nous initions alors à l'architecture contemporaine au travers de ces concours dit « d'émulation », dont Bernard Zehrfuss dira « qu'ils donneraient aux futurs architectes l'occasion de s'exprimer et de créer, en s'essayant à traduire dans leurs projets des programmes dont la diversité excitait leur imagination ».

Pendant mes études, j'assiste à quelques cours à l'Institut d'urbanisme de la ville de Paris et suis pendant deux ans l'enseignement de Robert Auzelle et Henri Gutton dans leur « Séminaire Tony Garnier » et en écoutant les conférenciers qu'ils invitent, comme la sociologue Françoise Choay.

Après mon service militaire, de retour à la vie civile, je décide, en 1967, de me présenter au concours pour le Prix de Rome, j'obtiens

gardens, the squares, they all speak "architecture," this profession with which I am unfamiliar, but want to discover.

I inquire about the proceedings of my studies. I am given the names of several "Patrons," masters of their workshops, figures, whose careers, works and what they mean to the world of architecture I do not yet know, but will soon discover.

It is very difficult, when you do not come from an architecture background to choose the workshop in which you will study. At the School of Fine Arts, I am told about External Workshops and Internal Workshops. I do not clearly understand what distinguishes them or what is the teaching style of the "Patrons" who direct them. I originally plan to join Otello Zavaroni's workshop because of his Italian roots, but after asking several students already studying at the School of Fine Arts, I decide to enroll at Pierre Viven's workshop, where I am told that he had a "modern" teaching style. Barely having graduated, Vivien quickly made a name for himself with four high-rise residential buildings in Boulogne-sur-Mer, employing a contemporary architectural style that the Ministry of Culture and Communication will label in 2009 "Cultural Heritage of the 20th Century."

In preparing for the entrance exam for the National Superior School of Fine Arts, I study the mathematic "modules" of classic architecture, the rudiments of stereotomy and the art of slicing cut stone. I practice drawing shadows and the subtle shading of wash drawing in India ink. I attend courses in math and art history in the amphitheaters of the Cour du Mûrier and practice drawing in the Antiques Gallery of the Palais des Etudes.

With Ecole Polytechnique graduate Auguste Choisy's *The History of Architecture* and the axonometric perspectives illustrating the various chapters, I understand the organization of Greek and Roman monuments and the evolution of their construction systems. I read *Eupalinos or the Architect* by Paul Valéry and the magazines *Architecture of Today*, *Domus*, and *Casabella*.

At the end of the National Superior School of Fine Arts' demanding entrance exam for the Architecture Department, I am first out of six hundred candidates. Thus, I directly enter into my second year at the School. We are introduced to contemporary architecture through these so-called "emulation" competitions, which, as Bernard Zehrfuss pointed out, "gave future architects the opportunity to express themselves and create, by trying to translate within their projects, programs whose variety would stimulate their imagination."

During my studies, I attend several classes at the Institute of Urban Design of the City of Paris. For two years, I follow the instruction of Robert Auzelle and Henry Gutton in their "Tony Garnier Seminar" and listen to the speakers they invite, such as the sociologist Françoise Choay.

Having returned to civilian life after my military service, I decide, in 1967, to enter the Prix de Rome competition. I win runner-up with the theme "A European House in Paris." That same year, I enter the Institute of Planning and Urban Design of the Parisian Region (IAURP). It is a design and planning organization to carry out various architectural designs throughout the Paris region, which was set up in 1960 by Pierre Sudreau, Minister of Public Works. Paul Delouvrier, who was appointed Prefect of this region in 1965, would become its Director. At the request of General De Gaulle, he and his teams will draw up the Paris Region Development and Urban Planning Blueprint, envisioning the creation of five planned communities, including Marne-la-Vallée.

During my studies, I am able to complete my training by working in various firms and by collaborating on many, and several significant, projects. Thus, with Raymond Lopez, a large Parisian agency with a hundred employees, I learn to design metallic structures and the "curtain walls" of the innovative building of the Caisse d'Allocations Familiales, in Paris's 15th arrondissement. These are formative experiences that teach me how to approach the technical dimension of architecture with a level of precision. Even with the so-called "construction" project, school exercises are not able to offer this level of training.

As architectural curator of the Grand Palais, Pierre Vivien is entrusted with the urban planning of the ZUP of Strasbourg-Hautpierre, state-owned land to be developed at the highest priority. As part of the Pierre Vivien Firm, I am put in charge of this project. This first urban planning experience would prove to be very useful when I will later join the Institute of Planning and Urban Design of the Parisian Region, the IAURP.

I subsequently study with Pierre Vivien and Jean Dick, architects of the "Porte de France," a residential complex on Général Koenig Quay in Strasbourg. This complex's "organic" architecture, the articulation of its exteriors, and the façades reminiscent of the Vosges' pink sandstone are all still remarkable today.

un Second Grand Prix sur le Thème « Une Maison de l'Europe à Paris ». Cette même année j'entre à l'Institut d'aménagement et d'urbanisme de la Région parisienne (IAURP). C'est un organisme d'étude et de planification mis en place en 1960 par Pierre Sudreau, Ministre de l'Équipement pour réaliser des études sur la Région parisienne. Paul Delouvrier, nommé en 1965 Préfet de cette région en deviendra le Directeur. Il établira avec ses équipes, à la demande du Général De Gaulle, le Schéma d'aménagement et d'urbanisme de la Région parisienne qui prévoira la création de cinq villes nouvelles dont celle de Marne-la-Vallée.

Les années passées, durant mes études, dans divers cabinets et la variété et l'importance de quelques projets sur lesquels j'ai eu la chance de travailler m'ont permis de compléter ma formation. Ainsi, chez Raymond Lopez, grande agence parisienne d'une centaine de collaborateurs, j'apprends à dessiner les structures métalliques et les « murs rideaux » de l'immeuble novateur de la Caisse d'allocations familiales du XVe arrondissement. Ce sont des expériences formatrices par lesquelles j'aborde la dimension technique de l'architecture à un niveau de précision que n'offrent pas les exercices d'École, même lors du projet dit de « construction ».

Dans l'agence de Pierre Vivien au Grand Palais, dont il est le conservateur, je suis en charge du plan d'urbanisme de la ZUP de Strasbourg-Hautepierre qui vient de lui être confié. Cette première expérience d'urbanisme me sera très utile, lorsque j'intégrerai quelques années plus tard l'Institut d'Aménagement et d'Urbanisme de la Région Parisienne. L'IAURP.

J'étudie ensuite avec Pierre Vivien et Jean Dick l'ensemble d'habitation « Porte de France » sur le quai du Général Koenig à Strasbourg dont l'architecture « organique », l'articulation des divers corps de bâtiments, les façades évoquant le grès rose des Vosges sont encore aujourd'hui remarquées.

QUELQUES RÉFLEXIONS SUR L'ENSEIGNEMENT

Mai 1968 donne le signal d'un changement radical dans l'enseignement de l'Architecture. L'article fondateur de Max Querrien, alors

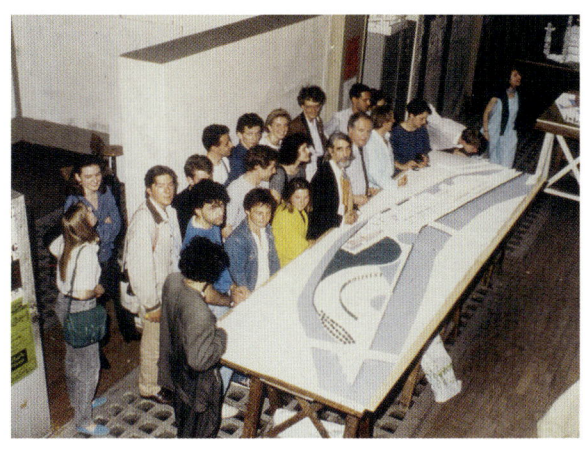

Aymeric Zublena et ses étudiants lors d'une présentation de travaux de fin d'année
Aymeric Zublena and his students during a presentation of end of the year work

De gauche à droite : un professeur ingénieur ; Jean-Jacques Villey, urbaniste de Marne-la-Vallée ; Aymeric Zublena et Michel Duplay, Professeurs architectes
From left to right: an engineering professor; Jean-Jacques Villey, Marne-la-Vallée urban planner; Aymeric Zublena and Michel Duplay, architecture professors

directeur de l'Architecture auprès d'André Malraux, paru dans le *Monde* du 14 février 1968, rend compte de la réforme qui sera conduite : « Diversifier l'enseignement à partir d'un programme unique, engager une collaboration avec l'Université, augmenter le nombre des architectes en France, mettre fin à l'École des Beaux-Arts »

Malgré les légitimes critiques portées sur l'École des Beaux-Arts, j'y ai ressenti le plaisir de projeter, de découvrir dans un même élan, les maîtres du XXe siècle et de comprendre les règles qui ont fixé l'ordonnancement de l'architecture classique, déterminé l'austérité et la rigueur romane, suscité l'invention gothique.

S'il m'a fallu, comme tous les étudiants de mon époque, chercher à l'extérieur de l'École des connaissances et des expériences qui m'ouvraient au temps présent, j'ai acquis à l'École l'aptitude, indispensable à l'exercice du métier d'architecte qui consiste à distinguer dans toute étude l'essentiel de l'accessoire, à renouveler son inspiration à chaque projet.

Confronté des années plus tard à la complexité et à la diversité des programmes qui me seront confiés, aux réglementations en continuelle évolution, à l'émergence de nouvelles techniques et de nouveaux matériaux de construction, à l'impérative nécessité de résister aux exigences contradictoires des maîtres d'ouvrage et aux dérives qui en résultent, cette capacité à synthétiser m'aura été précieuse.

L'EXPÉRIENCE DES VILLES NOUVELLES

C'est l'une des grandes étapes de mon parcours d'architecte et d'urbaniste. Elle a été formatrice par la nouveauté des situations et des questions auxquelles j'ai été confronté – contact avec les élus, les habitants, les associations ; complexité du droit des sols ; fonc-

SOME THOUGHTS ON TEACHING

May '68 signals a radical change in the teaching of architecture. Director of Architecture for André Malraux at the time, Max Querrien published a foundational article in *Le Monde* on February 14, 1968, conveying the reforms to be carried out: "Diversify education from that of a single program, start a collaboration with the University, increase the number of architects in France, and end the School of Fine Arts."

Despite the legitimate criticism of the School of Fine Arts, it is there where I enjoyed contemplating and discovering the masters of the 20th century, where I understood the rules that determined classical architecture, austerity, and the Roman precision that inspired Gothic invention.

Like all students of my time, I would seek knowledge and experience outside of the classroom to gain exposure to the contemporary situation. Yet, it was at school where I acquired the aptitude essential to the practice of architecture, which involves distinguishing the essential from the non-essential in order to find new inspiration for each project.

This ability to summarize has been vital to me when confronted, years later, with various complex programs, constantly evolving regulations, emerging new construction techniques and materials, and the consequences of handling project managers' contradictory requirements.

PLANNED COMMUNITY EXPERIENCES

Being in charge of the small team of architects entrusted with designing a planned community, later to be named Marne-la-Vallée, is one of the major milestones in my career as an architect and city planner. The new situations and questions with which I was confronted made it an educational experience, situations such as: contact with elected representatives, residents, associations, complex zoning laws, dealing with officials, and working in a multi-disciplinary team. The international experiences, those of new English cities (Thamesmead, Cumbernauld, Stevenage, Hempstead) and Dutch cities, were especially enlightening.

Located to the South and along the Marne River, the project is to be developed in an area that is 25 kilometers long, bigger than Paris. The site starts from Noisy-le-Grand, in the west, to Grand Morin Valley, in the east, and will be carried out over a span of more than forty years. The blueprint has four urban sec-

Le Palais d'Abraxas, Noisy-le-Grand. Architecte : Ricardo Bofill.
Photo : Éric Morency
The Palais d'Abraxas, Noisy-le-Grand. Architect: Ricardo Bofill.
Photo: Eric Morency

tions that are separated by natural spaces that will remain undeveloped, the "*coulées vertes*."

Together with my colleagues Thierry Gruber and Jean-Jacques Villey, I am responsible for the first area, which is the future regional urban center of the planned community. Michel Macary and Philippe Molle are in charge of the second area, which is more extensive, more rural, and less developed.

These two areas are going to develop at very different paces. While early construction emerged in the early 1970s in Val Maubuée, the development of the urban center was delayed due to the difficulty of uniting large areas across fragmented plots of land. It was indeed the preliminary and essential step to develop the land before welcoming the first investors.

It took three directors, Pierre Carle, Michel Rousselot, Jean Poulit, and the authority of Paul Delouvrier, to create the regional urban center at the end of the 1970s, becoming the main center of the Parisian East. Today, it is one of the main hubs of Greater Paris's layout.

Located in the inner suburbs of the Parisian region, and covering an area of 1300 hectares, the land of the Noisy-le-Grand commune is the future site of the Planned Community's Regional Urban Center.

The eastern part of Noisy-le-Grand was developed, relatively untidily, in the 19th century, lacking major infrastructure and public facilities. Over time, it came to accommodate detached houses, artisan businesses, and small and medium-sized industries. The future of the planned community's regional center will be one of the main targets of the inner suburb urban renewal.

Placing the city center of Marne-la-Vallée as close as possible to Paris (less than 15 km from Notre Dame's parvis) is a unique decision in comparison to the other three planned communities. Indeed, the urban centers of Evry, Saint-Quentin-en-Yvelines, and Cergy-Pontoise are 25 to 30 km away from Paris's center. By locating Marne-la-Vallée's center so close, it fulfills two purposes: to serve the planned community and to be a restructuring hub of the eastern Parisian region.

The specifics of this geographical location will determine the development and layout of the Regional Urban Center. One of the location's first constraints is the site's high occupancy and the small amount of undeveloped land. The surface area is only about 170 hectares, or 13% of the municipal territory. In 1963, there were 17,000 inhabitants, or 87% of the urban

tionnement de la haute administration ; découverte du travail en équipes pluridisciplinaires – et surtout par la découverte des expériences étrangères, celles des villes nouvelles anglaises – Thamesmead, Cumbernauld, Stevenage, Hempstead – et hollandaises. J'ai la responsabilité de la petite équipe d'architectes en charge de la ville nouvelle qui s'appellera plus tard Marne-la-Vallée.

Située au sud et le long de la Marne, elle doit, à un horizon de plus de quarante ans, se développer sur un territoire plus grand que Paris, long de 25 km, de Noisy-le-Grand à l'ouest jusqu'à la vallée du Grand Morin à l'est. Le schéma prévoit quatre secteurs d'urbanisation séparés par des espaces naturels qui doivent rester préservés de toutes constructions, les « coulées vertes ».

J'ai la responsabilité, avec mes confrères Thierry Gruber et Jean-Jacques Villey, du premier secteur, futur centre urbain régional de la ville nouvelle. Michel Macary et Philippe Molle sont en charge du deuxième secteur, plus étendu, plus rural, moins urbanisé.

Le centre urbain régional vu de l'est vers Paris. Photo : Éric Morency
The regional urban center seen from the east, towards Paris. Photo: Eric Morency

Ces deux secteurs vont se développer suivant des rythmes très différents. Alors que les premières constructions émergent, au tout début des années 1970 dans le Val Maubuée, le développement du centre urbain est retardé par la difficulté de réunir, sur un parcellaire morcelé, de vastes surfaces d'un seul tenant. C'était en effet l'étape préalable et indispensable à la viabilisation de territoires devant accueillir des premiers investisseurs.

Il a fallu l'énergie des trois premiers directeurs, Pierre Carle, Michel Rousselot, Jean Poulit, et l'autorité de Paul Delouvrier, pour que les premières réalisations du centre urbain régional voient le jour à la fin des années 1970 et qu'il devienne le pôle principal de l'est parisien. Il est aujourd'hui l'une des agglomérations principales du schéma du Grand Paris.

Le territoire de la commune de Noisy-le-Grand, d'une superficie de 1300 ha, sur lequel va se développer le centre urbain régional de la ville nouvelle, se situe dans la première couronne de la région parisienne.

La partie est de celle-ci s'est développée au long du XIXe siècle, dans un relatif désordre, sans grandes infrastructures ni équipements publics majeurs. Elle accueille au cours du temps habitat population, which will rise to 27,000 in 1977 with the arrival of the RER (a regional train connecting the center of Paris to its suburbs), and to 65,000 in 2014. Therefore, the urban planning problems that Noisy-le-Grand's regional center poses are radically different from those encountered by other teams working on planned communities, where the land for urban development is unrestricted.

Marne-la-Vallée will be served by Line A of the RER train. The train's route through Noisy-le-Grand will cross land intended for urban development. This is both an asset and an additional constraint. The site juts out into the Marne River's loop by several tens of meters. The new railroad tracks collide with the hilly obstacle. We decide that it must enter the site underground. Therefore, the first station will be buried several meters below the future buildings. This led to long and difficult discussions with RATP before we could obtain approval.

The RER's route will determine the number, depth and location of the stations. To ensure an effective service to the Center, we plan for three stations in our first sketches. Only the first two, 2,700 meters apart,

Immeuble Le Vendôme, Noisy-le-Grand
Architecte : Aymeric Zublena. Photo : Éric Morency
Le Vendôme building, Noisy-le-Grand
Architect: Aymeric Zublena. Photo: Éric Morency

Le Centre de formation IBM France, Noisy-le-Grand.
Architecte : Aymeric Zublena. Photo : Éric Morency
The IBM Training Center, Noisy-le-Grand
Architect: Aymeric Zublena. Photo: Éric Morency

will be carried out. They will be established in the east and west of the city. I still regret that the central station was not built since it would have encouraged a district to emerge, whose residential area would have formed a bounded enclave in the design. The central station's presence would have also encouraged the urban center's development.

In order to explain the choices that determined the city center's planning, I will say a few words from the symposium on "Centers and Centrality" given in London in October 1972, which was attended by representatives of planned communities in England and France.

One of the topics discussed was the form and content of urban plans. Some of the speakers advocated for simplified plans, "a neural grid," abstract, which did not determine the establishment of future projects, or the main lines of their volumetry. My colleague, Gérard Thurnauer, was part of this group.

In my opinion, I considered it necessary to preserve the flexibility of plans, but specify the layout and organization indicative to large facilities. The nature and significance of these buildings would influence the development of future housing, offices and other businesses.

These discussions were lively and passionate. It would take too long to lie out the arguments in favor of one side or the other, but when I look back at our preliminary designs, I believe that it was my approach (along with a few others) that was the right one.

With my other two colleagues and the engineer Jean-Paul Baietto, I sketch three very different plans. The first, the "Linear Plan," is organized around a central pedestrian axis, linking the two RER stations. The second, the "Punctual Plan," concentrates on the major functions of only one of the RER stations, the one to the west. The third, the "Polynuclear Plan," is more flexible. The first two plans are part of an urban planning movement characteristic of the 1960s and 1970s, which puts diverse urban facilities into a "megastructure," ensuring their mutual synergy and using the land for parks and open spaces, instead of development – signs of an ecological consideration. The center of Cumbernauld's planned community, built in Scotland in 1963, illustrates this radical concept.

The realization of such a concept requires rapidly acquiring all undeveloped lands, simultaneously financ-

pavillonnaire, activités artisanales, petites et moyennes industries. Le centre régional de la future ville nouvelle sera l'un des éléments du renouvellement urbain de cette première couronne.

La décision d'installer le centre urbain régional de Marne-la-Vallée au plus près de Paris, à moins de 15 km du parvis de Notre Dame, est originale au regard des centres régionaux des trois autres villes nouvelles. En effet, ceux d'Évry, de Saint-Quentin-en-Yvelines, de Cergy-Pontoise en sont distants de 25 à 30 km. Elle répond à la double vocation de desservir la ville nouvelle et d'être un pôle restructurant de l'Est parisien.

Cette implantation géographique particulière déterminera l'aménagement et le tracé du centre urbain régional. Première contrainte, la forte occupation du site, et le faible nombre de terrains libres de toute construction. Leur superficie n'est que 170 ha environ, soit 13% du territoire communal. Les 87% urbanisés accueillent en 1963 17.000 habitants qui seront 27.000 en 1977 à l'arrivée du RER et 65.000 en 2014.

Les problèmes d'urbanisme que pose le centre régional de Noisy-le-Grand sont donc radicalement différents de ceux qu'ont à ré-

soudre les équipes des autres villes nouvelles dont la superficie des terrains réservés à leurs centres urbains n'est en rien limitée.
Marne-la-Vallée sera desservie par la ligne A du RER. Le tracé de cette voie sur le territoire de Noisy-le-Grand traversera les terrains libres destinés à la nouvelle urbanisation. C'est un atout et une contrainte supplémentaire. Le site surplombe de plusieurs dizaines de mètres la boucle de la Marne. La voie ferrée nouvelle butte sur l'obstacle du relief. Nous décidons qu'elle doit pénétrer en souterrain sur le site. La première station sera donc enterrée de plusieurs mètres sous les futures constructions. Cela nous vaut de longues et difficiles discussions avec la RATP avant d'obtenir son accord.

Ce tracé déterminera le nombre, la profondeur et l'implantation des stations. Pour assurer une bonne desserte du centre nous en prévoyons trois dans nos premières esquisses. Seules les deux premières, distantes de 2700 m, seront réalisées. Elles seront implantées à l'est et à l'ouest de la commune. Je regrette encore aujourd'hui que la station intermédiaire n'ait pas été construite car elle aurait favorisé l'évolution d'un quartier dont la structure pavillonnaire formait une enclave contraignante dans le dessin et le développement du centre urbain régional.

Pour expliquer les choix qui ont déterminé l'urbanisme du centre urbain, je dirai quelques mots du colloque sur « centres et centralité » tenu à Londres en octobre 1972 auquel participaient des représentants des villes nouvelles anglaises et françaises.

L'un des thèmes débattus portait sur la forme et le contenu des plans d'urbanisme. Certains des intervenants militaient pour des plans très schématiques, « une grille neutre », abstraite, ne fixant ni les implantations des réalisations futures ni les lignes fortes de leurs volumétries. Mon confrère Gérard Thurnauer était un de ceux-là.

Pour ma part je considérais qu'il fallait, certes, préserver la flexibilité des schémas, mais aussi préciser la disposition et l'organisation indicative des grands équipements dont la nature et l'importance influenceraient nécessairement le développement des futurs logements, bureaux et autres activités.

Ces débats étaient vifs et passionnants ; il serait trop long d'exposer les arguments en faveur de l'une et de l'autre option, mais lorsque je regarde avec le recul du temps nos dessins préliminaires, j'estime que c'est la démarche que je proposais, avec d'autres peu nombreux, qui était la bonne.

Avec mes deux confrères et l'ingénieur Jean-Paul Baietto, j'esquisse trois schémas, très contrastés. Le premier, le « Schéma linéaire » s'organise autour d'un axe piétonnier central reliant les deux stations du RER ; le second, le « Schéma ponctuel » concentre l'ensemble des fonctions majeures sur une seule station du RER, la plus à l'ouest ; le troisième, le « schéma polynucléaire », plus souple.

Les deux premiers schémas s'inscrivent dans un mouvement ing various facilities, as well as developing all city departments, unfolding in a powerful "megastructure." To succeed, the project's entire execution should be allocated to a single project manager, a centralized authority. The economic, administrative and social conditions to conceive such a project in Marne-la-Vallée, or in any of the other planned communities, made it impossible, and it would be even more difficult today. It was a beautiful utopian project.

Therefore, it is the third plan, "Polynuclear," that we will develop. The future center will be organized into three hubs with distinct and complementary missions. These hubs will be linked together by a network of new roads that connect to the existing network. Thus, I apply the layout of the Buchanan plan, which I experimented with in Strasbourg-Hautepierre, on a large scale.

Despite the limited land available, we decide to reserve an undeveloped space to build a park of about 13 hectares. Since my proposal goes against the economic principle of maximum densification, I have to fight for a long time to get it approved.

I believe that this park, which sits between the existing layout and the new districts of the regional center, will unify these two types of urbanization (whose development must be both monitored and guided).

This major decision will prove to be a fruitful one. It will enable the new center to gradually integrate with the traditional urban design of Noisy-le-Grand. It establishes an organic relationship between the two city configurations, which widely differ in development and structure.

Naturally, such a decision increased the three hubs' population density, which will form the future districts of the region's center. This is an intentional choice. I believed that urban density (defined by its large planned infrastructures and public facilities) generated social links, business, and the sense of a true urban feel.

I ask the architect, Roger Titus, to draw the park. During our studies at ENSBA, I always admired the quality and poetic imagination of his projects and his beautiful designs. The engineers plan a retention basin in the center of the park. Roger Titus will design its winding outline, its bordering paths, the stony sloping banks, the grassy and planted slopes, the impressive walkway, the retaining walls decorated with colored ceramics, and the enormous promenade bedecked with fabulous animals that cover the RER station, "Noisy-le-Grand – Mont d'Est" and the important underground bus station.

Past the underground station, the RER continues through an open trench that cuts through the urban areas. I believed a covering for this trench would one day be made. Today it seems possible. It would involve increasing the surface area of the park, building some support programs, and strengthening inter-neighborhood relations.

Aymeric Zublena et Michel Duplay avec leurs étudiants
Aymeric Zublena and Michel Duplay with their students

The densest neighborhood, "Mont d'Est," is built around the first RER station and a major underground bus station. Their design was entrusted to the architect Jacques Kalicz. It was decorated with a beautiful carpet of colorful ceramics by the visual artist Guy de Rougemont.

The construction of the large shopping mall, which was established in the initial development plans, will take a long time to complete, delaying the regional center's construction. In anticipation of the shopping mall, the director, Michel Rousselot, decides to build a 5000-space superstructure parking garage for this shopping center as well as for the future facilities and businesses to be developed nearby. It is a brave and audacious bet because it involves a significant financial investment. His decision will effectively initiate the center's start-up and its uninterrupted development from that date on.

In order to achieve the desired urban density, I planned the construction of the office buildings in the superstructure of the large parking garage. This was a proactive approach that would be difficult to accomplish today. Andrault and Parat will be the architects of these first buildings.

d'urbanisme caractéristique des années 1960-1970 insérant les diverses fonctions urbaines dans une « mégastructure », qui assure leur synergie réciproque et économise le terrain à urbaniser au profit de parcs et d'espaces libres, prémices d'une réflexion écologique. Le centre de la ville nouvelle de Cumbernauld, réalisée dès 1963, en Écosse, est une illustration de ce concept radical.

La réalisation d'un tel concept suppose l'acquisition rapide de la totalité des terrains libres, le financement simultané des divers équipements et la réalisation coordonnée de toutes les fonctions urbaines prenant place dans une puissante « mégastructure ».

Pour être menée à bien, sa mise en œuvre totale devait être placée sous la responsabilité d'un maître d'ouvrage unique et l'autorité d'un pouvoir centralisé. Les conditions économiques, administratives et sociales pour une telle réalisation à Marne-la-Vallée, ou dans l'une des autres villes nouvelles, étaient impossibles à réunir, elles le seraient encore plus aujourd'hui. C'était un beau projet utopique.

C'est donc le troisième schéma, « polynucléaire », que nous développerons. Le centre futur sera organisé en trois pôles, aux vocations distinctes et complémentaires, reliés l'un à l'autre, desservis par un réseau de voies nouvelles, articulé avec le maillage existant.

J'applique ainsi, à une vaste échelle, les dispositions du plan Buchanan que j'avais expérimenté à Strasbourg-Hautepierre.
Nous décidons de réserver, malgré les rares terrains disponibles, un espace libre de toute construction pour y aménager un parc d'environ 13 ha. Je dois lutter longtemps pour faire accepter cette proposition qui va à l'encontre d'une logique économique qui recherche la densification maximale du foncier disponible.

Subsequently, new structures will be built, including: the headquarters of companies, such as IBM (designed by Bertrand Bonnier) and RATP, as well as numerous collective housing units, including the "Palais d'Abraxas" (designed by Ricardo Boffil). This impressive complex, with its massive silhouette and monumental architecture, acts as a landmark on the A4 highway.

Le centre urbain régional vu de l'ouest vers Marne-la-Vallée
Photo : Éric Morency
The regional urban center seen from the west, towards Marne-la-Vallée
Photo: Éric Morency

Later, Paul Chemetov will be invited to build in this area of Mont d'Est. Michel Macary and myself were also invited, after having left the public sector many years prior.
The neighborhood "Pavé neuf" enlarges the Mont d'Est district. There was a plan to construct a University of Eastern Paris, an intended backbone of the district. It has not been built. Its presence would have

J'estime, au contraire, que ce parc, à l'articulation du tissu existant et des nouveaux quartiers du centre régional, sera l'élément fédérateur des deux types d'urbanisation dont il faut maîtriser et conduire le développement simultané.

Cette décision majeure s'avérera féconde. Elle aura permis l'intégration progressive du nouveau centre dans l'urbanisme traditionnel de la commune de Noisy-le-Grand en établissant une relation organique entre deux tissus urbains d'évolution et de structures si différentes.

Une telle décision eut naturellement pour conséquence d'accroître la densité des trois pôles qui formeront les futurs quartiers du centre régional. C'est un choix volontaire car j'estimais que la densité urbaine, justifiée par les grandes infrastructures prévues et les équipements publics projetés, était génératrice de liens sociaux, d'activités multiples et créatrices d'une véritable urbanité.

Je demande à l'architecte Roger Titus, dont durant nos études à l'ENSBA j'ai admiré la qualité de ses projets, leur imagination poétique et la beauté de ses dessins, de dessiner le parc. Les ingénieurs prévoient au centre de ce parc un bassin de retenue. Roger Titus en projettera le contour sinueux, les allées qui le bordent, les glacis empierrés, les talus plantés et engazonnés, l'imposante passerelle, les murs de soutènement décorés de céramiques colorée et l'esplanade monumentale, ornée d'animaux fabuleux, qui recouvre la station du RER « Noisy-le-Grand – Mont d'Est » et l'importante gare d'autobus souterraine.

Au-delà de la gare souterraine, le RER se poursuit en tranchée ouverte et constitue une coupure dans le tissu urbain. Je pressentais que la couverture de cette tranchée serait réalisée un jour. Elle semble aujourd'hui envisageable pour accroître la superficie du parc, construire quelques programmes d'accompagnement et renforcer les relations inter-quartiers.

Le quartier du « Mont d'est », le plus dense, s'organise autour de la première station du RER et d'une importante gare routière souterraine. Leur conception est confiée à l'architecte Jacques Kalicz ; le plasticien Guy de Rougemont la décore d'un beau tapis de céramiques colorées.

La réalisation du grand centre commercial programmé dans les plans de développement initiaux se fera longtemps attendre retardant le développement du centre régional. Le directeur, Michel Rousselot, décide d'anticiper sa venue en réalisant un parking en superstructure de 5000 places destiné à desservir ce centre commercial et les importants équipements et activités prévus. C'est un pari courageux, audacieux parce qu'il exige investissement financier important. Cette décision aura pour effet d'engager le démarrage effectif du centre et son développement ininterrompu à partir de cette date.

Pour atteindre la densité urbaine recherchée, j'ai prévu la construction d'immeubles de bureaux en superstructure du grand parking. C'est une démarche volontariste qui serait difficile à concevoir aujourd'hui. Michel Andrault et Pierre Parat seront les architectes de ces premiers immeubles.

Les sièges des sociétés tels IBM, conçu par Bertrand Bonnier, et la RATP seront ensuite réalisés, ainsi que de nombreux logements collectifs dont le « Palais d'Abraxas », conçu par Ricardo Boffil, ensemble imposant dont la silhouette massive et l'architecture monumentale forment signal sur l'autoroute A4.

Plus tard, Paul Chemetov sera invité à construire dans ce quartier du Mont d'Est, ainsi que moi-même et Michel Macary, lorsque nous aurons quitté tous deux l'établissement public depuis de nombreuses années.

Le quartier du « Pavé neuf » prolonge le quartier du Mont d'Est. Le plan d'urbanisme prévoyait l'implantation d'une université de l'est parisien, l'épine dorsale de ce quartier. Elle n'a pas été réalisée. Sa présence aurait été décisive dans la restructuration de la banlieue est de Paris, elle aurait entraîné la venue d'autres grands équipements publics, dynamisé l'ensemble des nouvelles réalisations et participé à l'attraction et à l'animation du centre régional.

C'est le complexe d'habitat collectif « Les Arènes de Picasso » de l'architecte Manolo Nunez Yanowsky qui sera le point d'orgue de ce quartier auquel le sculpteur Maurice Calka aura participé un temps au schéma d'urbanisme.

Le troisième élément du schéma multipolaire, dont j'ai parlé plus avant, est le quartier du « Champy », organisé autour de la seconde station du RER. Il est séparé des deux premiers quartiers par l'important îlot d'habitat pavillonnaire qui forme une véritable enclave dans le nouveau dispositif urbain. Henri Ciriani, dont les réalisations et l'enseignement ont marqué toute une génération d'architectes, réalisera en 1980 au Champy un ensemble de 300 logements, La Noiseraie, y développant son concept de « façade épaisse ».

Par sa situation à l'est du territoire communal, ce quartier assure la liaison du centre urbain régional avec les grands équipements universitaires implantés sur le second secteur de la ville nouvelle, le Val Maubuée.

DIVERSITÉ ET UNITÉ ARCHITECTURALE

Durant la première période de leur développement, les villes nouvelles ont été le laboratoire de multiples tendances architecturales.

Les pouvoirs publics, les maîtres d'ouvrages, les architectes, les futurs habitants voulaient rompre avec la rigidité, la monotonie et l'indigence architecturale de nombreux « Grands ensembles ».

been crucial in the restructuring of Paris's eastern suburbs. It would have encouraged other major public facilities to be built, galvanized new projects and it would have helped animate and attract more people to the regional center.

The architect, Manolo Nunez Yanowski's collective housing complex, "Les Arènes de Picasso," will be the highlight of this neighborhood. The sculptor Maurice Calka also participated in the urban design plan for a period of time.

The third element in this multi-hub plan, which I mentioned previously, is the "Champy" neighborhood, built around the second RER station. It is separated from the first two neighborhoods by a large island of individual houses, which forms a substantial enclave in the new urban plan. In 1980 in Champy, Henri Ciriani, whose achievements and teaching have marked a whole generation of architects, builds a complex of 300 housing units, La Noiseraie. In this architectural design, Ciriani develops his "thick façade" concept.

Since it is located to the east of the city, Champy acts as the link between the region's urban center and the university's main facilities in the planned community's second area, le Val Maubuée.

ARCHITECTURAL DIVERSITY AND UNITY

During the first period of their development, the planned communities acted as test labs for many architectural trends.

The public authorities, project managers, architects, and future inhabitants wanted to break with the rigid, monotonous and lack of architectural design of many "Grands ensembles." With this in mind, architectural guidelines were suspected of limiting architects' imagination. During the development of Marne-la-Vallée's regional urban center, I contemplated this issue: how to allow architectural diversity while ensuring formal unity? For a project of this magnitude, I considered unity necessary to maintain a new centrality.

I was convinced that the multitude of architectural designs and their juxtaposition in a very dense site resulted in a formal disorder, a cacophony, a spatial incoherence that went against my idea of urban planning's objective. I have encountered this difficulty and have yet to solve it.

THE "COLOR" OF THE URBAN CENTER

To my knowledge, the question of color in urban planning has never been approached at the city level. A new discipline, "colorists" admittedly intervened in the 1970s in some new housing estates and neighborhoods, or, more often in existing buildings, especially factories. But, these interventions were limited in time and space.

The question of color arose during construction of the first housing project on the lakeshore, "Le Clos des cascades." The architect asked me if there was a specific directive regarding the color of the coating. Handling other emergencies, we had not had time to think about it.

I asked him for some time to consider our options. Neither my colleagues nor I had a method to address this issue at the citywide level. I had the idea to consult four visual artists who had had experience as colorists on important projects. I asked them to provide me with a short text about the principles of color that could be applied to the scale, not of a building, but of a city center, taking into account that it would be carried out over decades.

Their responses were divided into two opposing approaches, between the ideas of diversity and unity. Two of the four artists proposed distinguishing each block by a particular color in order to ensure the variety and diversity of the neighborhoods. I thought that this idea could work in low or medium densely populated urban areas or in a spread out city. In my opinion, it did not meet the needs of a densely populated city center nor provide a sense of unity, for which I was looking.

The other two artists' proposals were opposed to this concept of diversity. Without having consulted each other, they suggested choosing a single color for all of the buildings, which would fade in the chosen color's shade.

Through a proactive approach, these artists wanted to express the "ex-nihilo" uniqueness of creating a city center and the act of authority that such an achievement implied. Although different in color choices, their two answers were identical in objective. Their idea was in line with my own thoughts and our intentions for the city. All that was left was to choose a color.

The first artist proposed a "white city" like those of the Mediterranean citadels. It was an attractive idea, but I thought it would be foreign to the site and nature of the future buildings. The second artist, painter Fabio Rieti, also thought of white, a whole city carved in Carrara marble, although he was aware that it might run the risk of evoking not marble, but the polystyrene of architecture models.

Fabio Rieti then proposed building a "blue city." Without referencing natural rocks or plant life, he chose blue because it would best express the intellectual dimension and proactivism that the building of a city center implied. A radical artistic response was needed to express an "artifact" of such large magnitude.

I find this unique proposal appealing. I present it to the director of the planned community, Michel Rousselot. He asks for some time to think about it before making a decision. He estimates the difficulties of carrying out this idea and how much effort it would

Dans cet esprit toute directive architecturale était suspectée de limiter l'imagination des architectes. Durant toutes ces années de développement du centre urbain régional de la Marne-la-Vallée, j'ai été préoccupé par cette question : comment permettre la diversité architecturale tout en veillant à assurer une unité formelle, unité que j'estimais nécessaire à l'affirmation d'une centralité nouvelle pour un projet d'une telle ampleur ?

J'étais convaincu que la multiplicité des architectures et leur juxtaposition dans un site très dense, aboutissait à un désordre formel, à une cacophonie, à une incohérence spatiale qui allait à l'encontre de l'objectif d'urbanité que je m'étais fixé. C'est une difficulté à laquelle je me suis heurté et un problème que je n'ai pas véritablement résolu.

LA « COULEUR » DU CENTRE URBAIN

À ma connaissance, la question de la couleur, en urbanisme, n'a jamais été abordée à l'échelle d'un centre urbain. Certes des « coloristes », discipline nouvelle, sont intervenus dans les années 1970 sur quelques lotissements et quartiers nouveaux ou, plus souvent, sur des bâtiments existants, des usines notamment. Mais ces interventions avaient un caractère limité dans l'espace et dans le temps.

La question de la couleur s'est posée, lorsque l'architecte de la première opération de logements, « Le Clos des cascades », en cours de construction en rive du lac vint me demander s'il existait une directive particulière concernant la couleur des enduits. Pris par d'autres urgences nous n'avions pas eu le temps d'y réfléchir. Je lui demandais quelque temps avant de lui répondre. Ni mes confrères ni moi n'avions de méthode pour traiter cette question à l'échelle d'une ville. J'eus l'idée de consulter quatre plasticiens qui avaient déjà une expérience de coloristes sur des réalisations importantes. Je leur demandais de me proposer, dans un texte très court, des principes de coloration qui pourraient s'appliquer à l'échelle non d'un immeuble mais d'un centre urbain en tenant compte que sa réalisation s'étendrait sur des dizaines d'années.

Leurs réponses se distinguaient par deux approches opposées exprimant soit l'idée de diversité soit l'idée d'unité. Deux de ces quatre artistes proposaient de distinguer chaque îlot par une couleur particulière afin d'assurer la variété et la diversité des quartiers. J'estimais que cette proposition pouvait se justifier dans un urbanisme de faible ou moyenne densité, dans un tissu urbain distendu. Elle ne répondait pas, selon moi, à la haute densité du centre urbain que nous voulions réaliser et à l'objectif d'unité que je recherchais.

Les propositions des deux autres artistes étaient opposées à ce concept de diversité. Sans s'être concertés, chacun d'eux proposait de choisir une couleur unique pour tous les bâtiments, couleur qui aurait été déclinée dans les nuances de la couleur choisie.

Ils voulaient exprimer, dans une démarche volontariste, la spécificité d'un centre urbain créé ex-nihilo et l'acte d'autorité qu'une telle réalisation supposait. Leurs deux réponses, distinctes dans le choix de la couleur retenue mais identiques dans leurs objectifs, correspondaient à mes propres réflexions et aux intentions urbaines que nous nous étions fixées. Il restait à choisir la couleur. Le premier proposait une « ville blanche » à l'image des citadelles méditerranéennes. Idée séduisante mais que j'estimais étrangère au site et à la nature des futurs immeubles. Le second, le peintre Fabio Rieti, avait réfléchi lui aussi à la couleur blanche, une ville toute entière taillée dans le marbre de Carrare, conscient cependant du risque d'évoquer non le marbre mais le polystyrène des maquettes d'architectes.

Fabio Rieti proposa alors de construire une « ville bleue » choisissant le bleu parce que cette couleur, sans référence aux roches naturelles ou à l'environnement végétal, exprimerait le mieux la dimension intellectuelle et le volontarisme que supposait la création d'un centre urbain. Il fallait, pour exprimer un « artefact » d'une telle ampleur, une réponse artistique radicale.

Cette proposition originale me séduit. Je la présente au directeur de la ville nouvelle, Michel Rousselot. Il demande à réfléchir avant de prendre une décision dont il mesure les difficultés d'application et les efforts de conviction qu'il faudra développer auprès des futurs investisseurs. Quinze jours plus tard, il me donne son accord. Je rappelle alors mon confrère, lui expose ma démarche auprès des artistes que j'ai consultés, le sens de leurs réflexions et la décision que nous avons prise. Je m'attends à sa réaction et celle encore plus hostile de son client. Ce premier refus était prévisible. Nous insistons avec l'appui du directeur et finissons par les convaincre d'appliquer un enduit bleu sur la partie la plus importante de l'immeuble au contact du centre urbain.

À partir de cette date, la directive de coloration bleue sera précisée dans le cahier des charges des futures constructions et acceptée par les divers maîtres d'ouvrages et leurs architectes. C'est une décision dont on aurait pu craindre qu'elle suscite, parmi les habitants de Noisy-le-Grand, les occupants des nouveaux immeubles de logements ou de bureaux, un rejet ou une certaine hostilité. J'ai constaté, au cours de nombreuses discussions avec divers interlocuteurs, que ce choix était compris et approuvé.

À mon grand regret, il sera abandonné des années plus tard, longtemps après que ma mission d'urbaniste à Marne-la-Vallée ait pris fin.

UNE MISSION À BUENOS AIRES

Lors de mes trois premières années à Marne-la-Vallée, Jacques Michel, directeur des études d'urbanisme, celui qui m'avait accueilli à l'IAURP, me demande de rejoindre, pour une courte période, l'équipe de cinq personnes chargée d'élaborer le schéma de

take to convince future investors. Fifteen days later, he gives me his approval.

I then call my colleague back to explain my approach and the decision we made. I told him about my consultations with the artists and the meaning behind their ideas. I expect an unfavorable reaction and one even more so from his client. His refusal was predictable. With the support of the Director, we insist and finally convince them to apply a blue coat of paint to the most important part of the building that touches the city center.

From this date on, the blue color mandate will be specified in the building codes for future construction and accepted by the various project managers and their architects. We were scared that the Noisy-le-Grand residents and the occupants of the new residential and office buildings would reject or be against this decision. Through my many discussions with various representatives, I found that our choice was understood and accepted.

To my great regret, it was abandoned years later, long after my job as a city planner in Marne-la-Vallée had ended.

A JOB IN BUENOS AIRES

During my first three years in Marne-la-Vallée, the Director of Urban Studies, Jacques Michel, who had welcomed me at IAURP, asks me to join him on a project in Buenos Aires. It is for a short period of time with a five-person team responsible for drafting the development plans for the conurbation, which extends to the south of greater Buenos Aires to La Plata.

During the next three two-week missions, over a period of fifteen days, we set up in the premises that the city had made available to us. We work relentlessly, including Saturdays and Sundays. Our proposed plan envisages a planned community, built along a new future RER line, which will link Buenos Aires and La Plata. Fifty-five kilometers away from Buenos Aires, La Plata is the capital of the Buenos Aires Province with a population of 520,000 people.

Alongside this urban design plan, we are outlining a project to restructure a vast area in the center of Buenos Aires, including the port and the three main stations: Once, Retiro, and Constitucion.

On our return trips, we take advantage of these distant journeys to make one- or two-day stops in Montevideo, Santiago de Chile, Valparaiso, Lima, Cusco, and even Brasilia, which I will revisit, later, for a conference.

PLANNING AND CONSTRUCTING

I derive real pleasure from accomplishing a task entrusted to me and I am aware that I am participating in an exceptional project. Yet, like my fellow architects, I feel the need to increase my time as city planner at Marne-La-Vallée, to tackle the responsibil-

Remise de l'épée d'Académicien par le Professeur Alain Carpentier
Crédit : Académie des Beaux-Arts. Photo : Brigitte Eymann
Professor Alain Carpentier presents Aymeric Zublena with the Academic Sword. Credit: Academy of Fine Arts. Photo: Brigitte Eymann

Aymeric Zublena et son épouse Christiane, journaliste
Photo : Brigitte Eymann
Aymeric Zublena and his wife, Christiane, a journalist
Photo: Brigitte Eymann

ities specific to construction and the act of planning. We are given the authority to define, establish and impose urban planning codes on the architects who will work in the planned community. I believe our authority is more than legitimate because we will have designed and constructed some of the buildings ourselves.

Accordingly, within the planned communities, we would like to create Public Workshops on Architecture, following the example of London City Council.

These workshops would be entrusted with the design and construction of some of the public facilities, social housing or urban space development. Limited in number, the fees for fulfilling these projects would be collected by each planned community establishment that executed this experience.

I share our thoughts with Pierre Carle, Jean Miller, and Paul Delouvrier. They understand our intentions and are in favor of the idea. However, Jean Dellus, Evry's team leader, wants to instead dedicate his time to his own job as an urban planner. Yet, Claude Vasconi, an architect with the Cergy-Pontoise team, approves of our approach and joins me in the discussions with our representatives. The Regional Prefect, Paul Delouvrier, gives us the go ahead and asks a lawyer to establish the status of these future public architecture workshops.

If this experience had been successful, most us would have followed a different path, but these Public Workshops will never see the light of day. Shortly afterwards, Paul Delouvrier leaves his position as Regions Prefect and becomes President of Electricity of France. The Minister of Facilities at the time, Edgard Pisani, has reservations about the Planned Communities, which he calls an "intellectual adventure."

développement de la conurbation qui s'étendra au sud du grand Buenos Aires jusqu'à La Plata.

Au cours de trois missions successives, de quinze jours, nous nous installons dans les locaux mis à notre disposition par la municipalité et travaillons d'arrache-pied, samedis et dimanches compris. Le plan que nous proposons prévoit une ville nouvelle, organisée le long d'une nouvelle ligne RER à réaliser, qui reliera Buenos Aires et La Plata, ville de 520.000 habitants, capitale de la province de Buenos Aires, villes distantes l'une de l'autre de 55km.

En complément de ce schéma d'urbanisme nous esquissons, pour le centre de Buenos Aires, un projet de restructuration d'un vaste secteur comprenant le port et les trois gares principales de la capitale, Once, Retiro et Constitución.

Nous profitons de ces lointains voyages pour faire, au retour, des escales d'une ou deux journées, à Montevideo, Santiago du Chili, Valparaiso, Lima, Cusco et même Brasilia que je reverrai plus tard lors d'un congrès.

PROJETER ET CONSTRUIRE

J'éprouve un réel plaisir à accomplir la mission qui m'est confiée et j'ai conscience de participer à un projet exceptionnel, pourtant je ressens, comme mes confrères architectes, le besoin de prolonger mon activité d'urbaniste de Marne-la-Vallée en me confrontant aux responsabilités propres à l'acte de projeter et de construire.

J'estime que l'autorité qui nous est conférée, pour définir, établir et imposer des directives d'urbanisme aux architectes qui interviendront dans la ville nouvelle, sera d'autant plus légitime si nous aurons nous mêmes projeté et réalisé quelques bâtiments.

Nous souhaitons, pour cette raison, créer au sein des villes nouvelles des Ateliers Publics d'Architecture, à l'instar du London County Concil.

Ces ateliers se verraient confier la conception et la réalisation de quelques équipements publics, logements sociaux, ou aménagements d'espaces urbains. Les honoraires correspondant à ces réalisations, en nombre limité, seraient naturellement perçus par chaque établissement de ville nouvelle où cette expérience serait réalisée.

Je fais part de notre réflexion à Pierre Carle, Jean Millier et Paul Delouvrier. Ils comprennent le sens de notre demande et y sont favorables. Jean Dellus, chef de l'équipe d'Évry, souhaite se consacrer à sa mission d'urbaniste mais Claude Vasconi, architecte dans l'équipe de Cergy-Pontoise, approuve notre démarche et me rejoint dans les entretiens que j'ai avec nos interlocuteurs. Le préfet de région, Paul Delouvrier, nous donne son accord et demande à un avocat d'établir le statut de ces futurs ateliers publics d'architecture.

Si cette expérience avait abouti, la carrière de la plupart d'entre nous aurait suivi une voie différente, mais ces Ateliers Publics ne verront jamais le jour. Paul Delouvrier quitte, peu après, ses fonctions de préfet de région et devient Président d'Électricité de France. Le Ministre de l'Équipement de l'époque, Edgard Pisani, réservé sur les villes nouvelles, qu'il a appelé « aventure intellectuelle », n'est pas favorable à notre projet qui est alors abandonné. C'est le besoin d'exercer pleinement notre métier d'architecte qui nous conduira quelques années plus tard à créer la SCAU (Société de Conception d'Architecture et d'Urbanisme).

NAISSANCE D'UNE AGENCE D'ARCHITECTURE

L'agence naît, en 1971, par l'association de six architectes d'ÉpaMarne : Guy Autran, Thierry Gruber, Albert Longo, Michel Macary, Philippe Molle, Aymeric Zublena. Quelques temps après la création de l'agence, Autran, Longo et Molle, pour des raisons différentes, démissionnent de la ville nouvelle.

Gruber, Macary et moi décidons de poursuivre, pendant quelques années encore, les missions d'urbanisme dont nous avons la responsabilité en réduisant cependant notre présence hebdomadaire à ÉpaMarne.

Les débuts de la SCAU sont difficiles, nous entreprenons des études sur l'habitat individuel, participons à plusieurs concours, en gagnons quelques-uns. En 1995, vingt-quatre ans après ces débuts je publie chez l'éditeur Mardaga quelques-uns des projets que j'ai conçus, dont certains sont encore au stade des esquisses.

Il en est ainsi du Stade de France, de l'hôpital européen Georges Pompidou, du siège de France Télévisions. Leur réalisation prendra, pour certains d'entre eux, de longues années, d'autres seront construits en des temps records, beaucoup de projets ne verront jamais le jour. Chacun projet est une aventure.

He is not in favor of our project, which is abandoned. It is the need to fully exercise our profession as architects, which will lead us a few years later, to create the SCAU, "Société de Conception d'Architecture et d'Urbanisme (Society of Architecture and Urban Design)."

THE BIRTH OF AN ARCHITECTURE FIRM

The firm is founded in 1971 by an association of six architects from Epamarne: Guy Autran, Thierry Gruber, Albert Longo, Michel Macary, Philippe Molle, Aymeric Zublena. Some time after the Autran Firm's establishment, Longo and Molle, for different reasons, resign from the planned community.

For a few more years, Gruber, Macary and I decide to continue the urban planning missions for which we are responsible, and, thus, reduce our weekly presence at Epamarne.

The early years of SCAU are difficult. We undertake several studies on individual housing, participate in many design competitions and win some of them. In 1995, twenty-four years after these early years, Mardaga publishes some projects I had designed, of which some are still in the drafting stages.

This is the case for projects such as the Stade de France, the Georges Pompidou European Hospital and the headquarters of France Television. Some of these projects will take many years to complete, others will be carried out in record time, and many others will never see the light of day. Each project is an adventure.

In this book, I present some of the projects that have marked my career as an architect of almost fifty years. Other projects are not illustrated. However, I wanted to mention some of the most important ones and the circumstances of their commission, their design and their construction.

A SCHOOL, SOME OFFICES

In 1976, Louis Bayeurte, mayor of Fontenay-sous-Bois since 1965, asks me to design an elementary school of about sixty classrooms, which will open a year later. The design and development of such a project in such a short period of time is a challenge, but I accept and accomplish it.

There are significant differences in height of the land, of which I take advantage to design the various teaching spaces on staggered levels. The classrooms are grouped in pairs around a small vertical structure that I call "The Dream Tower." I recently met teachers who became emotional telling me about this school and the towers they had encountered as children thirty years prior. In 2016, the city applied for the Edouard Vaillant School to be considered as "Cultural Heritage of the 20th century."

Louis Bayeurte decides to distance himself from the vertical and mono-operational urban planning of the towers and slab's of Les Larris' ZUP. He wants to diversify the work for the future urban projects he plans to build.

Happy with the school I designed, the Mayor asked me to study the plans of the new district to be built around the future Val de Fontenay station of Line A of the RER. Along with the Director of Urban Planning, Emile Schecroun, I suggest a "proliferating urban layout" made up of a continuous and evolving urban design that will integrate housing, offices, shops, and public and private facilities at each stage of its development. The height of these future buildings will not exceed six or seven stories. The avenue leading to the future station will be the main axis of this urban layout.

In this new neighborhood, I am assigned the design of an office complex and shopping mall, which will be built across a decade. They will be the first building blocks of my imagined "urban layout."

The basic module for the offices is composed of a square plan of identical structures. Each story differs in height to form an upward spiral around a central patio. The newels of vertical circulation connect these structures. Thus, this urban infrastructure represents both a formal unity (through the repetition of the units) and diversity in volume (through the spiral formation and its variations).

Characteristic of urban research in the 1980s, this concept of architectural growth will be observed and applied, for many years to come. It will ultimately determine the city planning of the new Fontenay-sous-Bois's central district.

THE HOSPITAL PROJECTS

I have had the opportunity to build many hospitals in France and abroad. These projects are very complex and constantly evolving.

The dominance of logistical, technical and practical aspects largely determines the organization of volume and space. The architectural design has to take into account the strict separation of areas reserved for: medical personnel, patients, hospitalized patients, visitors, and logistics.

The many medical specializations and their constant advancement requires the architect to be in constant dialogue with the medical community and its numerous and diverse representatives. During these meetings, the initial plans can undergo significant changes. Indeed, the project manager and general contractor must design buildings that can easily adapt to the permanent advancement of: diagnostic equipment, surgical operations, procedures, treatments, hospitalization stays, the increasing computerization of internal circuits, and robotics.

J'évoque dans cet ouvrage quelques projets qui ont jalonné, durant près de cinquante ans, mon parcours d'architecte. Certains ne figurent pas en photo dans ce livre mais j'ai voulu rappeler, pour les plus importants d'entre eux, les circonstances de leur commande, de leur conception et de leur réalisation.

UNE ÉCOLE, DES BUREAUX

En 1976, Louis Bayeurte, maire de Fontenay-sous-Bois depuis 1965, m'invite à projeter une école élémentaire, d'une soixantaine de classes, qui doit ouvrir ses portes un an plus tard. Dans des délais aussi courts, la conception et la réalisation de ce projet est un défi que j'accepte de relever et qui sera tenu.

J'organise les divers espaces d'enseignement sur des niveaux décalés en tirant parti de l'important dénivelé du terrain. Les classes sont regroupées deux à deux autour d'un petit volume vertical que j'appelle la « Tour à rêves ». Des enseignants que j'ai rencontrés récemment m'ont parlé avec émotion de cette école et de ces Tours, qu'ils avaient découvertes, enfants, trente ans plus tôt. En 2016 la municipalité a présenté un dossier pour l'inscription de l'école Édouard Vaillant au label du « Patrimoine du XXe siècle ».

Louis Bayeurte décide de rompre avec l'urbanisme vertical et monofonctionnel des tours et des dalles de la Zup des Larris et souhaite diversifier les activités dans les futurs projets urbains.

Satisfait de l'école que j'ai réalisée, il me demande d'étudier le plan du nouveau quartier qui doit se construire autour de la future station Val de Fontenay de la ligne A du RER. En accord avec le directeur de l'Urbanisme, Émile Schecroun, je propose une « trame urbaine proliférante » formant un tissu urbain continu et évolutif qui intègrera à chaque étape de son développement logements, bureaux, commerces, équipements publics et privés. La hauteur des futurs bâtiments ne dépassera pas les six à sept étages. L'avenue menant à la future gare dessine l'axe principal de la trame urbaine. Dans ce nouveau quartier, on me confie l'étude d'un ensemble de bureaux et d'un centre commercial dont la réalisation s'étendra sur une décennie. Ils seront les premiers éléments constitutifs de la « trame urbaine » que j'ai imaginée.

Le module de base des bureaux est constitué de volumes identiques sur plan carré dont Les étages de hauteurs variable se développent en spirale ascendante autour d'un patio central. Ces volumes sont tous reliés entre eux par les noyaux de circulations verticales. Le tissu urbain présente ainsi, une unité formelle, par la répétitivité des modules, et une diversité volumique par le développement « spiralé » et varié de chacun d'eux.

Ce concept de prolifération architecturale, caractéristique des recherches urbaines des années 1980, sera respecté et appliqué durant de nombreuses années. Il déterminera, pour l'essentiel, l'urbanisme de ce quartier central du nouveau Fontenay-sous-Bois.

LES PROGRAMMES HOSPITALIERS

J'ai eu la chance de réaliser de nombreux hôpitaux en France et à l'étranger. Ce sont des programmes d'une très grande complexité, en évolution permanente.

La prégnance des aspects logistiques, techniques et fonctionnels détermine pour une très large part l'organisation des volumes et des espaces. La stricte différenciation des circuits réservés au personnel médical, aux consultants, aux malades hospitalisés, aux visiteurs, à la logistique pèse d'un poids particulier sur la conception architecturale.

La multiplicité des spécialités médicales et leur constante évolution implique un dialogue permanent entre l'architecte et le corps médical et ses divers et nombreux représentants. Au cours de ces rencontres le projet initial peut subir d'importantes modifications. En effet l'évolution permanente du matériel de diagnostic, des interventions chirurgicales, des procédures, des traitements, de la durée d'hospitalisation, l'informatisation croissante des circuits internes, la robotique obligent le maître d'ouvrage et le maître d'œuvre à concevoir des bâtiments qui puissent s'adapter en permanence à toutes ces évolutions.

Ceux qui ont réalisé des hôpitaux savent que dès les premières études des modifications seront demandées, alors même que le projet présenté au concours a été analysé dans tous ses aspects fonctionnels, techniques et économiques et qu'il a été choisi par un jury éclairé par les rapports nombreux et précis des commissions.

Il faut répondre à ces demandes sans perdre l'essence du projet. C'est une lutte constante de l'architecte pour préserver ses objectifs architecturaux. Il doit, plus que pour d'autres programmes, faire preuve d'une qualité particulière d'écoute pour répondre aux problèmes spécifiques des projets hospitaliers. Il doit résister à des demandes, lorsqu'il estime qu'elles n'ont pas de fondements scientifiques, ne sont parfois que l'expression de conflits temporaires entre des futurs utilisateurs dont certains ne seront plus en activité lorsque l'hôpital sera achevé. C'est une attitude qui exige une grande honnêteté intellectuelle et une capacité à convaincre des interlocuteurs exigeants de l'importance de l'architecture.

J'ai rédigé quelques articles et participé à de nombreux colloques sur ces questions. Louis Omnès, premier directeur de l'hôpital européen Georges Pompidou, qu'il a conduit jusqu'à sa réalisation finale, m'a constamment soutenu dans mon combat pour préserver la qualité architecturale du projet. Dans son ouvrage récent, *Concevoir et construire un hôpital numérique*, dont il m'a demandé d'écrire la préface, il évoque la difficulté majeure « d'intégrer dans la réflexion le futur incertain des modes de fonctionnement ».

Il porte en particulier un regard critique sur certaines solutions formelles ou techniques prétendant répondre aux besoins d'évolution et de flexibilité. Il montre qu'il est maintenant indispensable de concevoir une programmation intégrant, dès l'origine, les plus récentes technologies de l'information et de la communication.

Those who have designed hospitals know, that modifications will be requested from the very first reviews. And this is after the plans have been submitted to a competition and selected by a jury who had reviewed the many detailed reports concerning the plans' practical, technical, and economic aspects.

These requests must be accommodated without losing the essence of the project. The architect constantly struggles to preserve his architectural objectives. More so than for other plans, the architect must listen carefully to respond to the specific problems involved in hospital projects. He must refuse requests, which he feels have no scientific basis. These demands are sometimes due to fleeting conflicts between future users, some of who will no longer be working when the hospital is finally completed. This type of attitude requires the architect to be intellectually honest and to be able to convince demanding representatives how important architecture is.

I have written several articles and participated in many conferences regarding these issues. Louis Omnès, the first Director of the Georges Pompidou European Hospital, which he managed until its completion, was a constant supporter in my fight to preserve the architectural integrity of the project. In his recent book, *Concevoir et construire un hôpital numérique* (Designing and Building a Digital Hospital), whose preface he asked me to write, Omnès mentions the major difficulty "of taking into consideration the uncertain future of the ways of working."

In particular, he critically examines several formal or technical solutions that claim to respond to the needs of progress and flexibility. He shows that it is now essential to design programming that integrates the latest information and communication technologies from the outset. It is the only way to truly meet the demand of constant adaptability.

My first hospital experience dates back to 1981, when I enter a competition to design the 805 bed, 120,000 square meter burn center in Casablanca. For me, it is a new and exciting subject to think about. I surround myself with experienced engineers and design a project around the large medico-technical facility. The consultation and research hospital buildings form a large, orderly configuration, with the operating rooms and adjoining spaces as the nerve center. The horizontal principle that will dominate in the upcoming years is already taking shape. This project will not be built.

Concurrently, the Public Hospital Assistance of Paris decides to enlist young architects to redesign the architectural space of the hospital.

I enter and win the competition to completely restructure Professor Bismuth's surgery unit in Villejuif in a 19th century buhrstone building. Admittedly, this

small-scale project is not comparable to that of Casablanca, but for the first time I will be in charge of a hospital design. Professor Bismuth asks that part of the surgery unit remain active during construction, which complicates the project. During our early interviews, he told me that he was as impressed by my plan's practical organization, as he was by the elegant curve of the central corridor leading to the five operating rooms. I appreciate his attention to the architecture.
Upholding its policy of enlisting new architect teams, in the early 1980s, the Public Hospital Assistance of Paris launches one the most important hospital design competitions of the time.
The projects presented in the following pages were developed as part of the SCAU, some in partnership with Michel Macary and Xavier Menu, and later with Maxime Barbier, Bernard Cabannes, Luc Delamain, and François Gilard.

Seule méthode pour répondre réellement à cette exigence d'adaptabilité permanente.

Ma première expérience hospitalière remonte à 1981 pour le concours de l'hôpital des grands brûles de Casablanca de 805 lits et 120.000 m². C'est pour moi un sujet de réflexion nouveau et passionnant. Je m'entoure d'ingénieurs expérimentés et dessine un projet ordonnancé autour du grand plateau médico-technique. Les bâtiments d'hospitalisations, de consultation et de recherche forment une composition monumentale et ordonnancée dont les salles d'opération et leurs annexes constituent le centre névralgique. Le principe d'horizontalité qui prévaudra dans les années suivantes est déjà esquissé. Ce projet ne sera pas construit.

Au même moment l'Assistance publique - Hôpitaux de Paris décide de faire appel à de jeunes architectes pour engager une nouvelle réflexion sur l'espace architectural de l'hôpital.
C'est ainsi que je remporte le concours pour la restructuration complète du bloc chirurgical du Professeur Bismuth à Villejuif implanté dans un bâtiment en meulière du XIXᵉ siècle. Certes, ce projet de petite dimension est sans commune mesure avec celui de Casablanca, mais je vais pour la première fois être en charge d'un programme hospitalier. Sa réalisation s'avère complexe car le Professeur Bismuth exige qu'une partie du bloc chirurgical reste en activité durant les travaux. Au cours de nos premiers entretiens, il me dit qu'il a été tout autant séduit par l'organisation fonctionnelle de ma proposition que par la courbe élégante du couloir central donnant accès aux cinq salles d'opération. Cette attention portée à l'architecture me fait plaisir.
Poursuivant sa politique d'appel à de nouvelles équipes d'architectes, l'Assistance publique - Hôpitaux de Paris lance, au début des années 1980, l'un des plus importants concours hospitaliers de cette époque.
Les projets qui sont présentés dans les pages suivantes ont été développés dans le cadre de la SCAU, quelques-uns d'entre eux en partenariat avec Michel Macary et Xavier Menu, et plus tard avec Maxime Barbier, Bernard Cabannes, Luc Delamain, François Gilard.

PROJETS
PROJECTS

HÔPITAUX
HOSPITALS

Quel est le rôle de l'architecte dans la conception d'un hôpital ? Quelle est sa part spécifique ?

Dans une équipe de spécialistes, son rôle consiste à faire siennes les multiples prescriptions d'un programme dense et parfois touffu, tout en ne se limitant pas à une lecture littérale d'un document qui sera amendé tout au long du projet. Il doit entendre en permanence les équipes médicales qui chercheront à faire évoluer le programme initial tout en sachant que certains de ses interlocuteurs ne seront plus en activité lorsque l'hôpital ouvrira ses portes.

Sa vraie mission est de « transcender » toutes ces données, ces exigences successives, multiples, diverses et contradictoires pour faire véritablement œuvre d'architecte. C'est ainsi qu'il exprimera l'importance de la fonction hospitalière et son rôle de catalyseur urbain dans la Cité. L'architecture de l'hôpital est faite de rigueur et de précision fonctionnelle, mais c'est l'harmonie des volumes, des espaces, des matériaux qui répond au besoin d'apaisement, de confort et de bien être des malades et du personnel. Voilà ce qu'attendent de l'architecte les maîtres d'ouvrage.

C'est ce rôle éminent qui revient à l'architecte dans l'équipe de spécialistes réunie autour de lui. C'est tout autant de sa capacité d'écoute que de sa résistance aux sollicitations qui conduisent aux dérives du projet initial que naîtra un bâtiment performant et une œuvre d'architecture.

What is the role of the architect? What is their specific role in the design of a hospital?

In a team of specialists, the architect's role requires making the multiple directions of a dense and sometimes messy project his own. He must not fixate on small details that might change throughout the project. The architect must also listen to the medical teams discussing their initial programs, while knowing that some of their spokesmen will have stopped working there once the hospital will have opened its doors.

The architect's main goal is to "transcend" all of these facts and successive, numerous, various, and contradictory demands to perform the real work of an architect.

That is how he will express the function of the hospital's importance and its role as an urban catalyst in the city. The hospital's architecture is rigid and functionally precise, but it is its harmony in volume, space, and materials that fulfill its role in soothing, comforting, and aiding in the well-being of patients and staff. That is what general contractors expect from the architect.

This is the important role that the architect must play in the team of specialists gathered around him. It is as much from his ability to listen as from his ability to resist diversions that will create a well-functioning building and a work of architecture.

Façade sud-est de l'Institut national de la santé et de la recherche médicale (INSERM)
South-east façade of the National Institute of Health and Medical Research (INSERM)

HÔPITAL EUROPÉEN GEORGES POMPIDOU, PARIS
GEORGES POMPIDOU EUROPEAN HOSPITAL, PARIS
1983-2000

Il s'agit de projeter le nouvel hôpital du XVe arrondissement qui se substituera aux hôpitaux Broussais, Laënec et Boucicaut. Nous sommes une douzaine d'équipes invitées à participer à la première phase. Le site, au cœur d'un quartier nouveau, bien que d'une surface restreinte pour un projet de cette ampleur, est magnifique. Il est desservi par de nombreuses lignes de transport en commun et s'ouvre sur un nouveau parc, le plus grand réalisé à Paris depuis Haussmann, à deux pas de la Seine. L'équipe que j'ai constituée est retenue, pour la seconde phase, avec celles d'Andrault et Parat, Rémy Butler et Claude Vasconi. C'est passionnant, il faut préciser les aspects fonctionnels, intégrer de nouvelles données du programme, affirmer le parti architectural.

Après des mois de travail intense avec les ingénieurs de Sogelerg, Socotec et l'économiste Dominique Lucigny, nous remportons le concours définitif.

L'hôpital européen Georges Pompidou s'inscrit dans le schéma d'urbanisme de la ZAC Cévennes-Citroën qui prévoit notamment une place demi circulaire au nord-ouest du terrain. J'imagine un plan qui se développe de part et d'autre d'une rue piétonne couverte, longue de 200 m, que j'appelle la « rue hospitalière ». Ouverte au public, elle est l'une des artères de ce nouveau quartier. Des escaliers et passerelles et un jardin rythment son parcours.

Traversant sur toute sa longueur l'hôpital d'est en ouest, on y trouve disposées, le long d'un jardin intérieur, les œuvres de Jean-Pierre Raynaud, quatre grands « pots » blancs, et sous la grande verrière du Hall celles d'Adalberto Mecarelli, un cube lumineux, de verre bleuté, une pyramide qui pointe vers l'étoile Vega et un cylindre d'acier. En proposant cette « rue hospitalière », je réponds au concept de « l'hôpital urbain ouvert » sur la ville et développe dans tous ses dimensions urbaines, fonctionnelles et architecturales ce qu'avait initié Pierre Riboulet à l'hôpital Robert Debré.

Le hall d'accueil principal, couvert d'une imposante verrière, ponctue la « rue hospitalière ». Il s'ouvre largement sur le parc Citroën-Cévennes avec en perspective lointaine la Tour Eiffel. Je suis heureux de voir que de nombreux concerts sont donnés dans ce hall dont l'acoustique, alors que cela n'était pas prévu, semble appréciée par les musiciens et le public.

J'obtiens ainsi que l'hôpital, élément majeur du quartier en cours de réalisation, exprime, dans son plan, ses volumes et sa large ouverture sur un parc magnifique, la monumentalité qui convient à sa fonction et à sa dimension symbolique.

Malgré la faible superficie d'un terrain d'à peine quatre hectares sur lequel il faut construire un ensemble de plus de 120.000 m², je m'efforce

The goal is to design the new hospital in the 15th arrondissment that will replace the Broussais, Laënec, and Boucicaut hospitals. We are part of a dozen teams invited to participate in the first round. Although a small area for a project of this size, the site, which is in the heart of a new district, is magnificent. It can be accessed by numerous public transport lines and faces a new park, which is the largest one built in Paris since Haussman's time and just a stone's throw away from the Seine. For the second round, I formed a team, composed of Andrault and Parat, Rémy Butler and Claude Vasconi. It is exciting. We have to specify the practical aspects, integrate new data from the program, and maintain the architectural element.

After months of intense work with engineers from Sogelerg, Socotec and with the economist Dominique Lucigny, we win the final competition.

The Georges Pompidou European Hospital is part of the Cévennes-Citroën ZAC (joint development zone) urban design plan, which includes designing a semi-circular plaza to the Northwest of the site. I envision a design to be built on both sides of a 200-meter long covered pedestrian street, which I call "Hospital Street." Open to the public, it is one of the main roads of this new area. Stairs, walkways and a garden punctuate its path.

Crossing the entire length of the hospital, from east to west, are four large white "pots" arranged along an inner garden, creations by Jean-Pierre Raynaud. While the works of Adalberto Mecarelli can be found under the large glass roof of the hall, including a luminous cube of bluish glass, a pyramid that points toward the Vega star, and a steel cylinder. In building "Hospital Street," I address the notion of an urban hospital "open" to the city. In its urban, practical, and design elements, I develop what Pierre Riboulet had started at the Robert Debré Hospital.

Covered by a massive glass roof, the main reception hall punctuates "Hospital Street." It opens up onto Citroën-Cévennes Park, with the Eiffel Tower in the distance. I am happy to see that many concerts are performed in this hall. Although not planned, the hall's acoustics seem to be appreciated by both musicians and the public.

Even under construction, the hospital is an important component of the area. Through its design, its volume, and its wide outlet onto a magnificent park, I manage to express a monumentality befitting its function and symbolic dimension.

Despite the plot's small surface area of barely 4 hectares, we must build a complex of more than 120,000 square meters.

I strive to ventilate the building by designing a series of large courtyards, interior patios, and a 2,000 square meter grassy parvis. This large grassy area is bordered by the two large hospital wings, which enjoy an unobstructed view of the Citroën-Cévennes park.

In accordance with the Public Hospital of Paris (APHP)'s request, I ensure that natural light is abundant throughout almost all of the premises. I find it especially important to brighten the waiting rooms that, in old hospitals, are often confined to dark spaces. I make these arrangements by implementing service consultation desks at various levels of the building. I have been told that the medical staff and patients greatly appreciate the natural light.

However, we have to consider creating shade for protection from the strong sun during the hot months. With my teams, we explored several solutions: external blinds, brise-soleil, light-filtering curtains, but none worked. Consequently, I opt for thin aluminum strips, integrated in a double-paned window, which can be lifted and swiveled from a distance by a patient lying down. It is an elegant and efficient solution, but one that requires careful maintenance.

In agreement with future users, I develop the concept of a "horizontal hospital," which I will apply to all my future hospital projects.

Over the project's span of several years, I worked continuously with Alain Gille, Director of Facilities at APHP, and with Louis Omnès, appointed Director of what will be named the Georges Pompidou European Hospital (HEGP) a few years later. Without them and their will to succeed and their ability to convince the future Ministers of Health, this vast project would not have seen the light of day.

Many eminent professors have advised me and supported me in my struggle to maintain the architectural integrity of the project. Despite the ongoing construction, they occasionally would ask me to consider the new needs of their future departments. One in particular is Professor Alain Carpentier. Aware of the overall plan, he constantly monitored the organization of the medico-technical facility, the nerve center of this immense hospital. Next to the hospital and INSERM, I will build a new laboratory for him to develop his research on the artificial heart. As member of the Academy of Sciences, he will present me with the Academy Sword a few years later.

Among my many collaborators, I would like to mention several with whom I worked in the initial research and competition round: Bernard Desmoulins and Bernard Cabannes, who later became a partner of the SCAU, Sylvie Campet, who was able to integrate the frequent project changes without altering the initial plans during research developments, and Pierre Dariel, who managed the site and competently led the construction of this immense hospital.

d'aérer la construction par une succession de grandes cours et patios intérieurs et un parvis engazonné de 2000 m², bordé par les deux grandes ailes d'hospitalisation qui bénéficient d'une vue dégagée sur le parc Citroën-Cévennes.

La lumière naturelle pénètre abondamment dans la presque totalité des locaux selon le vœu exprimé par l'Assistance publique - Hôpitaux de Paris (APHP). J'attache une importance particulière à en faire bénéficier les salles d'attente trop souvent rejetées dans des espaces obscurs dans d'anciens hôpitaux. Cette disposition est facilitée par l'implantation des consultations aux niveaux des divers services. Je sais aujourd'hui qu'elle est très appréciée des consultants et du personnel médical.

Il faut pourtant savoir se protéger aux saisons chaudes d'un soleil trop puissant. Avec mes équipes nous avons exploré plusieurs voies – stores extérieurs, brise-soleil, rideaux filtrants –, aucune satisfaisante. J'opte alors pour des fines lames d'aluminium intégrées dans un double vitrage, relevables et orientables à distance par un patient couché. C'est une solution efficace, élégante mais qui impose une maintenance attentive.

Je développe en accord avec les futurs utilisateurs le concept d'« hôpital horizontal » que j'appliquerai dans tous les projets hospitaliers qui me seront confiés par la suite.

Durant toutes les études qui se sont déroulées sur plusieurs années, je travaille en permanence avec Alain Gille, directeur des équipements à l'APHP, et Louis Omnès, nommé directeur de ce qui sera appelé quelques années plus tard l'hôpital européen Georges Pompidou (HEGP). Sans eux, sans leur volonté d'aboutir, sans leur capacité à convaincre les Ministres de la Santé successifs, ce vaste projet n'aurait pas vu le jour.

Nombreux sont les éminents professeurs qui m'ont aidé de leurs conseils, soutenu dans mes combats pour maintenir la qualité architecturale du projet et sollicité quelquefois pour que je prenne en compte, malgré le chantier en cours, les besoins nouveaux de leur futur service. Le Professeur Alain Carpentier occupe parmi eux une place particulière. Attentif au schéma d'ensemble, il a veillé avec une attention constante à l'organisation du plateau médico-technique, centre névralgique de cet immense hôpital. Je réaliserai pour lui, attenant à l'hôpital et à l'INSERM, le nouveau laboratoire où il développe ses recherches sur le cœur artificiel. Membre de l'Académie des Sciences, il me remettra quelques années plus tard mon épée d'Académicien.

Parmi mes nombreux collaborateurs, je citerai, dans les recherches initiales et les phases de concours, Bernard Desmoulins et Bernard Cabannes, devenu plus tard associé de la SCAU, Sylvie Campet, qui dans le développement des études a su intégrer les fréquentes modifications du programme sans altérer le projet initial, et Pierre Dariel, qui a dirigé le chantier et mené à bien la réalisation de ce vaste hôpital.

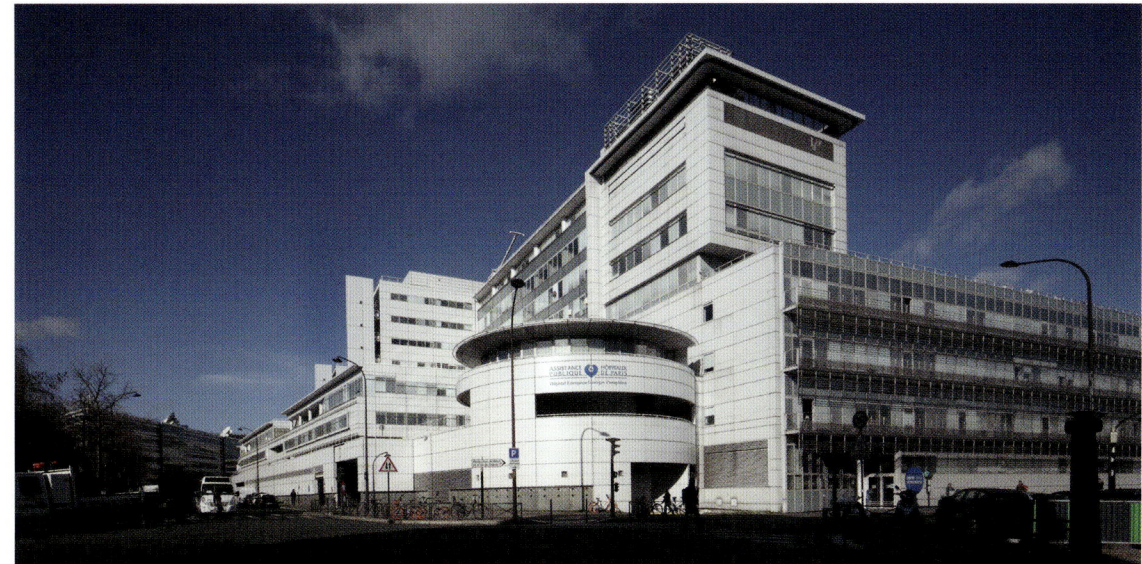

p. 66
L'entrée principale de l'hôpital européen Georges Pompidou (HEGP) et la grande verrière du hall d'accueil
The main entrance to the Georges Pompidou European Hospital (HEGP) and the large glass roof of the reception hall

p. 67
INSERM et HEGP, façade sud-est
INSERM and HEGP, south-east façade

La rampe d'accès aux urgence
The emergency access ramp

La « Rue hospitalière » intérieure qui dessert tout l'hôpital
The interior "Hospital Street," which accommodates the whole hospital

pp. 68-69
L'entrée nord-ouest qui donne accès à la « Rue hospitalière »
The north-west entrance that gives access to "Hospital Street"

pp. 70-71
La « Rue hospitalière » et sa verrière
"Hospital Street" and its glass roof

p. 72
Vers le hall d'accueil principal
Towards the main reception hall

p. 73
La grande verrière du hall d'accueil principal
The large glass roof of the main reception hall

Une vue depuis l'une des passerelles des hospitalisations
A view from one of the hospital paths

Entrée sud-est de l'hôpital
South-east entrance of the hospital

HÔPITAL CARÉMEAU, NÎMES
CARÉMEAU HOSPITAL, NÎMES
1998-2003

Le nouvel hôpital, revêtu d'aluminium laqué, s'appuie sur celui réalisé en brique quelques années auparavant par les architectes Andrault et Parat. Je tire parti du terrain pentu pour développer une série de plate-formes étagées qui mettent en valeur la déclivité du site et facilitent les liaisons avec l'hôpital existant.

Des successions de portiques et des circulations vitrées sur toute leur longueur me permettent d'offrir, depuis l'intérieur des bâtiments, de longues perspectives sur la plaine qui s'étale au pied des constructions. La nuit, l'éclairage de ces coursives et circulations vitrées dessine des horizontales lumineuses sur les strates successives du terrain.

Je dessine comme à Georges Pompidou de larges et hautes baies qui offrent aux malades couchés des vues sur l'extérieur. C'est l'une de mes préoccupations constantes pour éviter l'effet d'enfermement que procurent les fenêtres sur allège des anciens hôpitaux.

Clad in lacquered aluminum, this new hospital is based on one made of brick that was built a few years earlier by the architects Andrault and Parat. I take advantage of the steep terrain to design a series of tiered platforms, which not only highlights the site's slope, but also facilitates access to the existing hospital.

Along the length of the building, I construct a succession of porticos and glass corridors to allow the great views of the rolling plain below to be admired from inside. At night, these porticos and glass corridors are lit up, which create luminous lines across the land's consecutive layers.

Like for the Georges Pomidou Hospital, I design large, high bay windows that allow patients lying down to easily see outside. I am habitually concerned with avoiding the imprisoned feeling of old hospitals' spandrel panel windows.

75

p. 74
Les plateaux de consultation
et d'explorations fonctionnelles
The levels of service consultation
desks and functional explorations

p. 75
Vue aérienne, en brique l'hôpital des
années 1980 et l'extension d'Aymeric
Zublena
Aerial view, hospital in brick from the
1980s and the extension by Aymeric
Zublena

Vue depuis le sud-ouest
View as seen from the south-west

p. 76
Vue sur les étages d'hospitalisation
View of the hospital floors

p. 77
Le portique sud et les étages
d'hospitalisation
The southern portico and hospital floors

Un couloir en éclairage naturel
A corridor with natural light

Une galerie vers le hall d'accueil
A gallery towards the reception hall

HÔPITAL BRETONNEAU, TOURS
BRETONNEAU HOSPITAL, TOURS
1996-2011

Pour l'hôpital Bretonneau à Tours, je propose de relier l'ensemble des futurs bâtiments hospitaliers par une immense coursive vitrée, portée par de hautes colonnes. Elle se déploie sur tout le site et permet une réalisation échelonnée des divers services. Ce dispositif fonctionnel dessine une élégante composition architecturale autour d'un grand parc qui prend la place de constructions vétustes, lesquelles seront démolies au fur et à mesure de la réalisation du nouvel hôpital.

For the Bretonneau Hospital in Tours, I suggest connecting all future hospital buildings with an immense glass corridor, supported by high columns. Installed throughout the site, this corridor allows various service desks to be scattered across the hospital grounds. This practical design creates an elegant architectural composition constructed around a large park. This grassy space replaces the old buildings to be demolished as the new hospital is built.

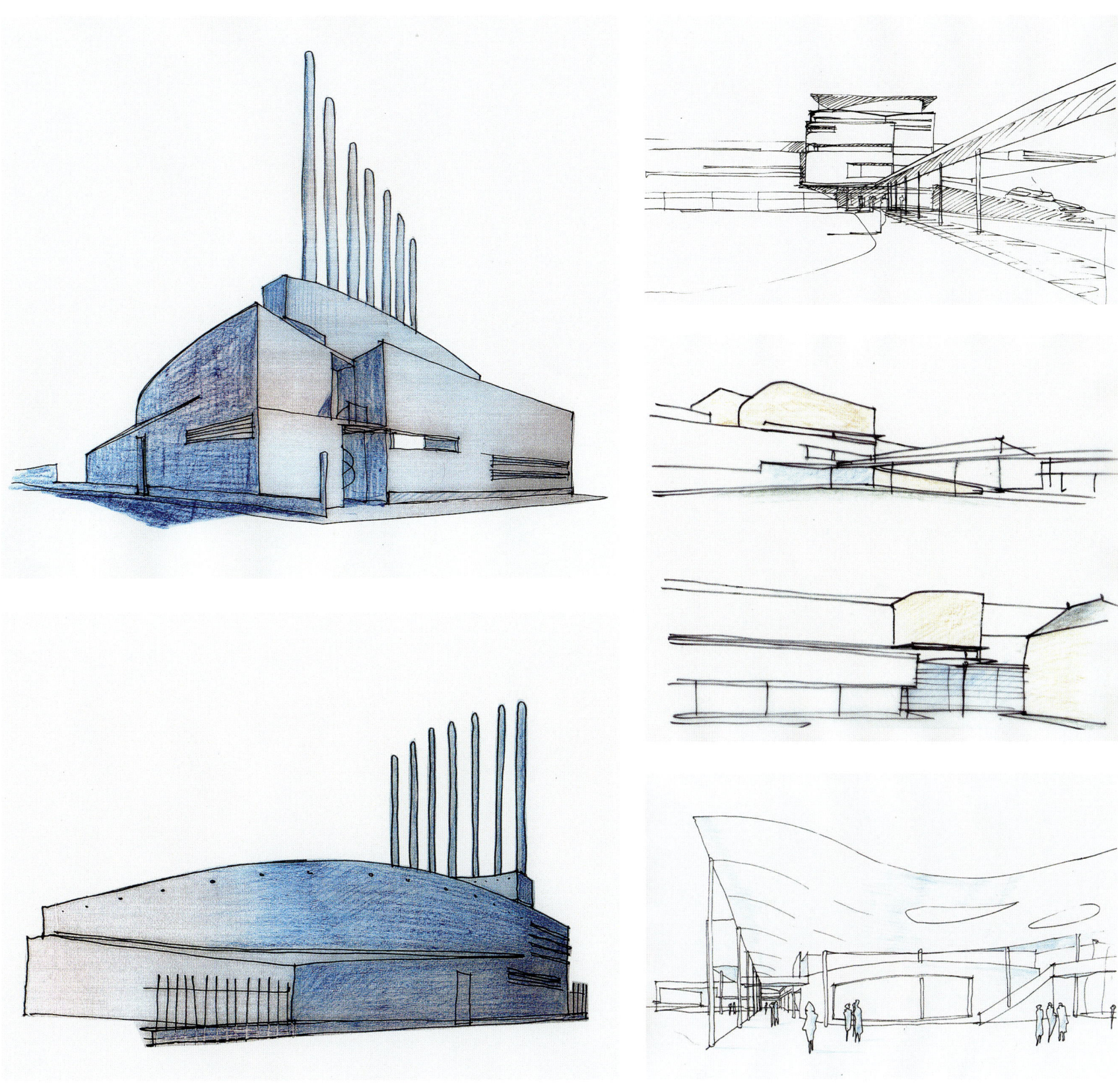

p. 78
Croquis d'étude. Vue d'accès
Sketch plans of access view

La façade de l'accès principal
The main access façade

p. 79
Deux croquis. La centrale de climatisation
Two sketches of the central air conditioning unit

Quatre croquis d'étude. La passerelle d'accès depuis les parking
Four sketch plans of the access path from the parking lot

p. 80
La centrale de climatisation
The central air conditioning unit

Détail des hospitalisations
Hospital details

p. 81
Une verrière du hall principal
A glass wall of the main hall

Salles de détente en bout des hospitalisations
Waiting rooms at the end of the hospital

p. 82
Document de concours.
Le porche d'accès principal
Competition document,
the main entrance porch

p. 83
Le porche d'accès et la galerie de desserte générale
The entrance porch and the general service gallery

p. 84
La galerie de desserte générale
The general service gallery

Éclairage zénithal d'un hall secondaire
Zenithal lighting of a secondary hall

Façade inclinée vitrée sur le hall principal
Sloped glass façade of the main hall

Les coursives intérieures
The interior passageways

p. 85
Vue aérienne de l'ensemble hospitalier
Aerial view of the hospital complex

HÔPITAL D'INSTRUCTION DES ARMÉES SAINT ANNE, TOULON
SAINTE ANNE ARMY HOSPITAL, TOULON
1999-2008

L'hôpital d'instruction des armées Sainte Anne domine la rade de Toulon. Il développe l'ensemble des services de part et d'autre d'une large coursive, bordée de patios et éclairée par une succession de coques courbes qui la surplombent. L'immense hélistation couronne le parvis et le hall d'entrée.

The Sainte Anne Army Hospital dominates the harbor of Toulon. The hospital spaces are constructed along both sides of a wide walkway, which is bordered by patios and lit by overhanging curved hulls. The entrance hall and parvis are crowned by a huge helipad.

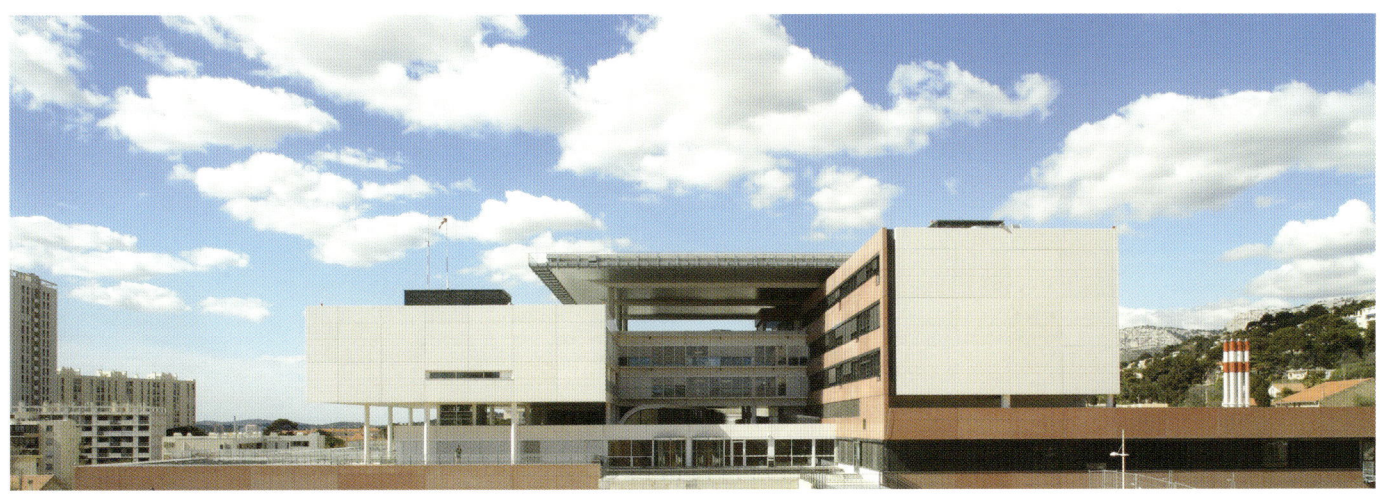

p. 86
Les balcons des hospitalisations
The hospital balconies

p. 87
L'entrée principale et la plateforme de l'hélistation
The main entrance and helipad platform

Les étages d'hospitalisations surplombant les patios des plateaux médico-techniques
The hospital floors overlooking the patios of the medico-technical facilities

HÔPITAL DE LA CONCEPTION, MARSEILLE
CONCEPTION HOSPITAL, MARSEILLE
2005-2007

Au plan architectural, l'hôpital psychiatrique de la Conception à Marseille se caractérise par sa parfaite insertion dans un contexte urbain et sa longue façade vitrée qui s'aligne le long du boulevard Baille. J'y retrouve l'application des objectifs du groupe de travail du CERFI (Centre d'Études, de Recherche et de Formation Institutionnelle) sur les orientations de la nouvelle psychiatrie auquel j'avais participé plusieurs années auparavant dans ce cadre.

On y concevait le concept de l'hôpital psychiatrique urbain que j'avais rappelé lors du colloque organisé au début des années 2000 à l'HEGP.

C'est dans mes deux derniers projets hospitaliers en France, à Reims et Toulouse, que j'applique dans toute sa rigueur le concept d'horizontalité. Ce sont deux projets très importants dont un seul, celui de Toulouse, sera construit.

Le nouvel hôpital Robert Debré à Reims devait se réaliser en phases successives au fur et à mesure des terrains libérés des constructions destinées à être démolies. Malgré cette contrainte, je m'attachais à ce que l'hôpital présente à terme une très forte unité architecturale et une parfaite efficacité fonctionnelle. Après une longue série d'atermoiements et malgré un respect absolu du budget prévu, le projet ne verra pas le jour. Je regrette l'abandon de ce projet emblématique, parfaite illustration d'un concept architectural poussé à l'extrême.

The psychiatric hospital, "La Conception," in Marseille is architecturally characterized by its perfect integration into the city and by its long glass front constructed along Baille Boulevard. At this hospital, one can find the applied objectives of the CERFI's (Study and Research Centre of Institutional Training) task force concerning the directions of new psychiatry. I had participated in this task force several years prior. At La Conception, we developed the idea of an urban psychiatric hospital. I remembered this concept from a conference at HEGP organized in the early 2000s.

During my last two hospital projects in France, in Reims and Toulouse, I am able to apply the concept of horizontality in full force. These are both very important projects; however, only one will be built, the one in Toulouse.

The new Robert Debré Hospital in Reims was to be built in consecutive phases as buildings were demolished to free up the land. Despite this constraint, I grew attached to the idea that the hospital would eventually demonstrate a distinct architectural unity and perfect functional efficiency. Despite strict adherence to the planned budget, there were long series of delays. The project will not see the light of day. I regret abandoning this iconic project, which would have been a perfect illustration of an architectural concept taken to the extreme.

p. 88
La façade le long du boulevard Baille
The façade along Baille Boulevard

p. 89
La résille métallique de la façade principale et les baies d'accès pompiers
The metal lattice of the main façade and the fire-fighter access bays

HÔPITAL PIERRE-PAUL RIQUET, TOULOUSE
PIERRE-PAUL RIQUET HOSPITAL, TOULOUSE
2007-2012

À Toulouse, je remporte en 2005 avec Bernard Cabannes et Gérard Huet le nouvel ensemble hospitalier, Pierre-Paul Riquet (576 lits, 27 salles d'opération, 91.000 m²). C'est un vaste quadrilatère de 200 x 90 m qui fera face à deux réalisations antérieures de Pierre Riboulet et Adrien Fainsilbert. L'immeuble se développe sur six niveaux, en retraits successifs, traversés de nombreux patios qui éclairent dans toute sa profondeur le volume du plateau médico-technique. J'applique, comme à Reims, le principe d'horizontalité dans toute sa rigueur. En accord avec le maître d'ouvrage, en veillant à rester dans l'enveloppe budgétaire, nous organisons les plans en prévoyant des surfaces non affectées qui seront autant de surfaces disponibles pour des extensions à venir.

Les façades recouvertes de parements de terre cuite, marquées par les longues horizontales vitrées, expriment le dispositif organisationnel et architectural de l'hôpital.

Dans de tels hôpitaux, les parcours intérieurs sont longs et complexes. La signalétique, toujours difficile à mettre au point à l'ouverture de l'hôpital, est insuffisante. L'architecte, doit rendre ces parcours les plus clairs possibles par des éléments d'architecture qui facilitent l'orientation des consultants et visiteurs. Ainsi, les espaces d'accueil et d'attente et les points singuliers des circulations principales sont ponctués de surfaces brillantes, colorées et, chaque fois que possible, ouverts sur l'extérieur, pour constituer des repères esthétiques et fonctionnels dans ce très vaste ensemble architectural.

Alors que le bâtiment est achevé, je rencontre, à la demande du directeur, Daniel Buren pour examiner avec lui diverses implantations possibles pour l'œuvre qu'il doit réaliser dans le nouvel hôpital. La grande galerie, vitrée sur toute sa hauteur et sa longueur, qui longe la grande terrasse et domine le site, est d'abord envisagée. C'est le hall central face à l'arrêt du tram qui sera, en définitive, retenu.

In 2005 in Toulouse, I, along with Bernard Cabannes and Gérard Huet win the competition to design the new hospital complex, Pierre-Paul Riquet (576 beds, 27 operating rooms, 91,000 square meters). The immense quadrilateral land is 200 x 90 m, facing two buildings designed by Pierre Riboulet and Adrien Fainsilbert. The building is comprised of six levels, each one set further back than the other. Numerous patios intersect the building, highlighting the deep volume of the medico-technical facility. Like in Reims, I apply the concept of horizontality in full force. In agreement with the general contractor and while remaining within budget, we organize plans by allocating unmarked areas that could be used for future extensions.

The hospital's organizational and architectural structure is revealed through its terracotta siding, marked by long horizontal glass panels.

In hospitals like this one, the internal routes are long and complex. Always difficult to develop once the hospital opens, the signage system is insufficient. The architect must design structural elements to facilitate the patients' and visitors' sense of direction through the hospital. Thus, the reception areas, waiting rooms, and other busy areas are punctuated by bright colors. These areas lead outdoors whenever possible to create practical and aesthetic reference points in this immense architectural complex.

When the building is complete, I meet, at the request of the Director, Daniel Buren to examine various possible locations for his work in the new hospital. Running alongside the large terrace and overlooking the site, the large gallery, entirely encased in glass, is the first location to be considered. However, it is the central hall opposite the tram stop that will ultimately be chosen.

p. 91
Façade des hospitalisations et escalier d'évacuation des niveaux supérieurs
Hospital façade and evacuation staircase of the upper levels

p. 92-93
Façade des hospitalisations et terrasse surplombant les plateaux médico-techniques
Hospital façade and terrace overlooking the medico-technical facilities

p. 94
Vue depuis l'angle nord-est
View from the north-east corner

Façade principale le long de la ligne de tramway qui dessert tout le centre hospitalier universitaire
Main façade along the tramway line that serves the entire University Hospital Center

p. 95
Un poste d'accueil
A reception desk

Un espace d'attente
A waiting area

Un hall des ascenseurs et des monte-malades
A hall of elevators and patient elevators

p. 96
L'amphithéâtre
The amphitheater

p. 97
L'allée intérieure de desserte générale
The indoor service path

CHU DE GRENOBLE, PÔLE MÈRE-ENFANT
CHU OF GRENOBLE, MOTHER-CHILD CENTER
2007-2011

Ce projet pour un Centre Hospitalier Universitaire (CHU) installé dans un site remarquable, dominé par un important massif montagneux, s'est développé en deux phases successives de part et d'autre d'anciens bâtiments hospitaliers en partie conservés.

Une galerie suspendue, reliant les deux corps de bâtiments, domine l'accès au hall d'accueil situé au centre du dispositif. La structure métallique de cette galerie se prolonge sous la forme d'une résille de protection solaire sur les façades des bâtiments latéraux.

Located on a remarkable site, dominated by a large mountain range, this project for a University Hospital Center (CHU) was developed in two successive phases on either side of partially preserved old hospital buildings.
A suspended gallery, connecting the two buildings, dominates the access to the reception hall located at the center of the facility. The metal structure of this gallery extends as a sun-protective lattice onto the façades of the side buildings.

p. 98
L'allée vers l'accès principal du Pôle
The path towards the center's main access

p. 99
La galerie de liaison des étages d'hospitalisation
The connecting gallery of the hospital floors

Une coursive intérieure en éclairage naturelle et ses brise-soleil
An interior passageway with natural light and brise-soleil

CHU ROBERT DEBRÉ, REIMS
CHU ROBERT DEBRÉ, REIMS
2006

Malgré ses dimensions exceptionnelles et la rigueur de son organisation fonctionnelle, dont le principe sera repris quelques années plus tard dans l'hôpital Pierre-Paul Riquet à Toulouse, ce projet devait s'intégrer en phases successives dans un site hospitalier existant sans en interrompre le fonctionnement. Compte tenu de l'importance des fonctions médico-techniques et ambulatoires, elles furent répartie sur deux niveaux constituant le socle de la composition architecturale.

Les 1500 lits d'hospitalisation prenaient place sur deux niveaux percés de vastes patios. Les façades se développaient sous formes de « vagues » rompant avec l'orthogonalité rigoureuse du socle et permettaient d'offrir aux patients hospitalisés de bonnes conditions d'éclairage naturel et d'ensoleillement.

Ce projet, dont les études furent développées durant plusieurs années jusqu'au stade final permettant sa réalisation, fut abandonné suite à une modification du programme d'évolution de l'ensemble du site hospitalier.

Despite its exceptional dimensions and the precision of its functional organization (the principle of which will be repeated a few years later for the Pierre-Paul Riquet Hospital in Toulouse), this project had to be integrated, in successive phases, into an existing hospital site without interrupting the hospital's operation. Given the importance of the medico-technical and outpatient facilities, the design was distributed across two levels, forming the base of the architectural composition.

The 1,500 hospital beds were situated across two levels, pierced by large patios. The façades resembled "waves" that broke with the precise orthogonality of the base and provided the hospitalized patients with good conditions for natural light and sunshine.

This project's plans were developed across several years, up until the final stage just before its construction, when it was ultimately abandoned following a change in the hospital site's development program.

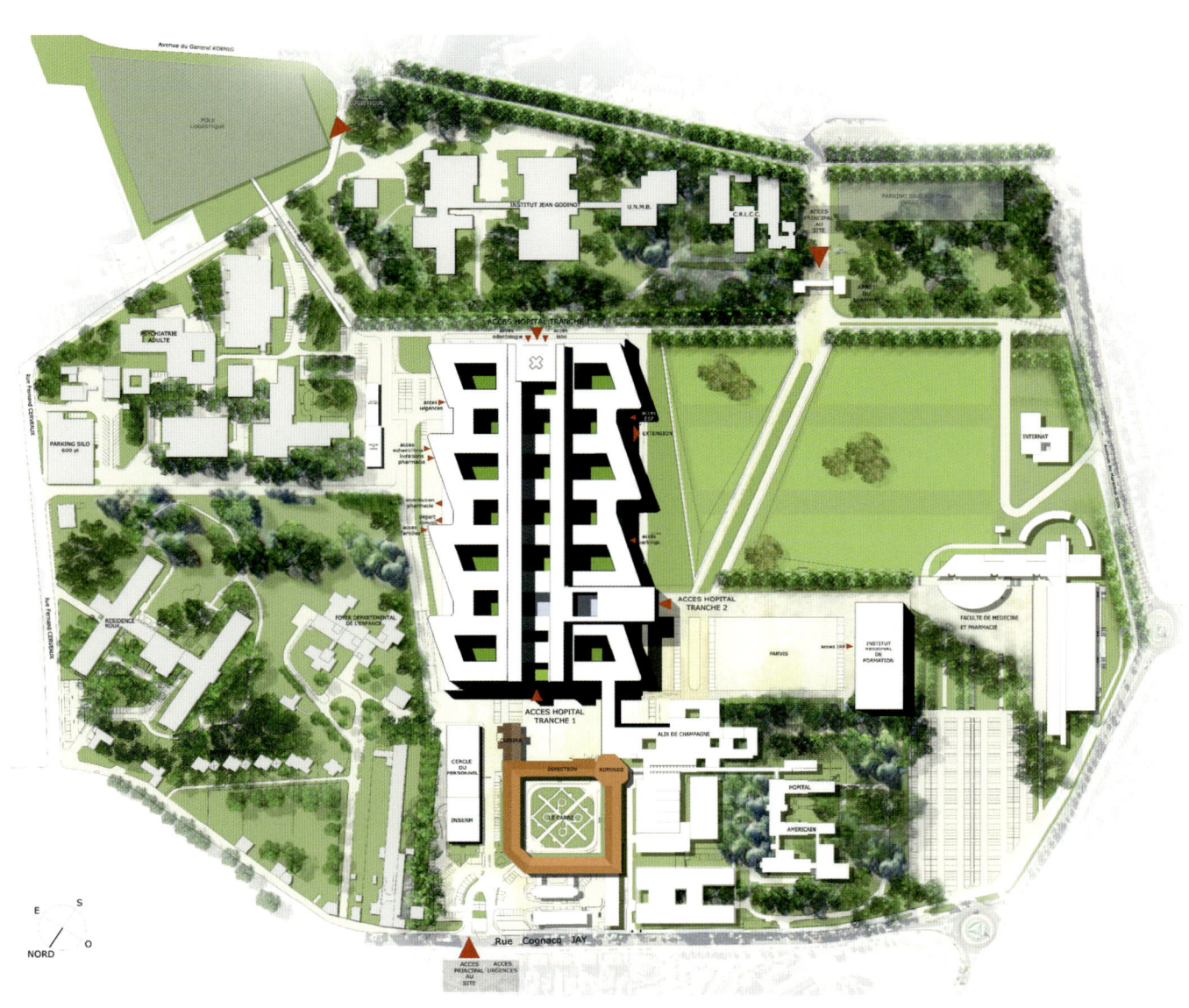

p. 100
Vue depuis le parc
View from the park

p. 101
Plan masse
Site plan

p. 102
Hall d'accueil principal
Main reception hall

La façade à redents des hospitalisations surmonte les plateaux médico-techniques
The sawtooth hospital façade sitting on top of the medico-technical facilities

QUELQUES HÔPITAUX À L'ÉTRANGER
HOSPITALS ABROAD

Since its opening, the HEGP has been visited by doctors, architects, engineers, and directors from all over the world. Because of the achievement of this long and difficult project, I have been asked to participate in international competitions to build hospitals in Italy and China, some of which are larger than the HEGP.

In Italy, I develop new forms of the concept of horizontality of medico-technical facilities. I coin the term "*piastra medicotecnica*" to reflect the density and thorough volumetry of this central function. This very expressive term will be adopted by the medical community and by my fellow Italian architects and engineers. For many years, I will use it in all my presentations to various audiences.

Dès son ouverture, l'HEGP a été visité par des médecins, architectes, ingénieurs, directeurs venus du monde entier. Cette réalisation, si longue et difficile, m'a valu d'être appelé, en Italie et en Chine, pour participer à des concours internationaux et réaliser des hôpitaux dont certains d'une taille égale ou supérieure à l'HEGP.

En Italie, je développe sous des formes nouvelles le concept d'horizontalité du plateau médico-technique. J'invente l'expression « *piastra medicotecnica* » pour rendre compte de la compacité et de la volumétrie rigoureuse de cette fonction centrale. Ce terme, très évocateur, sera adopté par le corps médical et par mes confrères architectes et ingénieurs italiens. Je l'utiliserai, durant de longues années, dans tous les exposés que je ferai devant des publics divers.

HÔPITAL MICHELE E PIETRO FERRERO, VERDUNO (ITALIE)
MICHELE E PIETRO FERRERO HOSPITAL, VERDUNO (ITALY)
1997-2019

Le premier des concours internationaux auxquels je participe en 1997 en Italie avec mes confrères, Ugo Camerino, Paolo et Hugo Dellapiana, est celui de l'hôpital d'Alba-Bra situé sur la commune de Verduno en Piémont, au contact d'un village qui domine la vallée du Tanaro. Des difficultés de financement en ont longtemps ralenti l'exécution. Il ouvrira ses portes au premier trimestre 2020.

J'attache une importance particulière à ce projet, parce que j'ai pu développer la recherche d'intégration d'un bâtiment très grand, dense et d'une emprise importante sur un site en forte pente, démarche que j'avais initiée en 1994, sans pouvoir la concrétiser, pour le concours de l'hôpital de Cannes. J'expérimente, par ailleurs, dans ce projet, une nouvelle méthode de travail avec un Maître d'ouvrage public. En effet, celui-ci a volontairement opté pour une programmation simplifiée, limitée à une dizaine de pages, qui laisse une large initiative aux concurrents pour proposer une organisation fonctionnelle et architecturale originale. Dans de telles circonstances, la disposition plus libre des fonctions majeures est laissée à l'initiative des concepteurs, leur permettant l'expression d'une architecture moins contrainte par la rigidité d'un programme fixé dans ses moindres détails.

Dans la région des Langhe le site choisi pour le nouvel hôpital est magnifique, ouvert sur la vallée du Tanaro, face aux collines du Roero. En réinterprétant le concept de l'hôpital horizontal, je tire parti du terrain fortement dénivelé pour installer les volumes majeurs sur des portiques monumentaux sous lesquels vient se glisser le relief naturel comme dans le monastère de la Tourette de Le Corbusier. Ces volumes accueillent la « *piastra medicotecnica* » surplombée par les chambres d'hospitalisation qui encadrent et dominent la « rue hospitalière » au centre de l'édifice. Par cette disposition, architecturale et fonctionnelle, je romps avec l'aspect monolithique des grands hôpitaux contemporains.

J'organise, en suivant le même principe, le hall d'accueil. En pénétrant dans l'hôpital depuis l'entrée principale située au nord en haut du terrain, les consultants et les visiteurs découvriront, au travers de la « rue hospitalière », la longue perspective qui s'ouvre au sud vers le fleuve Tanaro qui coule au bas de la vallée. J'ai voulu, sous une forme nouvelle, reprendre le principe, développé à Paris, d'un hôpital ouvert sur son environnement.

L'ensemble des départements et des services s'étage le long de « la rue hospitalière » couverte d'une verrière et bordée sur tout son parcours par un jardin qui suit la forte pente du terrain. Le relief naturel et la végétation pénètrent ainsi au cœur même de l'hôpital.

Les batteries d'ascenseurs, regroupées dans une tour monumentale re-

In Italy, in 1997, I take part in my first international competition, along with my colleagues Ugo Camerino, Paolo and Hugo Dellapiana. It is a contest to design the Alba-Bra Hospital in Piedmont's city of Verduno, which borders a village that dominates the Tanaro Valley. Difficulties in funding have slowed down construction. It will open in the first quarter of 2020.

This project is especially important to me because I was able to design a very large, compact building with a strong hold on a steeply sloping site. I initiated this approach in 1994, without being able to actualize it, for the Cannes hospital competition. For this project, I experiment with a new work method with a Public Project Manager. Indeed, the Public Project Manager opted for a simplified plan, limited to about ten pages, leaving a wide margin for competitors to suggest a practical organization and architectural originality. In such circumstances, the design of the major aspects is left open to the architects, allowing them flexibility in their design and to be less constrained by rigid and detailed plans.

Located in the Langhe region, overlooking the Tanaro Valley and facing the Roero Hills, the site chosen for the new hospital is magnificent. In reinterpreting the concept of the horizontal hospital, I take advantage of the steeply sloping ground to install the main structures covered by massive porticos. Under these porticos, the natural hillside will be revealed, as in Le Corbusier's Tourette Monastery. These structures hold the "*piastra medicotecnica*." Towering above, at the center of the building, are the hospital rooms that frame and overlook "Hospital Street." Through this practical and architectural arrangement, I break with the monolithic appearance of other large contemporary hospitals.

I arrange the reception hall in following this same idea. When patients and visitors enter the hospital through the main entrance located at the top of the grounds to the North, crossing "Hospital Street," they will get a great view of the South towards the Tanaro River flowing down to the valley. Although in a new way, I wanted to recreate the idea of a hospital open to the environment – a concept developed in Paris.

The departments and services are located along "Hospital Street," covered by a glass roof, and surrounded by a garden that follows the steep slope of the land. Thus, the natural hillside and vegetation are incorporated into the very heart of the hospital.

Overlooking "Hospital Street" is a massive tower covered in red siding, which houses the elevator batteries, doctors' offices, ramps, and the moving sidewalks. The elevator batteries give rhythm to the flows of visitors and consultants within the hospital. The hospital will be named after the engineers Michele and Pietro Ferrero, generous donors and industrial entrepreneurs from the city of Alba, the capital of the white truffle.

Among those who have given me their enthusiastic support, I would like to acknowledge: the first Director, Giovanni Monchiero, Doctors Scalise and Viglino, as well as the architect Ferruccio Bianco, who, representing the General Contractor, has been in charge of managing this significant and difficult project for many years.

vêtue de parement de couleur rouge qui accueille aussi les bureaux des médecins, les rampes et les tapis roulants, scandent les déplacements des visiteurs et consultants au sein de l'hôpital. L'hôpital portera le nom des ingénieurs Michele et Pietro Ferrero, généreux donateurs et entreprenants industriels de la ville d'Alba, capitale de la truffe blanche.

Je tiens à saluer parmi ceux qui m'ont apporté leur appui enthousiaste le premier directeur Giovanni Monchiero, les docteurs Scalise et Viglino, ainsi que l'architecte Ferruccio Bianco qui, représentant du maître d'ouvrage, a la charge de diriger depuis de longues années cet important et difficile chantier.

p. 105
Document de concours. La tour des bureaux et la « Rue hospitalière »
Competition document. The office tower and "Hospital Street"

Vue générale depuis le fleuve Tanaro
General view from the Tanaro River

p. 106
La passerelle vers les consultations
The path towards the consultation services

Vue du hall
View du hall

Perspective vers le fleuve Tanaro
View towards the Tanaro River

Les hospitalisations en surplomb
Hospital overhanging view

Les piliers de la tour
The tower's pillars

p. 107
L'entrée principale
The main entrance

HÔPITAL PAPA GIOVANNI XXIII, BERGAME (ITALIE)
PAPA GIOVANNI XXIII HOSPITAL, BERGAMO (ITALY)
2001-2011

En 2001, je remporte, avec mes confrères Alessandro Martini, Edoardo Monaco, Pippo et Ferdinando Traversi, le concours pour l'immense hôpital de Bergame, en Lombardie (1200 lits, 150.000 m²). Il prendra, à son ouverture en 2011, le nom d'Ospedale Papa Giovanni XXIII, en l'honneur d'Angelo Roncalli né à Bergame, élu Pape en 1958.

Depuis le terrain situé dans la partie basse de la ville, on voit se dessiner la silhouette imposante de la « Città alta », la ville historique bordée par son enceinte construite par la « Sérénissime » au XVIe siècle. Le nouvel hôpital est l'une des pièces maîtresses d'un quartier en voie de développement.

Je reprends le principe de « rue hospitalière », développé avec une ampleur particulière, plus de 400 m de longueur, compte tenu de l'importance des accueils, des services de consultation et du plateau médico-technique. L'hébergement des malades est réparti en sept tours d'hospitalisation. Massives, hiératiques, scandées le long de cette rue, elles entrent en écho avec les tours médiévales de la « Città alta ».

La façade principale de chacune d'elles est recouverte d'une série de coursives métalliques sur lesquels j'installe des brise-soleil verticaux mobiles formés de panneaux vitrés de couleur rouge. Le sommet de ces tours est couronné d'un large auvent revêtu de bois.

L'architecture de ces tours, le détail des coursives, les surfaces colorées des brise-soleil et des auvents forment un contraste remarquable avec les façades et les volumes rigoureux des autres fonctions hospitalières.

Le plateau médico-technique, le plus important que j'ai eu à concevoir, se déploie sur six niveaux. Je le recouvre d'une vaste toiture pentue formée de plaques d'aluminium qui, vu depuis la « Città alta » dessinent un tapis aux textures variées. La « Rue hospitalière », longue de 500 m, est scandée par sept cages d'escaliers et d'ascenseurs revêtues de parements noirs. Elles s'élancent d'un seul jet sur toute la hauteur de la rue et se prolongent, en la surplombant, sur la verrière qui la couvre sur toute sa longueur.

Dans des hôpitaux aussi grands et complexes, il est indispensable de constituer des repères architecturaux pour les consultants et visiteurs qui doivent se rendre dans les divers départements hospitaliers. Ces cages monumentales assurent cette fonction d'orientation. Pour protéger la « Rue hospitalière » d'un ensoleillement excessif nous utilisons des panneaux de verre dans lesquels sont inclus des fines résilles d'acier. La lumière naturelle ainsi filtrée assure un confort apprécié aux saisons chaudes.

Un amphithéâtre de 300 places occupe l'angle sud-est de l'hôpital. La courbe de sa toiture végétalisée rompt avec l'orthogonalité rigoureuse de tous les autres volumes hospitaliers.

In 2001, along with my colleagues Alessandro Martini, Edoardo Monaco, Pippo and Ferdinando Traversi, I win the competition to design the large hospital in Bergamo, Lombardy (1,200 beds; 150,000 square meters). When it opens in 2011, it will be named Ospedale Papa Giovanni XXIII, in honor of Angelo Roncalli, elected Pope in 1958 and who was born in Bergamo.

From the lower part of the city, one can see the imposing silhouette of "*Città alta.*" Surrounded by a wall, this historic city was built in the 16th century by the "*Serenissima.*" The new hospital is one of the highlights of a developing neighborhood.

I recreate the "Hospital Street" idea, in a particular size, more than 400 meters in length. I take into account the importance of the reception area, consultation services, and the medico-technical facility. The patient accommodation is divided into seven hospital towers. These massive and solemn structures marking the street echo the medieval towers of the "*Città alta.*"

The towers' main façade is covered with a series of metal corridors, on which I install mobile vertical brises-soleil made of red glass panels. A large wooden canopy crowns the top of these towers.

The architecture of these towers, including the detail of the corridors, and the colors of the *brise-soleil* and the canopies, impressively contrast the massiveness of the hospital's other structures and their façades.

Spread over six levels, the medico-technical facility is the most significant one I have designed. It is covered with a vast sloping roof made of aluminum plates, creating a carpet of various textures, which can be seen from the "*Città alta.*" There are seven elevator and stairwell towers covered in black siding that dot the 500-meter-long "Hospital Street." These black towers soar up in one go, over the entire height of the street, and extend past the canopy that covers the length of the hospital.

In such large and complex hospitals, it is essential to provide architectural reference points for patients and visitors accessing the various hospital departments. These massive cages help direct them. To protect Hospital Street from excessive sunlight, we use glass panels embedded with thin steel lattice. This filtered natural light, thus, ensures a comfort, which can be appreciated during the hot months.

Occupying the southeast corner of the hospital is a 300-seat amphitheater. Its curving green roof breaks with the strict orthogonality of the hospital's other structures.

p. 109
Vue générale en cours de chantier
General view during construction

p. 110-111
Vue générale depuis le sud-ouest
South-west general view

Vue vers l'accès des urgences
et les plateaux médico-techniques
View towards the emergency access
and medico-technical facilities

p. 112
Les fenêtres en surplomb
des étages d'hospitalisation
The hospital floors' overhanging
windows

p. 113
Détail des coursives d'entretien
Detail of maintenance walkways

La « Rue hospitalière » et sa verrière
"Hospital Street" and its glass roof

p. 114-115
Deux tours d'hospitalisation
et l'amphithéâtre principal
Two hospital towers and
the main amphitheater

ÉGLISE PAPA GIOVANNI XXIII, BERGAME (ITALIE)
PAPA GIOVANNI XXIII CHURCH, BERGAMO (ITALY)
2011-2014

Alors que le chantier de l'hôpital était en cours, l'Évêché de Bergame souhaita réaliser une nouvelle église, pour environ deux cents fidèles, qui lui serait attenante. Cette église paroissiale devait être à la fois accessible depuis l'extérieur par les habitants du futur quartier et directement depuis l'intérieur de l'hôpital par les malades, les visiteurs et le personnel. On me charge, avec mes confrères Pippo et Ferdinando Traversi, de l'étude de ce nouveau projet.

Il y a dans la coexistence d'un lieu sacré, ouvert à tous, et d'un autre destiné à soigner les hommes, une dimension symbolique qui répond à ce besoin de notre société de créer des espaces, où l'homme, sans préjuger de ses propres croyances, pourra trouver le temps d'une pause dans l'agitation du monde.

Je suis heureux que l'on me confie cette nouvelle étude. En effet, je souhaitais depuis longtemps réfléchir sur un programme libéré des contraintes fonctionnelles qui pèsent sur tous les projets que j'ai eu à traiter, les hôpitaux en particulier. Un lieu de culte est l'un de ces espaces où peut s'exprimer, plus qu'ailleurs, la transcendance. Cette occasion m'est offerte à Bergame alors que je viens d'avoir 75 ans.

L'église prendra place à l'angle nord-est de la « rue hospitalière » au contact de l'entrée principale de celle-ci. La juxtaposition de l'église d'une taille modeste avec les dimensions impressionnantes de l'hôpital posait un problème de rapport d'échelle. Comment, en effet, éviter que celle-ci ne fût écrasée par celui-là ?

Je pensais, dans un premier temps, qu'il fallait rechercher pour l'église un volume autonome, en rupture avec l'orthogonalité rigoureuse de l'hôpital. C'est dans cet esprit que j'imaginais, dans les premières esquisses, un cylindre vertical qui aurait fait écho aux courbes de l'amphithéâtre situé en position symétrique par rapport à la façade est.

La structure métallique de ce cylindre aurait été revêtue de plaques d'albâtre, une matière rare diffusant une lumière tamisée à l'intérieur de l'église. Ma proposition, probablement coûteuse, ne fut pas retenue.

Je m'oriente alors vers une volumétrie en relation plus évidente avec celle de l'hôpital, une architecture moins formelle. Je dessine un simple volume parallélépipédique haut de quinze mètres qu'entoure une résille serrée de fines lamelles de béton blanc. Cette résille est un voile translucide qui protège et exalte le lieu sacré et forme un déambulatoire qui le relie au parvis haut de l'hôpital et à un parvis bas, dédié à l'église. C'est là que s'assembleront les fidèles venus des alentours.

L'espace intérieur est délimité par de hauts parements de béton préfabriqués dans lesquels a été incorporée, au coulage, la grisaille d'un jar-

While the hospital was under construction, the Bergamo Diocese decided to build a new church for about two hundred followers, which would be attached to the hospital. This parish church was designed to be accessible from the outside, by residents of the future district, and to be accessed from directly inside the hospital, by patients, visitors, and staff. Along with my colleagues Pippo and Ferdinando Traversi, I am put in charge of this new project.

Having a sacred space that is open to all right next to a space for healing people symbolically responds to a need of our society: to create spaces where people, leaving their religious prejudices behind, can find the time for a break in the commotion of the world.

I am happy to have been assigned this new project. Indeed, for a long time, I wanted to devote my thoughts to a design that is free from the practical constraints of all my previous projects, especially hospitals. A place of worship is a space where one can practice transcendence the most easily. I was offered this opportunity in Bergamo just as I turned 75 years old.

The church will be built at the northeast corner of "Hospital Street," touching the Street's main entrance. The juxtaposition of the small size of the church with the huge dimensions of the hospital posed a problem in terms of the scale ratio. Indeed, how can the church not be crushed by the size of the hospital?

At first, I thought the church must be independent from the hospital in order to break with the hospital's rigid orthogonality. With this idea in mind, in my first sketches, I designed a vertical cylinder that would echo the curves of the amphitheater, which, from its eastern façade, was symmetrically positioned.

The cylinder's metal structure would have been covered in alabaster slabs. This rare material would diffuse a filtered light into the church. My proposal, which was probably expensive, was not accepted.

I subsequently turn towards a structure that is more noticeably connected to the hospital, a less blunt architecture. I design a simple 15-meter-high cubed structure, surrounded by a lattice constricted with thin slats of white concrete. This lattice is a translucent veil that protects and enhances the sacred place. It creates a passage that connects the hospital's upper parvis to the church's lower parvis. This is where the local congregation will gather.

The interior space is defined by tall siding of prefabricated concrete. Incorporated into this casting are the gray tones of a Mediterranean garden, designed by Stefano Arienti.

The siding is pierced with circular portholes that soften the structure's appearance and the severity of the image. Randomly distributed, these portholes allow the sun's filtered rays to enter the space.
When at its brightest, the natural light passes through the narrow glass wall that borders the inner perimeter of the building. A metal weave occupies the center of the ceiling. Evoking a cloudy sky or the frescoes of old churches, the waves of these steel braids help control the acoustics in the liturgical space.
On 12 October 2014, I attend the consecration of the new church, performed by Bishop Francesco Beschi, in the presence of Cardinal Angelo Bagnasco. It is a very solemn ceremony. I am happy to have witnessed it for the first time.

din méditerranéen imaginée par Stefano Arienti. Ces parements sont percés de hublots circulaires qui en allègent la masse apparente et la rigueur du tracé : répartis d'une manière aléatoire, ils laissent pénétrer les rayons filtrés du soleil.
La lumière zénithale naturelle traverse l'étroite verrière qui borde le périmètre interne de l'édifice. Une maille métallique occupe le centre du plafond, les ondulations de ces tresses d'acier évoquent un ciel de nuages ou les fresques des anciennes églises et participent au contrôle acoustique de l'espace liturgique.
Le 12 octobre 2014, j'assiste au rituel de consécration de la nouvelle église par l'évêque Francesco Beschi, en présence du Cardinal Angelo Bagnasco. C'est une cérémonie empreinte d'une grande solennité à laquelle je suis heureux d'assister pour la première fois.

p. 117
La résille vue de nuit et l'entrée nord
The lattice seen at night and the north entrance

p. 118-119
L'église, le parvis bas et les emmarchements vers l'hôpital
The church, lower parvis, and steps towards the hospital

p. 120
L'aile des services et la résille latérale
The service wing and side lattice

p. 121
Le déambulatoire périphérique entre paroi et résille
The outer passage between wall and lattice

p. 122
La nef, le chœur et les deux chapelles latérales
The nave, choir, and two side chapels

p. 123
La porte d'entrée entourée de la résille
The entrance door surrounded by lattice

HÔPITAL MADRE TERESA DI CALCUTTA, MONSELICE-ESTE (ITALIE)
MADRE TERESA DI CALCUTTA HOSPITAL, MONSELICE-ESTE (ITALY)
2008-2014

Invité à faire équipe avec le bureau d'étude Steam, je remporte en 2008 le concours de l'hôpital Madre Teresa di Calcutta (480 lits, 10 salles d'opération, 73.000 m²), qui desservira les communes de Monselice et Este près de Padoue, en Vénétie. Le concours présente une directive particulière, les concurrents sont en effet invités à préciser la volumétrie et l'architecture d'un schéma fonctionnel de type horizontal, conçu par le département ingénierie de l'hôpital. Sur ces bases, une grande liberté est laissée aux architectes.

L'hôpital s'inscrit dans un site qui présente une particularité géologique exceptionnelle : les Colli Euganei, formés par les reliefs volcaniques qui émergent tel un archipel de pyramides solitaires et ondulantes de la plaine environnante. Ce sont ces reliefs étranges et puissants qui me donnent l'idée de le coiffer d'une couverture aux amples ondulations qui se prolongent en façade des trois corps de bâtiments.

Ce choix formel offre par ailleurs l'intérêt de créer, en superstructure des bâtiments linéaires, d'importantes surfaces disponibles pour des extensions ultérieures.

Je dessine en façade principale un alignement monumental, long de 200 m, de colonnes « arborescentes » portant le débord de la couverture qui, tel un dais, surplombe le parvis d'entrée. Cette colonnade donne accès au grand hall d'entrée. Il est éclairé sur toute sa surface par une verrière que protègent des brise-soleil orientables dont le tracé lumineux suit la courbe ondulante du toit.

Mon projet séduit le jury qui en apprécie la dimension esthétique, l'intérêt fonctionnel et plus encore les possibilités d'extension qu'offre la couverture. Le besoin de services et de départements nouveaux apparaîtra en effet très vite durant les travaux. Ces fonctions nouvelles prendront place, sans ralentir le chantier, sous les vastes volumes que j'ai imaginés.

I was invited to team up with the Steam Design Office, with whom, in 2008, I win the competition to design the Madre Teresa di Calcutta Hospital (480 beds, 10 operating rooms, 73,000 square meters). This hospital will serve the cities of Monselice and Este, near Padua in Veneto. The competition's instructions are unique: competitors can specify the volumetry and architecture of a horizontal model's functional plan designed by the hospital's engineering department. For these elements, the architects are given great freedom. The hospital is part of a site comprised of an exceptional geological particularity: the "Colli Euganei." This feature is formed by volcanic landforms that appear as an archipelago of solitary and undulating pyramids from the surrounding plain. These strange and mighty hills gave me the idea to create a covering of large waves that extend to the façade of the three buildings.

This precise choice also creates significant areas, which can be extended upon in the future as a superstructure of linear buildings.

For the main façade, I design a massive alignment of 200-meter-tall "tree" columns that support the roof, which, like a canopy, overhangs onto the entrance parvis. This colonnade leads to the large entrance hall. The hall is illuminated by a glass roof protected by adjustable brise-soleil, whose luminous outline follows the waving curve of the roof. My project appeals to the jury. They appreciate the aesthetics, the practical elements, and especially the expansion possibilities offered by the covering. Indeed, the need for new services and departments arises very quickly during construction. Under the massive structure I designed, these new offices will be installed without slowing down construction.

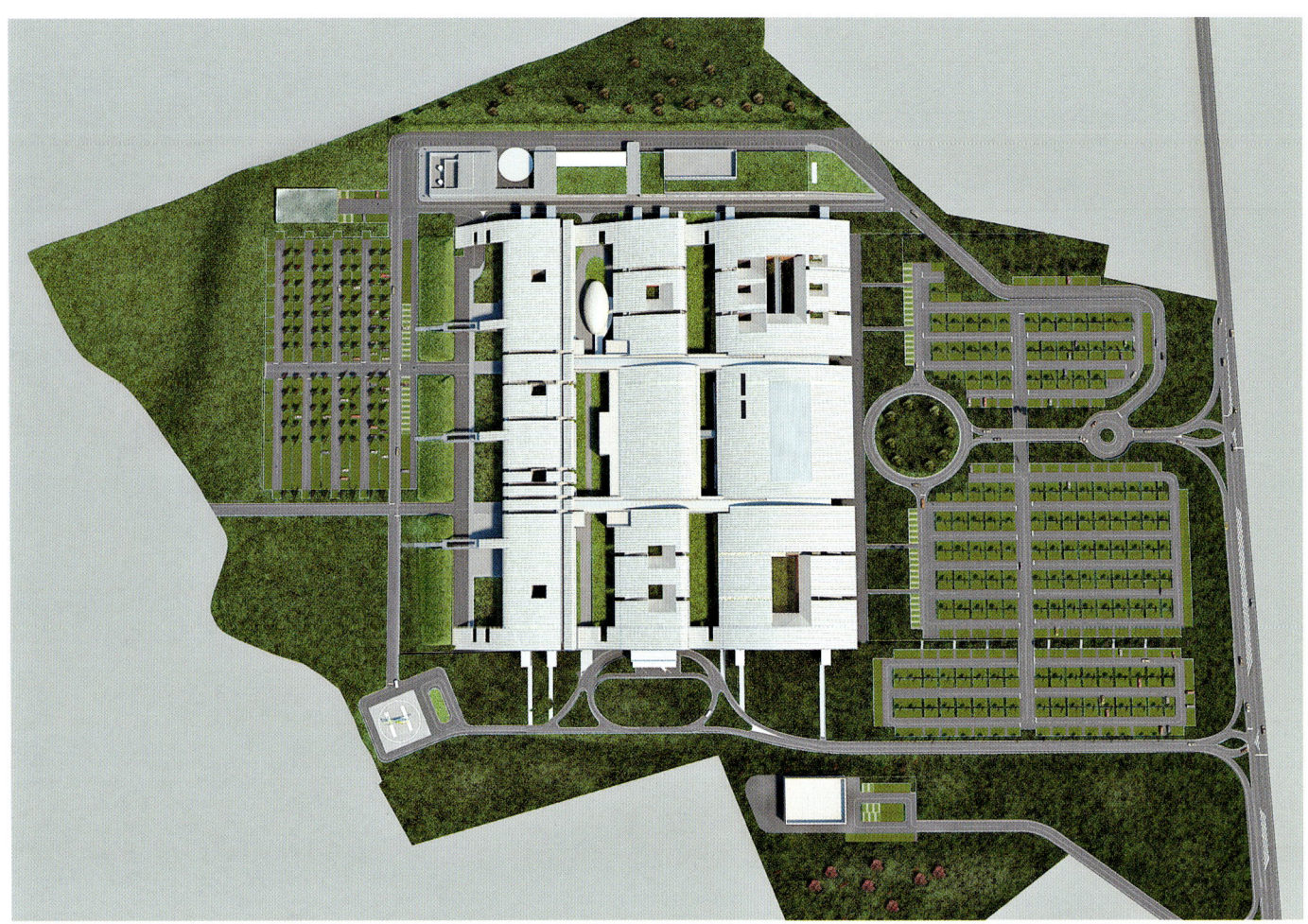

p. 125
L'un des bâtiments hospitaliers
et sa couverture métallique courbe
One of the hospital buildings and
its curved metal roof

p. 126
Document de concours. Perspective
Perspective, competition document

Façade latérale et accès des urgences
Side façade and emergency access

p. 127
Vue sur le quadrilatère
boutiques et services
View of the boutique and
services quadrilateral

Vue depuis une mezzanine
du hall d'accueil et de l'escalier
d'accès à l'amphithéâtre
View from a mezzanine of the
reception hall and the stairs leading
to the amphitheater

p. 128
Document de concours. Plan masse
Site plan, competition document

La grande toiture à « ondes »
document de concours
The large "waving" roof,
competition document

p. 129
Document de concours. Vue latérale
Side view, competition document

HÔPITAL ZHONGSHAN, SHANGHAI (CHINE)
ZHONGSHAN HOSPITAL, SHANGHAI (CHINA)
2001-2006

L'hôpital Zhongshan à Shanghai, projeté avec mon associé Xavier Menu, est un cas particulier. L'exiguïté du site, bordé de voiries, nous impose une organisation verticale et nous décidons d'incorporer la rue existante qui devient ainsi partie intégrante du vaste hall d'accueil. Le socle accueille les consultations. Les deux tours d'hospitalisation, revêtues de pierres et de verre agrafé, s'élèvent sur plus de vingt étages et se déploient en éventail au-dessus d'un monumental hall d'accueil recouvert d'une verrière qui le traverse de part en part. Malgré la forte densité générée par les contraintes de l'environnement urbain nous réussissons à faire pénétrer la lumière naturelle au sein de l'important plateau médico-technique.

Planned with my partner, Xavier Menu, the Zhongshan Hospital in Shanghai is a special case. Small and surrounded by roads, the site requires a vertical design, in which we also decide to incorporate the existing street. This street becomes an integral part of the vast entrance hall. Its base is used for consultations. Covered in stone and glass panels, the two hospital towers rise more than twenty stories and fan out over an immense reception hall covered entirely by a glass roof. Despite the hospital's high density (due to the urban site's constraints), we are able to ensure that natural light enters the crucial medico-technical facility.

p. 130
La grande façade vitrée du hall d'accueil
The large glass façade of the reception hall

La tour et un angle du hall d'accueil
The tower and a corner of the reception hall

p. 131
Détail des brise-soleil
Detail of the brise-soleil

p. 132
Le socle des consultations et la tour d'hospitalisation
The socle of the consultation services and the hospital tower

Une vue depuis la rue piétonne
A view from the pedestrian street

p. 133
Le hall d'accès et l'angle des tours
The access hall and the corner of the towers

Détail de structure de la paroi vitrée du hall
Structural detail of the glass wall of the hall

p. 134
Les loggias de la façade intérieure des tours
The loggias of the inner façade of the towers

p. 135
Vue de l'hôpital dans l'environnement urbain
View of the hospital in its urban surroundings

STADES
STADIUMS

« La métamorphose des stades »

J'emprunte ce titre à l'article que j'ai écrit dans le n° 83 de *La Lettre de l'Académie des Beaux-Arts*, qui avait pour thème l'art et le sport.

Ce texte est autant une réflexion sur mes propres réalisations que sur certaines enceintes sportives construites depuis 1997 par des architectes français et étrangers.

Je le cite : « Longtemps érigés à la périphérie des villes, ces monuments du sport sont aujourd'hui conçus comme des catalyseurs d'urbanité [...] un stade c'est d'abord une arène dont la géométrie est déterminée par des contraintes de visibilité, d'accès et de sécurité [...] mais c'est dans l'enveloppe qui les recouvre que s'exprime d'une manière spectaculaire l'innovation architecturale et l'invention formelle des nouveaux stades ».

"The metamorphosis of stadiums"

I am borrowing this title from the article I wrote for the 83rd issue of *La Lettre de l'Académie des Beaux-Arts* (The Letter from the Fine Arts Academy) whose themes were art and sports.

This text is as much of a reflection on my own achievements as of various sports venues built by French and foreign architects since 1997.

Here I quote: "Historically erected on the outskirts of cities, these sports monuments are today conceived as catalysts of urbanity [...] a stadium is, first and foremost, an arena whose geometry is determined by constraints in visibility, access, and security [...] but it is in the casing that wraps them, where new stadiums' architectural and precise innovations are expressed in spectacular ways."

Vue nocturne du stade Vélodrome de Marseille
Night view of the Vélodrome Stadium of Marseille

STADE DE FRANCE, SAINT-DENIS
STADIUM OF FRANCE, SAINT-DENIS
1994-1998

En janvier 1994, le consortium formé de Bouygues, Dumez et Campenon Bernard nous invite à participer au concours du futur stade qui doit accueillir la Coupe du Monde en juillet 1998. Nous constituons, avec mon associé Michel Macary, l'équipe dont nous serons les mandataires et qui s'étoffera de la venue de Michel Regembal et Claude Costantini.

De nombreux articles ont été écrits sur le Stade de France. Je me bornerai, dans ce chapitre, à rappeler quelques étapes des études qui nous ont conduits au projet réalisé en me réservant de développer plus avant les réflexions d'ordre intellectuel et esthétique qui ont déterminé, dans ce qu'elle a de plus remarquable, l'architecture du Stade de France.

Le concours s'est déroulé, dans un premier temps, dans notre agence SCAU, avec un petit nombre de collaborateurs qui augmentera lorsque nous serons retenus pour la seconde phase. Très vite nous nous entourons de spécialistes pour répondre aux contraintes de ce type de programme que nous n'avons pas encore eu à traiter et dont nous découvrons les spécificités.

Parmi celles-ci, les questions de visibilité, variables suivant la nature des spectacles. Elles déterminent la pente des gradins et la disposition précise des sièges des 80.000 spectateurs. Nous développons un logiciel pour vérifier à tout instant le nombre exact de sièges, leur écartement et la configuration des gradins dont la disposition détermine la volumétrie interne de l'enceinte sportive.

De même sont déterminantes les règles de sécurité qui imposent de canaliser les flux de spectateurs afin de faciliter leur contrôle et d'éviter leur trop grande concentration en début et fin de match. Ce sont ces règles qui déterminent la dimension du parvis, le nombre des accès depuis les voies publiques, les parcours jusqu'à l'intérieur du stade et la division en secteurs des diverses tribunes. Par la suite, les dispositions générales que nous avons adoptées en phase d'esquisse seront précisées dans leurs aspects fonctionnels et architecturaux avec des représentants du Ministère de l'Intérieur.

Trois dispositifs distincts, clairement identifiables, donnent accès aux 80.000 places ou aux 100.000 lorsque la pelouse est utilisée à l'occasion de concerts.

Dix-huit larges passerelles desservent la couronne intermédiaire de 30.000 places. On accède à la couronne basse, la plus proche de l'aire de jeux, depuis le parvis qui se prolonge en faible pente jusqu'à une plateforme qui distribue les 25.000 places. Les sièges sont fixés sur des gradins mobiles qui recouvrent partiellement les pistes d'athlétisme lors des matchs de football ou de rugby.

Dix-huit escaliers monumentaux en forme de proues de navires des-

In January 1994, the consortium, formed by Bouyghe, Dumz, Campenon Bernard, invited us to participate in a design competition for the future stadium that will host the World Cup in July 1998. My partner, Michel Macary, and I are the representatives of our team, which will grow with the arrival of Michel Regembal and Claude Costantini.

Many articles have been written about the Stade de France. In this chapter, I will only mention some of the project's stages that led to its realization. I reserve the right to further develop the intellectual and aesthetic reflections that determined the remarkable architecture of the Stade de France.

Preparation for the competition initially took place at our SCAU firm, with a small number of employees that will increase when we are selected for the second round. We very quickly surround ourselves with specialists to advise us. There are many specific requirements for this type of project, which we had never encountered and were just discovering.

Among these specifics, is the notion of visibility, which varies according to the nature of the spectacle. This determines the slope of the bleachers and the exact layout of seats for the 80,000 spectators. We develop a software to check the exact number of seats, their spacing, and the stands' configuration. The layout of the stands determines the internal volumetry of the sports enclosure.

Similarly, there are definitive safety rules to control the crowds and to avoid an excessive concentration of people at the beginning and end of the matches. These rules determine: the size of the parvis, the number of access points from public roads, the paths leading inside the stadium, and the division of the various stands into sectors. Established in the drafting phase, the practical and architectural aspects of the general layout will subsequently be specified with the Ministry of the Interior.

Three distinct, clearly identifiable plans give access to 80,000 seats, or 100,000 when the lawn is used for concerts.

The middle tier, with 30,000 seats, can be reached by eighteen, wide walkways. Closest to the playground, the lower tier is accessible from the parvis, which extends down a slight slope to a platform, which can seat 25,000 people. The seats are attached to stands that can be moved to partially cover the running track during football or rugby matches.

Eighteen massive staircases, in the shape of a ship's prow, serve the large ambulatory that surrounds the upper part of the stadium and distributes the 25,000 seats in the upper tier.

From the very first sporting events, we will see that the evacuation of spectators will be quicker than the time allotted by security personnel. Some players will tell us how surprised they are to see that the stadium has emptied before they have even reached their changing rooms.

We want the stadium to be perceived, not as a walled enclosure, but as a quality public facility that is open to the city. To accomplish this, we pay close attention to the architecture of the control pavilions and the design of the gate surrounding the parvis.

We determine the number of parking spaces from an urban and financial standpoint. The objective is to limit the number of spaces in order to encourage the use of public transport that is destined for the stadium. 6,000 parking spaces will be provided under the parvis.

After winning the design competition, we set up with engineers and businesses on the site of the future stadium. Our team of architects now includes several dozen associates. In direct contact with other contributors, the team will draw thousands of different plans to accommodate whatever issues the engineers and business may encounter. Among these many collaborators, I would like to mention Tom Sheehan, Chantal Pinel, and René Provost, who were key players in the various phases of the design and construction of the Stade de France.

Here is where I will stop with my description about the various technical and functional aspects. However, I would like to mention one word regarding the mobile stands. Several hypotheses were considered to cover the running tracks for football and rugby matches. One was to create a temporary platform at the level of the second tier of seats, limiting the number of spectators at athletic matches to 65,000. This risked the official recognition of the tracks.

We arrived at the solution of mobile stands during a subsequent phase. The very simple system we adopted allows the running tracks to be covered in a few days for football and rugby matches. Then, they can easily be revealed, if necessary. This effective solution is still "one of a kind" in Europe.

I would like to mention one last word regarding the concept of an urban stadium, open to the future neighborhood. For security reasons, we were unable to leave the stadium grounds permanently open to the neighboring residents. Yet, the stadium is clearly part of the urban layout that we had designed. Quickly built on the East façade, the housing, offices, and facilities are coherent with the mass of the

servent le grand déambulatoire qui ceinture, en partie haute, le stade et distribue les 25.000 places de la couronne supérieure.

Nous constaterons, dès les premiers évènements sportifs, que l'évacuation des spectateurs s'effectuera en des temps plus courts que ceux qui avaient été fixés par les responsables de la sécurité. Certains joueurs nous diront leur étonnement de constater que le stade s'est vidé alors qu'ils n'ont pas encore rejoint leurs vestiaires.

Nous attachons une attention particulière à l'architecture des pavillons de contrôle comme au dessin de la grille qui ceinture le parvis afin que le stade ne soit pas perçu comme une enceinte repliée sur elle-même mais, au contraire, qu'il réponde à cette volonté de réaliser un équipement public de qualité ouvert sur la ville.

La question du nombre de places de parking a été débattue au plan urbanistique et financier. L'objectif étant d'en limiter le nombre en favorisant l'utilisation des transports en commun prévus pour la desserte du stade ; 6.000 places de stationnement seront réalisées sous le parvis.

Après avoir remporté le concours, nous nous installons avec les ingénieurs et les entreprises sur le site du futur stade. Notre équipe d'architectes rassemble maintenant plusieurs dizaines de collaborateurs. Ils vont dessiner, en liaison directe avec les autres intervenants, les milliers de croquis, plans de toutes natures pour répondre à l'instant aux demandes des ingénieurs et des entreprises. Parmi ces nombreux collaborateurs, je citerai Tom Sheehan, Chantal Pinel et René Provost, qui furent des acteurs éminents aux différentes phases de la conception et de la réalisation du Stade de France.

Je ne décrirai pas davantage les divers aspects techniques et fonctionnels. Un mot cependant pour les gradins mobiles. Plusieurs hypothèses ont été envisagées pour recouvrir les pistes d'athlétisme lors des matchs de football et rugby. L'une d'entre elles consistait à créer une plateforme provisoire au niveau de la seconde couronne de gradins limitant à 65.000 le nombre de spectateurs lors des rencontres d'athlétisme. Elle posait le problème de l'homologation des pistes.

La solution de gradins mobiles est apparue dans un second temps. Le dispositif adopté, très simple, permet de recouvrir en quelques jours les pistes d'athlétisme lors des matches de football et rugby. Puis de les découvrir si nécessaire. Cette disposition efficace reste encore aujourd'hui « une première » en Europe.

Un mot enfin sur le concept de stade urbain, ouvert sur le futur quartier. Pour des raisons de sécurité nous n'avons pas pu maintenir l'ambition d'ouvrir, en permanence, le parvis aux habitants voisins. Mais le stade s'inscrit avec évidence dans le schéma urbain que nous avions conçu. Les logements, bureaux et équipements, qui se sont très vite développés sur sa façade est, s'articulent bien avec la masse du stade et le parvis qui l'entoure. Le Stade de France est devenu ainsi une « adresse » qui attire habitants et investisseurs.

Les vingt années écoulées ont montré que les réponses techniques et fonctionnelles que nous avions imaginées ont répondu parfaitement aux divers objectifs fixés par le programme.

Je veux maintenant développer l'aspect majeur de notre démarche architecturale, celle que j'évoque dans mon article la « Métamorphose des stades », celle qui a inspiré nos réflexions et décidé de nos choix fondamentaux et déterminé l'architecture du Stade de France, dans ce qu'elle a de plus remarquable.

Très vite, dès nos premières réflexions, nous percevons, qu'au-delà des aspects fonctionnels, le dessin, l'aspect, la structure de l'enveloppe qui protégera des intempéries plusieurs milliers de spectateurs formeront la véritable signature architecturale du futur stade.

Je n'ignore pas l'importance et les contraintes techniques et fonctionnelles auxquelles il faut répondre. J'en ai parlé plus avant. Ces aspects seront abordés et traités par les spécialistes dont nous nous sommes entourés. Mais je suis persuadé que c'est dans l'envolée de sa couverture que s'exprimera la dimension symbolique et monumentale du futur stade qui déterminera la place éminente qu'il doit prendre dans le site en devenir.

J'examine avec mes associés plusieurs hypothèses. Très vite nous retenons l'idée d'une couverture dégagée des gradins, qui ouvre des vues sur la ville proche, la basilique Saint-Denis voisine et la périphérie parisienne. Frédéric Edelmann et Emmanuel Roux parleront, dans un article du *Monde*, de cette vision dont pourront bénéficier les spectateurs « observant au loin la ville, astucieusement cadrée par l'auréole suspendue et la dernière vague des sièges ». Nous décidons, pour exprimer l'ouverture du stade à l'espace qui l'entoure, que la couverture débordera largement sur le parvis pour protéger les spectateurs des intempéries avant qu'ils rejoignent leur place à l'intérieur du stade. Celle-ci, par son ampleur et sa silhouette, participe à la monumentalité d'un équipement majeur dans un quartier en train de naître.

J'ai la certitude que cette couverture « aérienne » suscitera l'étonnement en suggérant qu'elle est en « état de lévitation », en contraste avec le volume clos et compact des gradins. C'est de ces réflexions que naît le concept de disque, d'« auréole », diront certains.

Lorsque nous présenterons, au moment du choix final, la maquette au Premier Ministre Édouard Balladur, j'insisterai sur l'aspect original et spectaculaire de ce disque, grand comme la place de la Concorde. Nous évoquerons l'attraction qu'il exercera sur les automobilistes qui le percevront depuis l'autoroute, je soulignerai la valeur symbolique qu'il prendra à l'entrée de la capitale. Platini, avec qui je présenterai souvent le projet aux journalistes et avec qui j'aurai le plaisir d'échanger quelques mots en italien, me dira combien il avait été séduit, au-delà d'autres considérations, par la force et l'originalité de cette couverture, véritable signature architecturale du Stade de France.

La mise au point technique de cette couverture s'est faite au cours de nombreux essais en soufflerie que nous avons suivis aux côtés de nos ingénieurs. En effet, c'est lors de ces essais que se déterminaient la consti-

stadium and its surrounding parvis. Thus, the Stade de France has become an "address" that attracts residents and investors.

In the past twenty years, our technical and functional designs have proved to perfectly fulfill the program's various, defined objectives.

I now want to discuss the major aspect in our architectural approach, which I refer to in my article, "The metamorphosis of stadiums." This approach inspired our ideas, decided our fundamental choices, and determined the most remarkable aspects of the Stade de France's architecture.

I am aware of the importance of the technical and functional constraints to which we must respond. I mentioned it previously. The specialists, with whom we surrounded ourselves, will address these aspects. However, I am convinced that the future stadium's symbolic and monumental dimensions will be revealed in the curve of its roof, which will determine its prominent place in the future site.

With my associates, we examine several hypotheses. We very quickly retain the idea of a roof without bleachers to allow views of the nearby city, as well as the neighboring Saint-Denis Basilica, and the Parisian periphery. In an article for *Le Monde*, Frédéric Edelmann and Emmanuel Roux will talk about this vision that will benefit spectators, "observing the city in the distance, cleverly framed by the suspended halo and the last wave of seats." To highlight the opening of the stadium to its surrounding space, we decide to greatly extend the roof over the parvis to protect spectators from the weather before entering the stadium. Due to its size and silhouette, the roof adds to the impressiveness of a major facility in a developing neighborhood.

I am certain that this "aerial" roof will elicit surprise, and suggestions that it is in a "state of levitation," in contrast to the enclosed and dense volume of the bleachers. The concept of a disc or a halo, as some will say, arises from these thoughts.

At the time of the final choice, when we present the design to Prime Minister Edouard Balladur, I will emphasize the unique and spectacular appearance of the disc, as big as Place de la Concorde. We will highlight the appeal it will have on motorists who will be able to see it from the highway. I will underline the symbolic value it will acquire at the entrance to the Capital. I will frequently present the project to journalists with Platini, with whom I have the pleasure of exchanging a few words in Italian. He will tell me how captivated he was (beyond other considerations) by the strength and originality of the roof, the Stade de France's true architectural signature.

The roof's technical development was devised during numerous wind tunnel tests that we followed alongside the engineers. Indeed, the roof's formation and dimensions were determined during these tests. I would like to point out that the sections of the disc's outer and inner edges, which give lightness and elegance to its silhouette, were to within a few centimeters of the model's dimensions in our first sketches.

When looking up, some spectators may notice the particular arrangement of the tapered posts above the roof. Indeed, these long steel needles extend, without touching, through large circular glass shafts. Thus, spectators can observe the whole length of the posts that rise from the parvis to the cords that support the massive disc of sixty thousand square meters.

This unique layout accentuates the effect of lightness. Thus, the roof seems to float, like a massive luminous disc above the building it covers.

France won the World Cup in 1998 in the stadium we designed, which will conclude four years of fever and dreams. During a trip to Brazil the following year, I will be interviewed by a young journalist in Maracaña's big stadium. I will tell her, when designing the Stade de France, how much we thought about this mythical stadium, about its legend and the achievements of the best sports teams in the world.

tution et les dimensions de la couverture. Je me plais à préciser que les sections des rives extérieures et intérieures du disque, celles qui confèrent à sa silhouette légèreté et élégance, étaient à quelques centimètres près celles que nous avions dessinées dans les premières esquisses.

Certains spectateurs ont pu remarquer, en levant la tête, la disposition particulière des poteaux effilés surplombant la couverture. En effet ces longues aiguilles d'acier se prolongent, sans contact apparent avec celle-ci, au travers de larges trémies circulaires vitrées. Ils peuvent ainsi percevoir les poteaux qui s'élancent de toute leur hauteur du parvis jusqu'aux tirants qui supportent le disque monumental de soixante mille mètres carrés.

Cette disposition, originale, accentue l'effet de légèreté recherché. La couverture semble alors flotter, tel un disque immense et lumineux, au-dessus de l'édifice qu'elle protège.

La victoire de la France à la finale de la Coupe du Monde de 1998, dans ce stade que nous avions conçu, viendra conclure quatre années de fièvre et de rêves. Lors d'un voyage au Brésil, l'année suivante, je serai interviewé par une jeune journaliste dans le grand stade de Maracaña ; je lui dirai combien nous pensions à ce stade mythique, à sa légende, aux exploits des meilleures équipes du monde, lorsque nous dessinions le Stade de France.

142

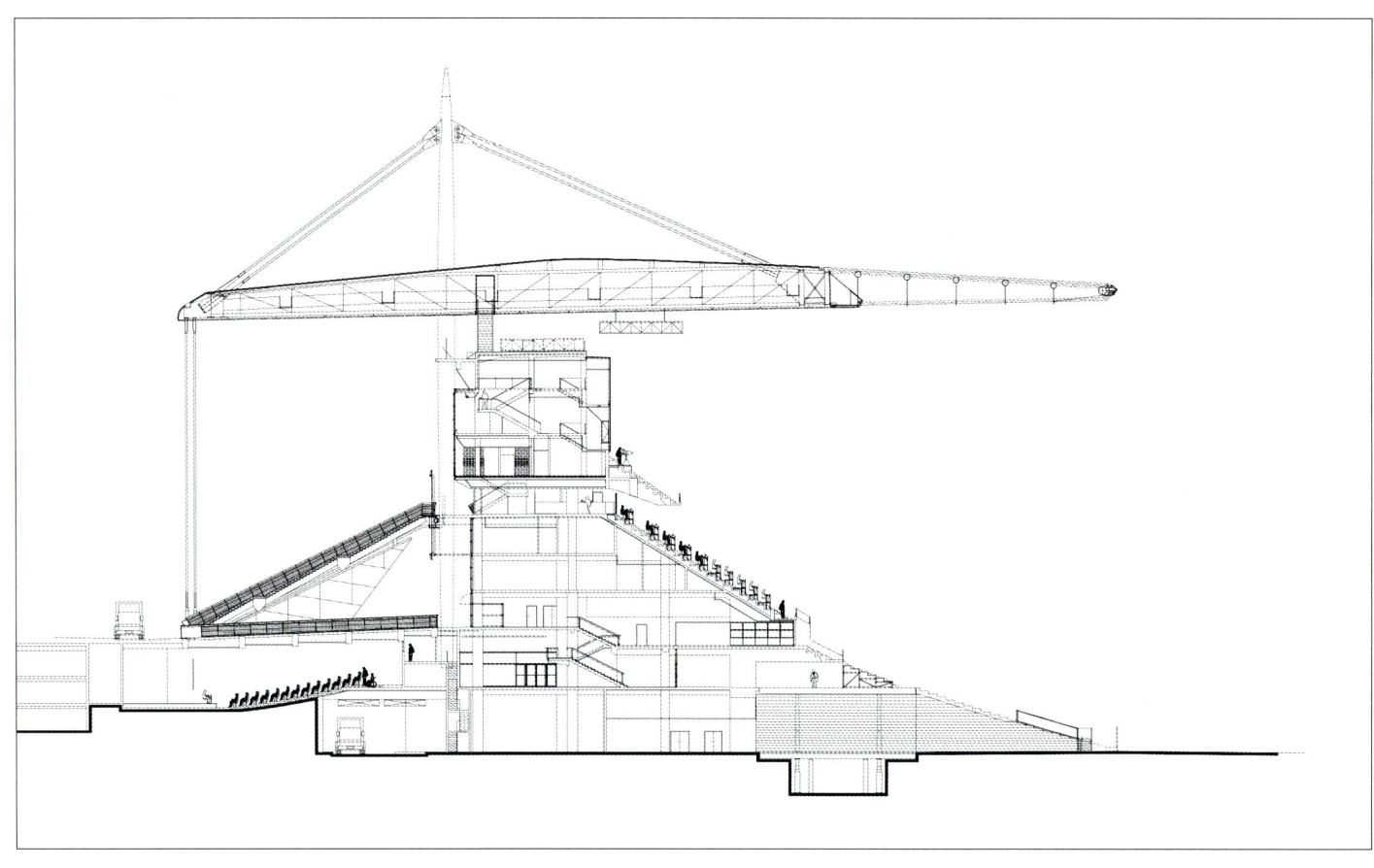

p. 142
Cinq croquis d'études
Five sketch plans

p. 143
Document de concours. Plan masse
Site plan, competition document

Document de concours.
Perspective générale
General perspective,
competition document

p. 144
Coupe sur les tribunes ouest
Cross-section of the western stands

La pose du premier élément de couverture
The installation of the first roofing element

p. 145
La Grande Grue qui a permis la pose
des éléments de couverture, 1997
The big crane that enabled
installation of the roof, 1997

p. 146
Vue sur les trois systèmes d'accès aux
trois niveaux de tribunes
View of the three access systems
to the three grandstand levels

La résille métallique qui enveloppe
la face extérieure des gradins
The metal mesh that covers the outside
of the bleachers

p. 147
Emmarchements vers la pelouse,
un escalier monumental, la couverture
Steps to the field, an enormous
staircase, the roof

p. 148
Un escalier monumental et des tirants
de couverture
Enormous staircase and posts of the roof

Document de concours. Maquette
Model, competition document

p. 149
Vue générale depuis le sud
General view from the south

p. 150
Le stade de France inscrit dans la ville
The Stadium of France in the city

p. 151
La couverture surplombe le parvis
et les escaliers monumentaux
Roof overhanging onto the parvis
and the enormous staircase

STADE OLYMPIQUE ATATÜRK, ISTANBUL (TURQUIE)
ATATÜRK OLYMPIC STADIUM, ISTANBUL (TURKEY)
1998-2003

STADE DE SUWON, COUPE DU MONDE 2002 JAPON - CORÉE DU SUD
SUWON STADIUM, WORLD CUP 2002 JAPAN - SOUTH KOREA
1995-2001

Nous développons à nouveau le concept de stade ouvert lors des concours internationaux pour le stade olympique Atatürk (83.000 spectateurs) d'Istanbul et celui des Blue Wings à Suwon, Corée du Sud (44.000 spectateurs).

Par leur ampleur et leur dessin, les couvertures de ces deux stades témoignent de la volonté de dépasser la fonction de simple protection des spectateurs pour s'étendre sur un espace plus vaste et exprimer ainsi une dimension symbolique d'accueil qui convient à ces grands équipements publics.

La réalisation du nouveau stade Atatürk répond à la volonté du gouvernement turc d'accueillir les Jeux Olympiques de 2012. Il s'inscrit dans un plan d'urbanisme prévoyant la réalisation d'un vaste complexe d'équipements sportifs. À ce jour, seul le stade a été réalisé. Le vaste croissant qui couvre les gradins ouest s'appuie sur deux immenses colonnes hautes distantes de 200 mètres. Elle évoque par son envolée un pont lancé entre l'Europe et l'Asie. En son centre, la rive de l'immense couverture présente une hauteur équivalente à celle d'un immeuble de quatre étages et s'affine dans ses franges nord et sud à quelques mètres d'épaisseur. À l'est, la couverture, de moindre dimension, ne recouvre qu'une partie des gradins, en suivant la courbe sinueuse qu'ils décrivent en leur sommet.

Je remporte en 1995 le concours pour la réalisation d'un stade à Suwon, programmé et financé par Samsung, qui accueillera le match d'ouverture de la Coupe du Monde de football de 2002. Sa couverture se présente sous la forme d'une aile d'oiseau qui s'inspire du nom du club résident, Blue Wings. À l'ouest du stade, elle déborde largement de part et d'autre de l'entrée principale pour offrir aux spectateurs un vaste auvent où s'abriter avant de pénétrer dans l'enceinte sportive. Elle devient ainsi un espace d'accueil pour les nombreux équipements de loisirs intégrés au stade ou implantés à sa périphérie immédiate.

We develop the concept of an open stadium in international competitions for the Atatürk Olympic Stadium (83,000 spectators) in Istanbul and the Blue Wings Stadium in Suwon, South Korea (44,000 spectators).

Through their size and design, the roofs of these two stadiums reflect the desire to surpass the function of simply protecting spectators, to extend to a wider space. Thus, this extension will assert a symbolic dimension of hospitality, which befits these large public facilities.

Construction of the new Atatürk Stadium aligns with the Turkish government's commitment to host the 2012 Olympic Games. It is part of an urban planning program that includes the construction of a large sports complex. To date, only the stadium has been built. There is a large crescent that covers the western bleachers, which is supported by two huge, tall columns, 200 meters apart. Its curve evokes a bridge connecting Europe and Asia. From its center, the end of the massive roof is the same height as a four-story building. At the northern and southern borders, the roof thins out to just a few meters in size. Smaller in dimension, the eastern part of the roof only covers part of the bleachers. Here, it follows the winding curve of the top of the stands.

In 1995, I win the competition to design a stadium in Suwon, planned and financed by Samsung. This stadium will host the opening match of the Soccer World Cup in 2002. Inspired by the resident club's name, Blue Wings, its roof is in the form of a bird's wing. To the stadium's west, the roof extends far beyond the main entrance, offering a vast canopy where spectators can take shelter before entering the sports center. Thus, this space becomes a reception area for the many outdoor recreational facilities integrated into the stadium or located in its immediate surroundings.

STADE OLYMPIQUE ATATÜRK
ATATÜRK OLYMPIC STADIUM

p. 153
La couverture en « croissant »
des tribunes ouest
The "crescent" roof of the
western stands

p. 154
Vue générale depuis le sud
General view from the south

p. 155
Détail de l'angle sud-ouest
de la couverture en « croissant »
Detail of the south-west corner
of the "crescent" roof

p. 156
La couverture des tribunes est
The roof of the eastern stands

p. 157
Les deux colonnes monumentales
support de la couverture
The two monumental support
columns of the roof

p. 158
Détail d'ancrage d'un tirant de couverture
Anchoring detail of a roof post

p. 159
Vue générale des tribunes ouest
General view of the western stands

Vue depuis une tribune est
View from an eastern stand

La couverture de la tribune est
The roof of the eastern stand

STADE DE SUWON, COUPE DU MONDE 2002 JAPAN - CORÉE DU SUD
SUWON STADIUM, WORLD CUP 2002 JAPAN - SOUTH KOREA

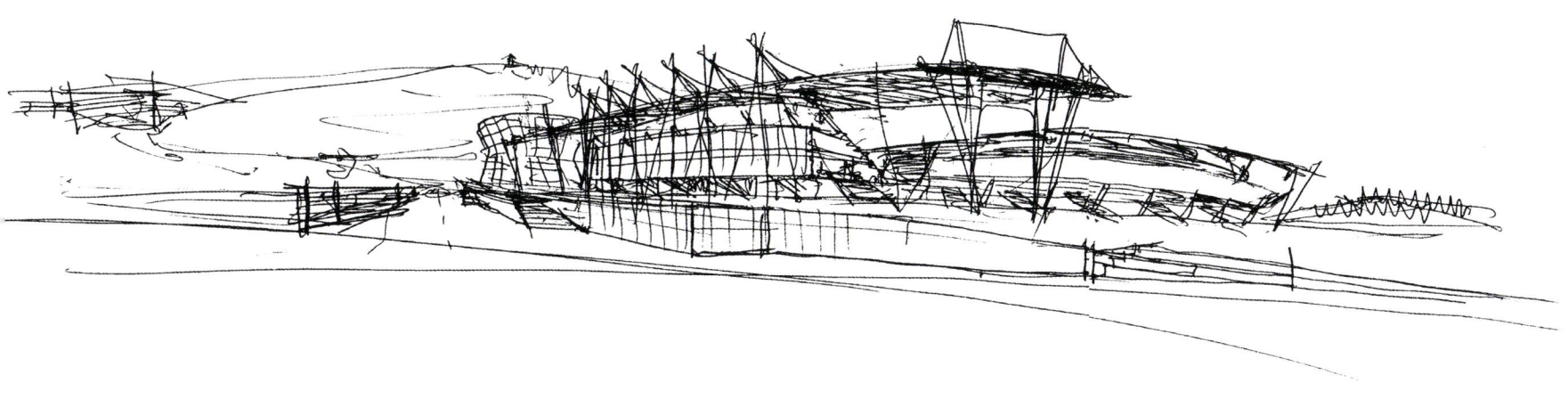

p. 160-161
Deux croquis d'étude
Two sketch plans

Vue d'ensemble
Overview

p. 162
L'aile d'oiseau et son large débord
sur le parvis d'accès
The bird's wing and its wide overhang onto
the access parvis

Le bec de l'oiseau,
vue de l'intérieur
The bird's beak seen
from the inside

p. 163
Vue générale
General view

Deux vues intérieures
Two interior views

STADE DU HAINAUT, VALENCIENNES
HAINAUT STADIUM, VALENCIENNES
2006-2011

STADE OCÉANE, LE HAVRE
OCÉANE STADIUM, LE HAVRE
2009-2012

Ces deux stades accueillent chacun 25.000 spectateurs. Sans piste d'athlétisme, dévolus aux rencontres de football et de rugby, ils sont du type stade « à l'anglaise ». Leur configuration nous conduit à une conception et à une volumétrie différente de celles des stades précédents. La couverture devient alors partie prenante de l'enceinte qui accueille les gradins et des coursives qui les desservent, elle les enveloppe dans leur totalité.

Le stade devient ainsi une bulle immense, un « chaudron » où les spectateurs sont aux plus près de la pelouse, au plus près des joueurs. L'essentiel de la réflexion architecturale porte alors sur la texture et la nature de la « peau » translucide ou opaque de l'enveloppe sur la structure porteuse que l'on découvre, dans sa totalité, en pénétrant à l'intérieur du stade, en parcourant halls, coursives et escaliers.

Une autre particularité les distingue des réalisations précédentes. Au Stade de France, au stade d'Istanbul et, dans une moindre mesure, au stade de Suwon, nous n'avions voulu, pour préserver l'unité de l'architecture, que le vert de la pelouse comme surface colorée. L'intensité d'un rouge, à Valenciennes, et d'un bleu, pour Le Havre, font vibrer l'espace intérieur, celui des gradins, des superstructures et de la couverture, par leur présence unique.

These two stadiums can each seat 25,000 spectators. They are "English" style, which means they are solely dedicated to football and rugby match and are missing a running track. Due to their layout, we are compelled to create a different design and volumetry from those of previous stadiums. Enveloping them in their entirety, the roof becomes part of the enclosure that houses the bleachers and the walkways that serve them.

Thus, the stadium becomes a giant bubble, a "cauldron," where the spectators are as close to the pitch and the players as possible. Most of the architectural design is focused on the texture and nature of the translucent or opaque envelope's "skin" of the supporting structure. This design can be viewed when one enters the stadium, or when wandering through its halls, corridors, and stairs.

There is another element that distinguishes these stadiums from the previous ones I designed. For the Stade de France, the Stadium of Istanbul, and, to a lesser extent, the Suwon Stadium, we wanted the only color to be the green of the field in order to preserve the unity of the architecture. However, for the stadium in Valenciennes, we used an intense red, and for Le Havre, we used a blue to brighten the inner space of the bleachers, superstructures and the roof.

STADE DU HAINAUT
HAINAUT STADIUM

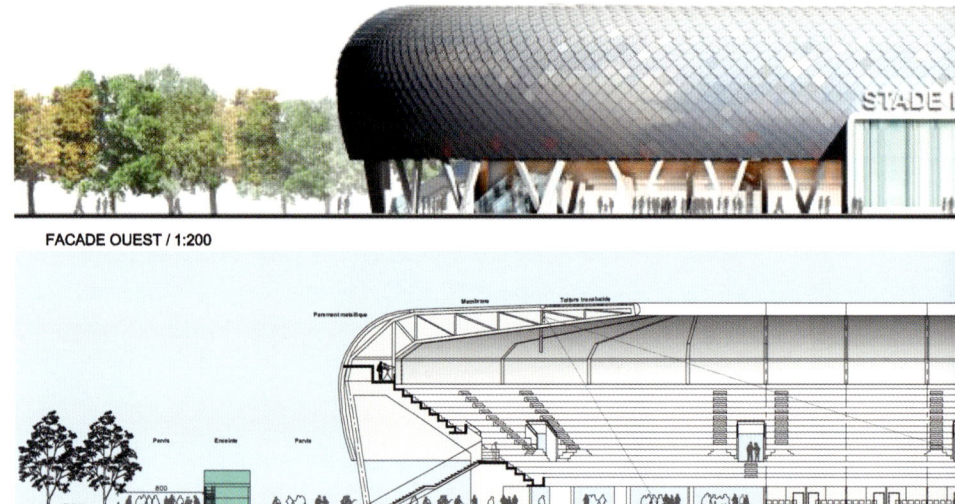

FACADE OUEST / 1:200

COUPE LONGITUDINALE / 1:200

FACADE SUD / 1:200

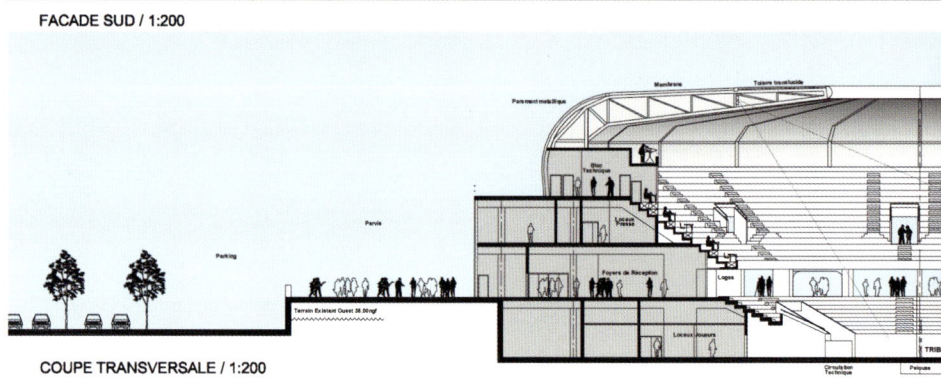

COUPE TRANSVERSALE / 1:200

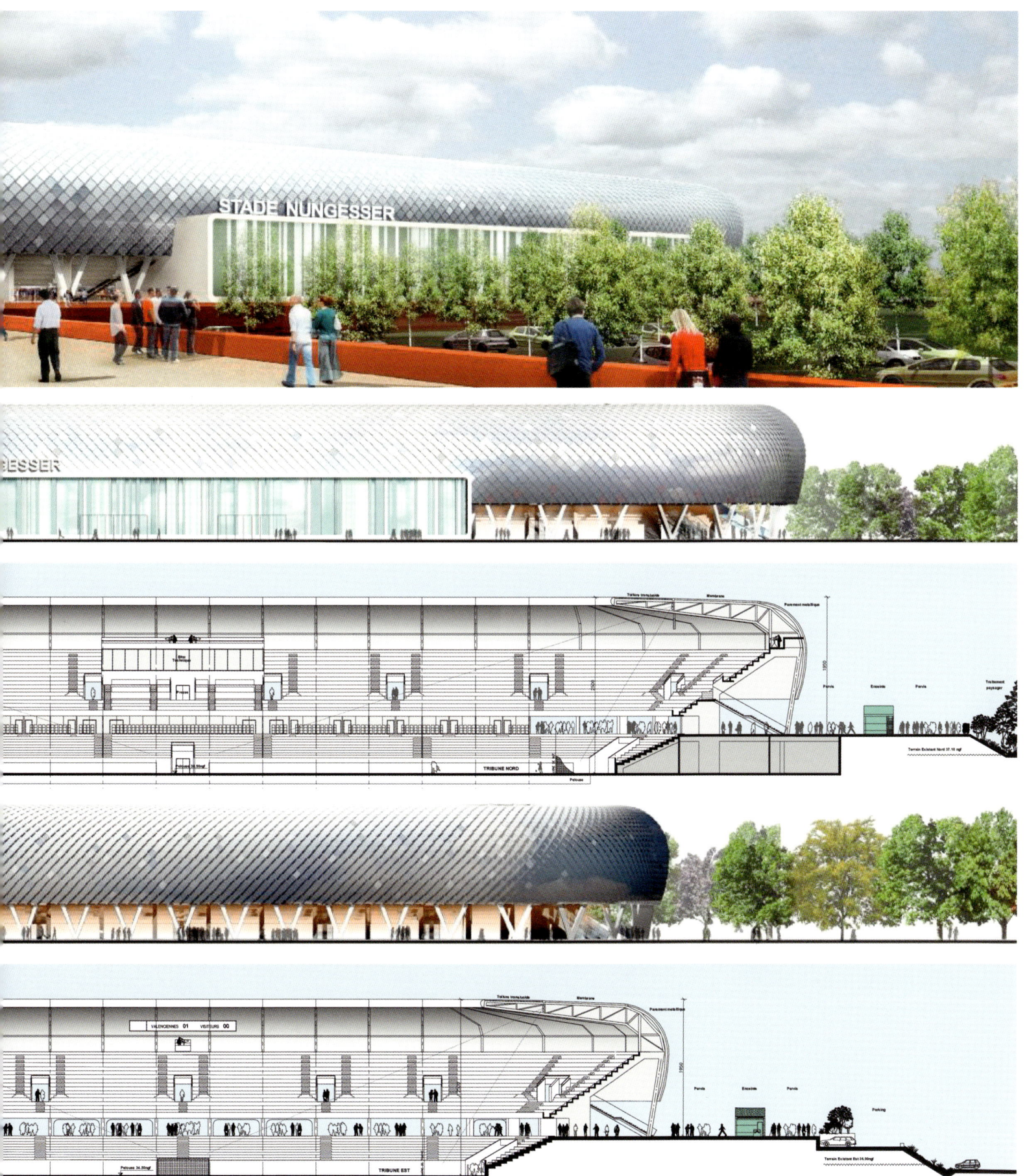

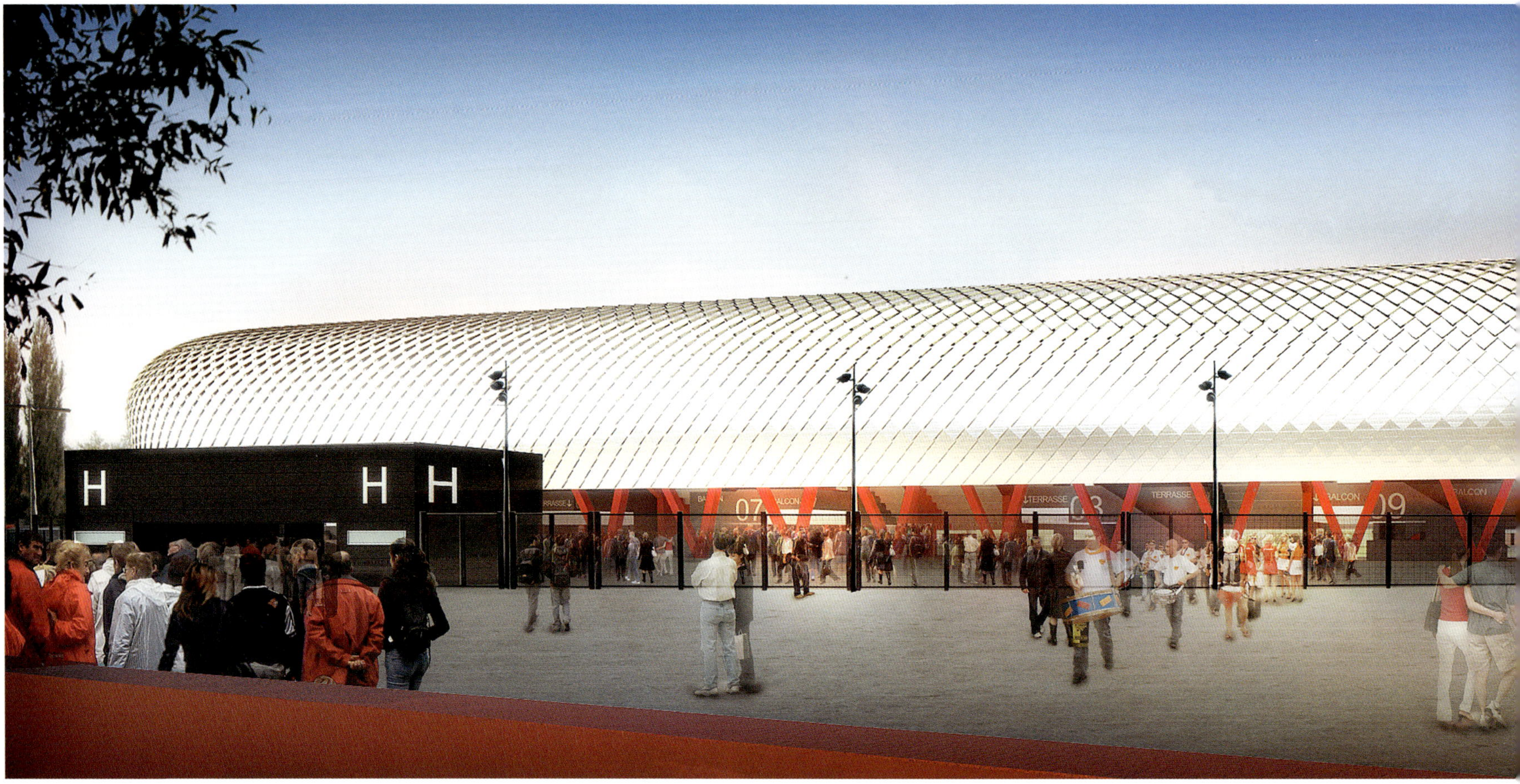
H
H
H
07
BALCON
TERRASSE
03
TERRASSE
BALCON
09
BALCON

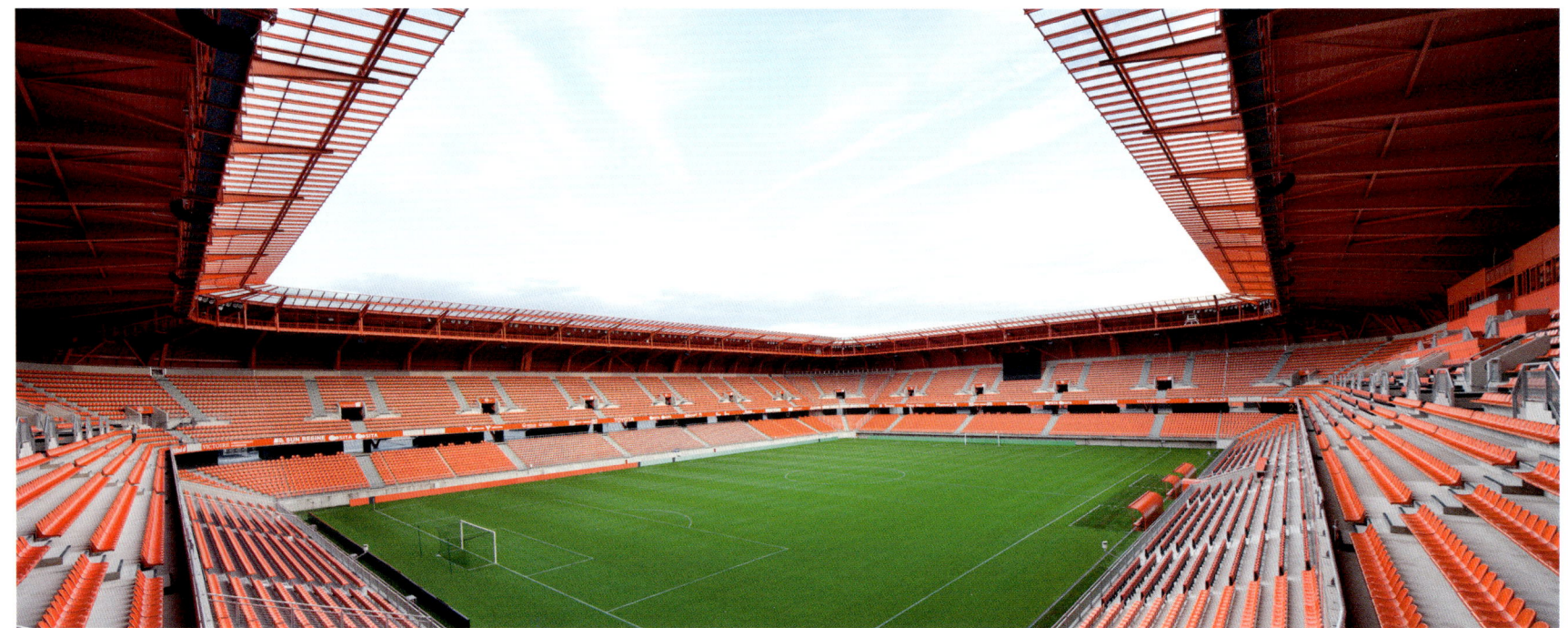

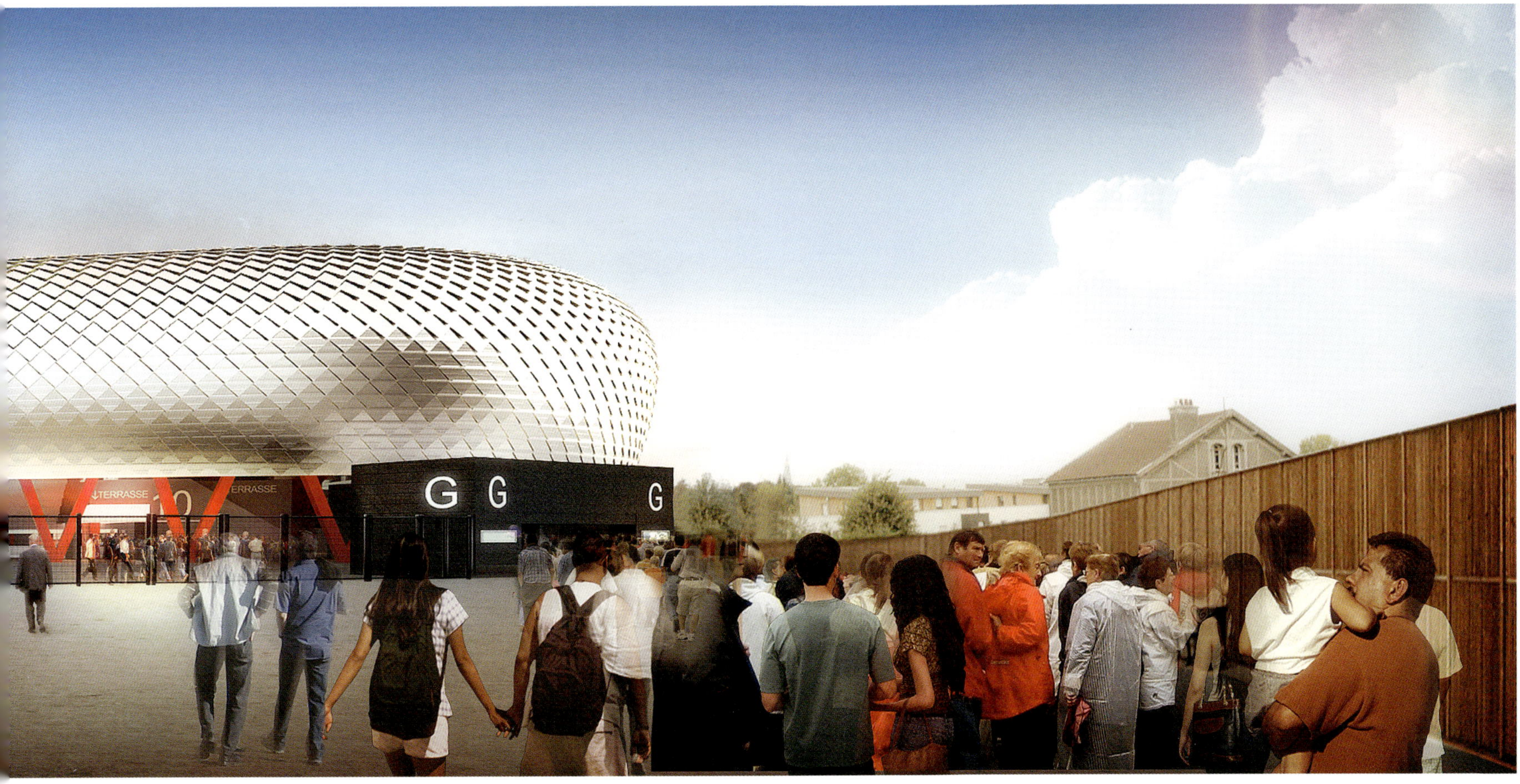
TERRASSE
TERRASSE
G G G

STADE DU HAINAUT

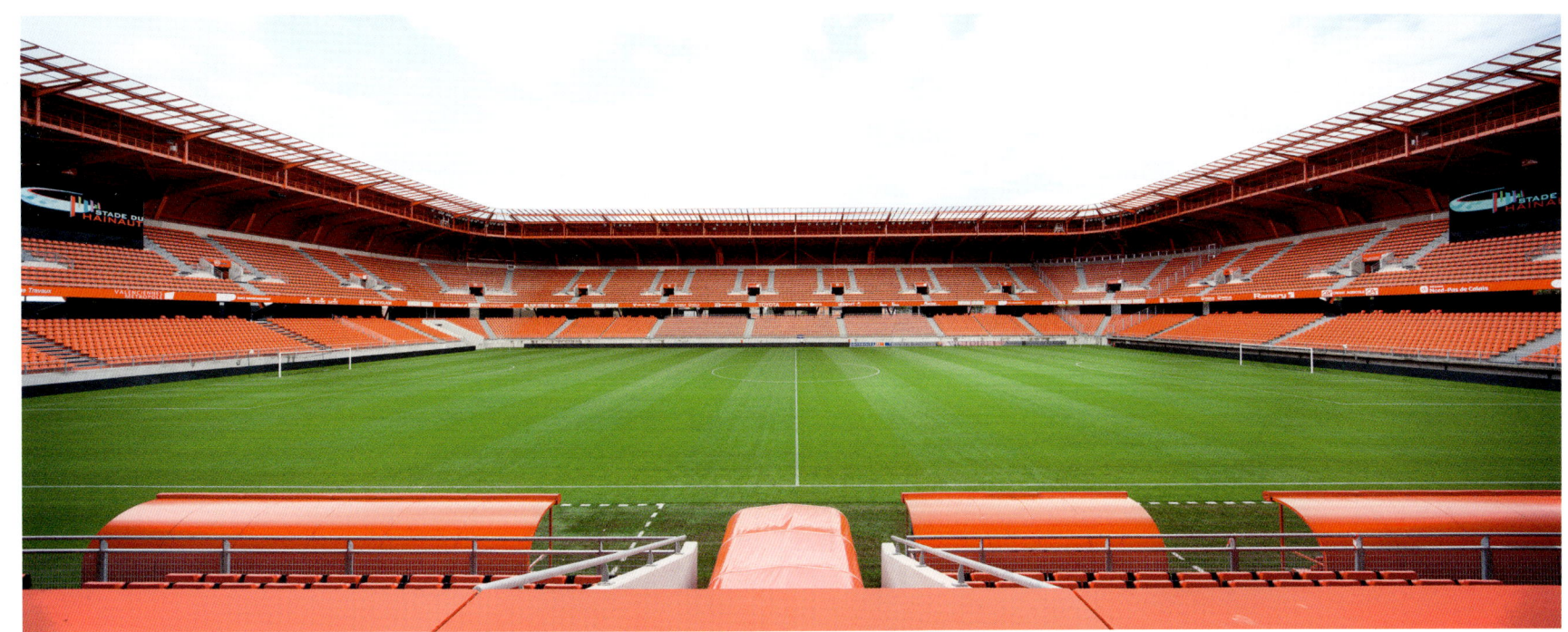

p. 164
La couverture et la « lame vitrée » des salons et des hospitalités
The roof and the "glass slide" of the lounges and welcome rooms

p. 165
Le portique périphérique
The outer portico

Le parvis vu de nuit
The parvis seen at night

p. 166-167
Divers documents de concours.
- Perspective générale
- Élévation
- Coupe longitudinale
- Coupe transversale
Various competition documents.
- General perspective
- Upward perspective
- Longitudinal section
- Cross section

p. 168-169
Document de concours. Perspective du parvis et de la façade principale
Perspective of the parvis and the main façade, competition document

Deux vues intérieures
Two interior views

p. 170
Vue sous l'un des portiques et escalier d'accès à la tribune haute
View under one of the porticoes and access stairs to the top bleachers

Portique et gradins
Portico and stands

p. 171
Le volume torique de la couverture
The toric volume of the roof

STADE OCÉANE
OCÉANE STADIUM

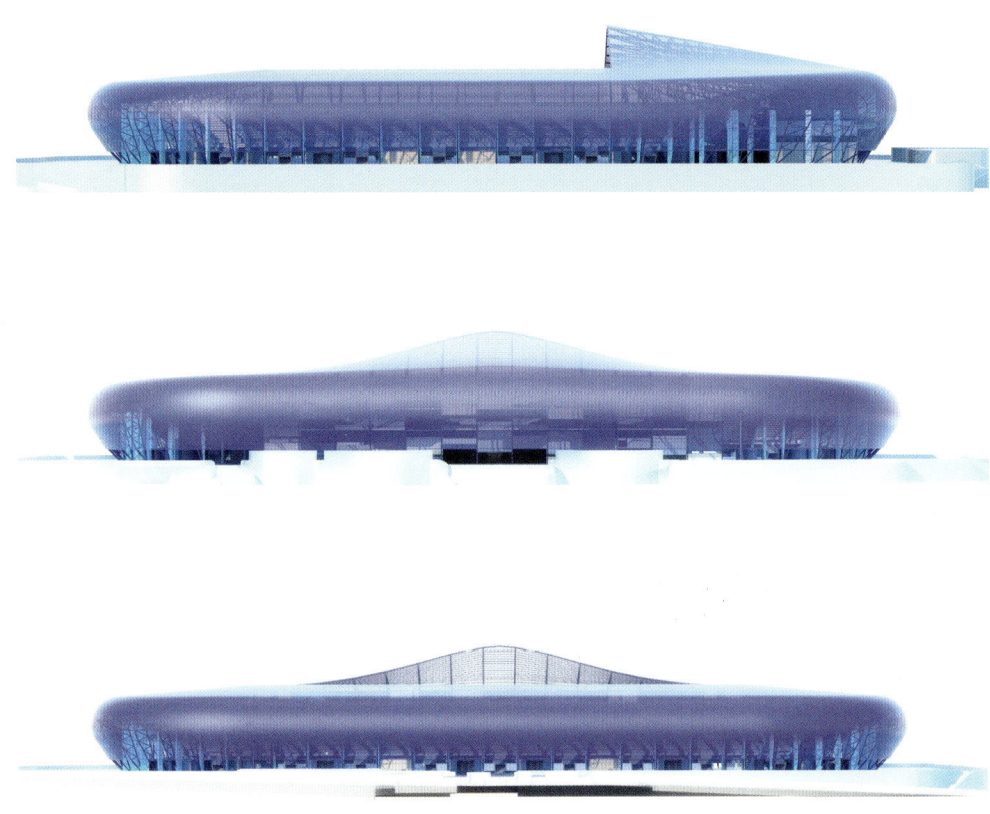
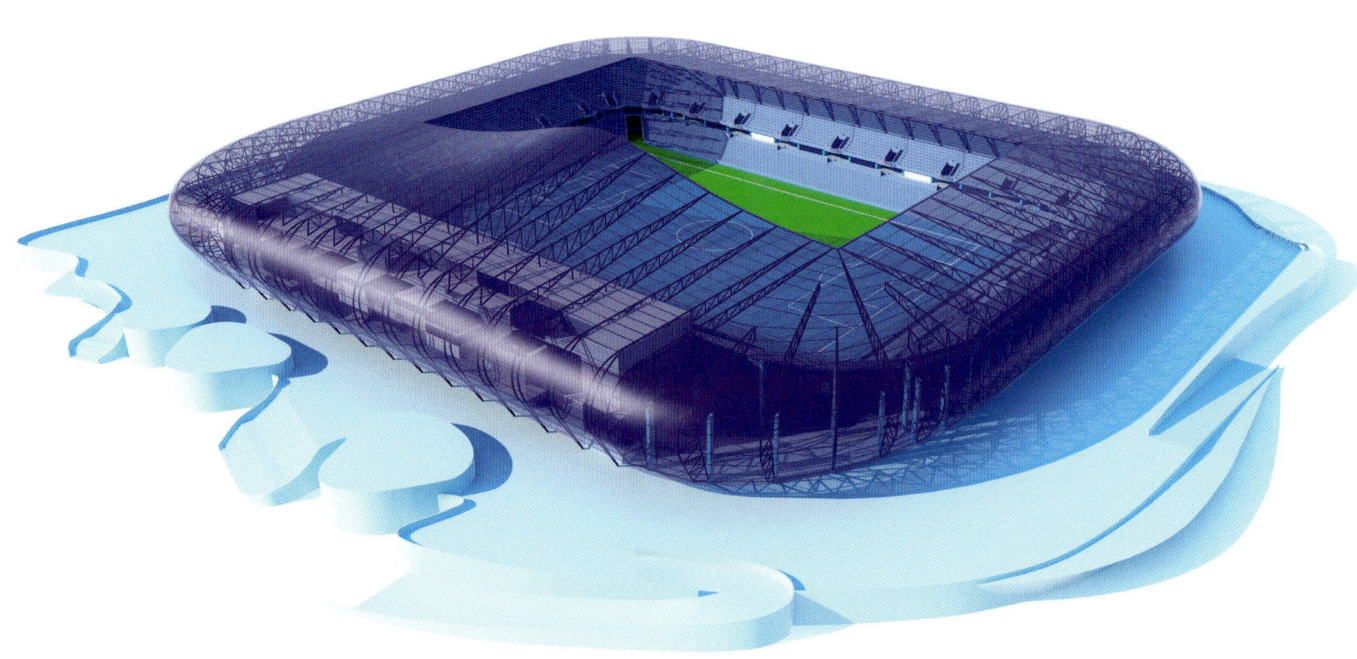

p. 172-173
Document d'étude. Perspective de nuit
Night perspective, study document

Document d'étude. Vue du parvis
et des grands emmarchements
View of the parvis and the large steps,
study document

p. 174
Documents d'étude.
Élévations et vue aérienne
Aerial and upward views, study document

p. 175
Documents d'étude. Le stade
dans son environnement
The stadium in its surroundings,
study document

p. 176
Document d'étude. Le parvis
et la couverture translucide
The parvis and the translucent roof,
study document

p. 177
Document d'étude. Le volume
de la couverture torique et le parvis
The volume of the toric roof and parvis,
study document

p. 178
Document d'étude. Vue intérieure
Interior view, study document

p. 179
Vue intérieure, un « vomitoire » d'accès aux
tribunes et une galerie d'accès à la pelouse
Interior view of an access "vomitorium"
to the bleachers and an access gallery
to the field

p. 180-181
Document d'étude. Vue de nuit
de la couverture translucide
Night view of translucent roof,
study document

STADE VÉLODROME, MARSEILLE
VÉLODROME STADIUM, MARSEILLE
2010-2014

En 2009, Bruno Botella et GFC Construction me demandent de participer au concours pour le nouveau stade Vélodrome de Marseille. Je constitue une équipe avec mes associés de la SCAU Michel Macary, Luc Delamain, Maxime Barbier et mon confrère Didier Rogeon. Le projet consiste à reconfigurer ce stade mythique, symbole de Marseille depuis 1937, en portant de 60.000 à 67.000 le nombre de places et en réalisant une couverture qui protégera des intempéries l'ensemble des spectateurs, protection dont seuls bénéficient, en l'état actuel, les spectateurs de la tribune ouest.

Dès les premiers croquis, je décide, avec mes associés, que la couverture prendra en compte, en la magnifiant, la géométrie particulière des gradins imaginée par Jean-Pierre Buffi pour la Coupe du Monde de 1998. C'est de cette réflexion, d'ordre esthétique autant que fonctionnelle, que naît le dessin de la vague immense qui couvre maintenant le stade Vélodrome. C'est ce concept que je développerai lors de la présentation du projet à Jean-Claude Gaudin, maire de Marseille.

Les dimensions exceptionnelles de la couverture, 250 m de diamètre, sa hauteur de 65 m, la puissance de sa structure métallique, la simplicité et l'élégance de son couronnement, les lumières colorées qui émanent, le soir des matchs, de son enveloppe translucide, l'envolée des emmarchements qui mènent au parvis confèrent au stade Vélodrome une présence monumentale le long du Boulevard Michelet.

Au cours d'un voyage en avion, alors que les travaux sont encore en cours, je dis à Jean-Claude Gaudin que le stade Vélodrome sera aussi beau que le Stade de France. Je rajoute, en souriant, « encore plus beau ». Il en fait aussitôt part à l'ensemble des voyageurs amusés. Il écrira plus tard : « Le nouveau stade Vélodrome éclaire Marseille comme un phare ».

L'ensemble des études, menées directement sur le chantier, se développera en contact permanent avec Éric Serrano, chargé de coordonner l'ensemble des intervenants et de tenir un planning tendu. Ce fut un chantier particulièrement difficile, parce que l'OM souhaitait que les travaux se déroulent en n'interrompant que pour des périodes très courtes le programme des rencontres sportives. Contrainte redoutable lorsque furent mis en place les éléments de l'immense charpente métallique qui supportent la couverture. Pari tenu grâce à la rigueur et au professionnalisme des entreprises.

In 2009, Bruno Botella and GFC Construction asked me to participate in the design competition for the new Vélodrome Stadium in Marseille. I form a team with my partners from SCAU Michel Macary, Luc Delamain, Maxime Barbier and my colleague Didier Rogeon. A symbol of Marseille since 1937, this mythical stadium is to be reconfigured by increasing the number of seats from 60,000 to 67,000 and by creating a roof that shields all the spectators from bad weather. The current roof only protects the western bleachers.

Along with my associates, I decide, from the very first sketches, that the roof will incorporate a magnified version of the particular geometry of the bleachers designed by Jean-Pierre Buffi for the 1998 World Cup. The massive wave design of the Vélodrome Stadium's roof is based on this inspiration, in both aesthetic and function. I further this concept when presenting the project to Jean-Claude Gaudin, Mayor of Marseille

Many elements give the Vélodrome Stadium its monumental presence along Boulevard Michelet: the exceptional dimensions of the roof (250 meters in diameter and 65 meters tall), the power of its metal structure, the simplicity and elegance of its crown, the colorful lights that emanate from its translucent envelope during evening matches, and the flight of steps leading to the parvis.

While construction is still ongoing, during a flight, I tell Jean-Claude Gaudin that the Vélodrome Stadium will be as beautiful as the Stade de France, "even more beautiful," I add with a smile. He immediately shares the news with all the amused travelers. He will later write, "The new Vélodrome Stadium illuminates Marseille like a lighthouse."

Carried out directly on site, all of the studies are executed under the watchful eye of Eric Serrano, who is in charge of coordinating the participants and keeping a tight schedule. It was a particularly difficult project because Olympique de Marseille, the city's soccer team, wanted construction to interfere as little as possible with the season's schedule. They asked for it to occur in increments of short periods. This was especially challenging during installation of the parts for the massive steel structure that support the roof. We were able to accomplish the task because of the companies' discipline and professionalism.

Vue intérieure un jour de match
Interior view on game day

p. 184
La façade nord
The north façade

La façade sud
The south façade

p. 185
Gradins et structure
de la couverture
Stands and roofing
structure

p. 186-187
La grande ondulation de la couverture
The great wave of the roof

p. 188
Le parvis nord et la grande lanterne éclairée
The northern parvis and the large floodlight
lit up

p. 189
Vue de nuit. Le stade Vélodrome, la ville,
Notre Dame de la Garde
Night view of the Vélodrome Stadium,
the city, and Notre Dame de la Garde

STADE OLYMPIQUE DE PÉKIN (CHINE)
OLYMPIC STADIUM OF BEIJING (CHINA)
2003

Je participe en 2003 au concours pour le stade des Jeux Olympiques de 2008 à Pékin avec mes confrères Michel Macary et Xavier Menu. Notre concept architectural consistait à envelopper le stade et ses annexes sous une vaste couverture qui couvrait la totalité du parvis et des abords. Celle-ci par son ampleur et son large débord au-delà de l'enceinte sportive ouvrait le stade sur la ville. Nous développions ainsi à une vaste échelle le concept initié au Stade de France.

In 2003, along with colleagues Michel Macary and Xavier Menu, I participate in the design competition for the 2008 Olympic Stadium in Beijing. Our architectural concept was to envelope the stadium and its annexes under a massive roof that covered the entire parvis and its surroundings. Through its size and the wide overhang extending past the building's wall, the canopy opened the stadium to the city. Thus, on a large scale, we were developing the proposed concept of the Stade de France.

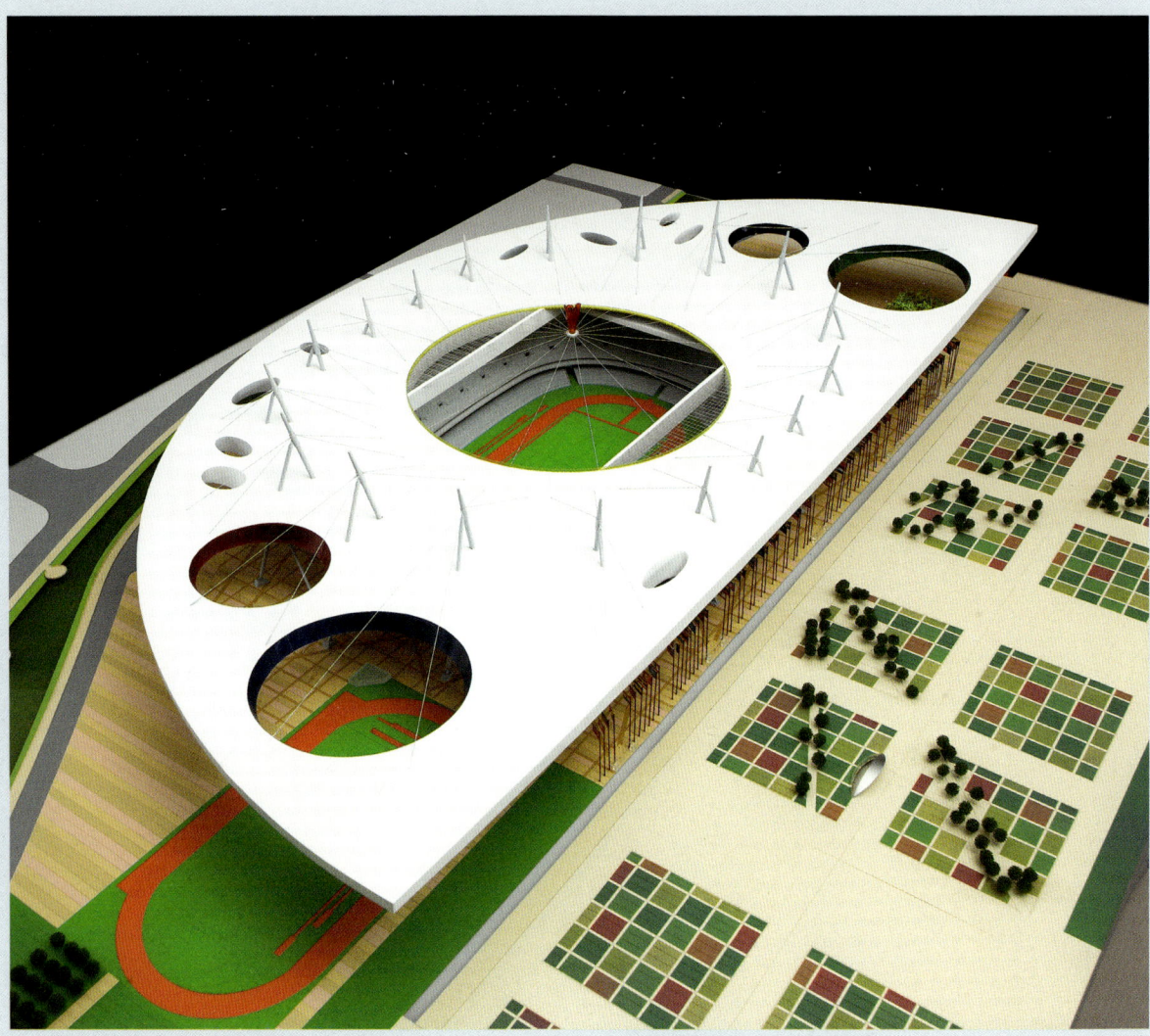

p. 190
Maquette du concours
Model from the competition

p. 191
Élévation
Elevation

La grande couverture déborde largement sur le parvis et les abords du stade
The large roof overhangs onto the parvis and the area surrounding the stadium

STADE DE BAKOU (AZERBAÏDJAN)
BAKU STADIUM (AZERBAIJAN)
2008

Ce stade de 68 000 places était prévu pour accueillir les « jeux européens » de 2015. Il devait être implanté sur un vaste espace reconquis sur un site industriel qui n'était plus en activité. Le terrain situé à moins de 7 km de la ville médiévale fortifiée bénéficiait aussi de la présence proche du lac Boyukshor.

Je souhaitais, à l'occasion de ce nouveau projet, développer le concept de « Stade vitrine » afin de mettre en valeur toutes les fonctions périphériques qui peuvent se développer sous les gradins, rendre celles-ci visibles depuis l'environnement urbain du stade et participer ainsi, hors des périodes de match, à la vie urbaine des quartiers d'alentours. J'estime en effet que les stades « chaudron » favorisent une réelle communion entre les spectateurs et les joueurs et font naître une ambiance festive dans les gradins et autour de l'arène où se déroule le spectacle, mais, refermés sur eux même, ils restent comme étrangers à la ville qui l'entoure lorsqu'aucune activité sportive où théâtrale ne s'y déroule.

Le stade actuel a été réalisé par une équipe d'architectes, ingénieurs et entreprises de la Corée du Sud.

The 68,000-seat stadium was designed to host the 2015 "European Games." It was to be located on a vast area that was previously used as an industrial site. Located less than 7 km from the fortified medieval town, the plot also benefited from its proximity to Lake Boyukshor.

For this new project, I wanted to develop the concept of a "Showcase Stadium" in order to highlight all of the accompanying functions that can be developed under the stands. They would be visible from the stadium's urban surroundings and thus would participate (during off-season) in the urban life of the encircling neighborhoods. I believe that "cauldron" stadiums encourage a real communion between spectators and players, and create a festive atmosphere in the stands and around the arena where the show takes place. However, these closed-off stadiums remain as strangers to the surrounding city when there are no sporting or theatrical activities taking place.

The present stadium was built by a team of architects, engineers, and companies from South Korea.

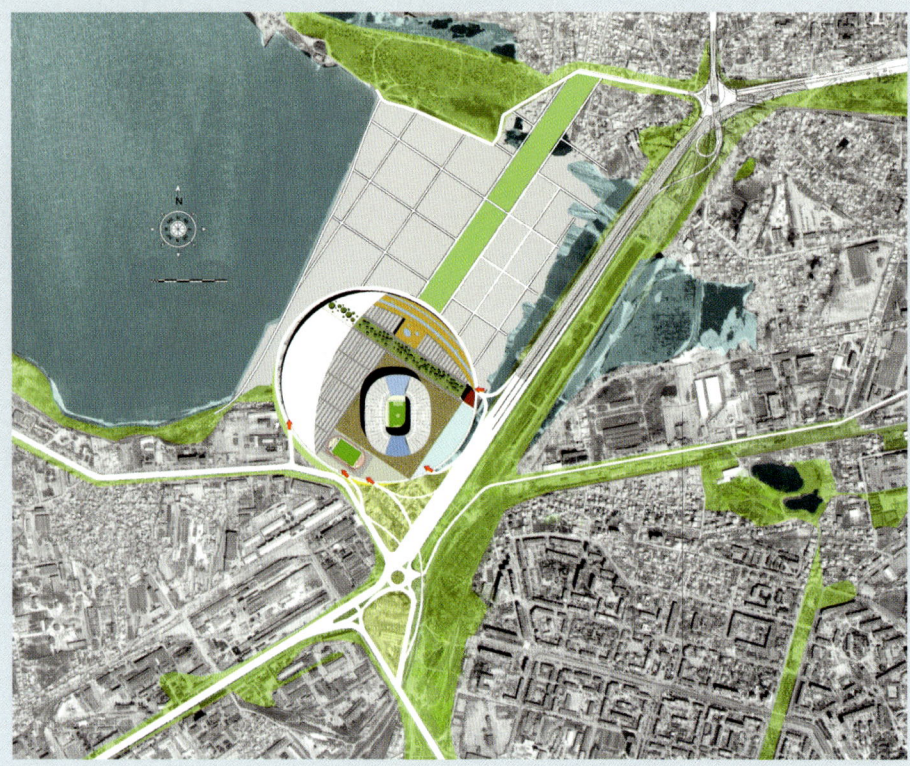

p. 192
Document d'étude. Le stade dans son environnement urbain
The stadium in its urban surroundings, study document

p. 193
Document d'étude. Le stade et son parvis circulaire
The stadium and its circular parvis, study document

Document d'étude. La grande paroi vitrée qui protège les grands foyers périphériques
The large glass wall that protects the large exterior foyers, study document

Document d'étude. Une vue intérieure
An interior view, study document

STADE DE CASABLANCA (MAROC)
CASABLANCA STADIUM (MOROCCO)
2009

La ville de Casablanca a projeté à de nombreuses reprises la réalisation d'un grand stade afin d'accueillir les plus importantes rencontres sportives internationales. Des concours internationaux d'architecture furent lancés à cet effet. Un premier projet présenté par une équipe menée par Paul Andreu fut développé sans pourtant aboutir. Deux nouvelles consultations eurent lieu par la suite. Le projet ici présenté n'a pas non plus été réalisé.

Notre projet développait un nouveau concept efficace et novateur pour la réalisation d'un grand stade dans des conditions climatiques extrêmes.

L'enceinte qui entoure le stade proprement dit est conçue comme un vaste « foyer » circulaire où le public peut, avant ou après les matchs ou durant les périodes de mi-temps, déambuler à l'abri du vent ou des rayonnements solaires excessifs. C'est pour répondre à cet objectif que fut imaginé, pour assurer protection et confort climatique, un réseau d'arcades métalliques monumentales qui entourent le stade. Sur celles-ci prend appui une résille dense de grands brise-soleil dont l'orientation permet de développer la ventilation naturelle et de contrôler les apports solaires. Dans ces conditions, ces espaces périphériques sont propices à l'installation de jardins et d'une végétation florissante garante de confort et complément naturel des divers services mis à la disposition des milliers de spectateurs.

On many occasions, the city of Casablanca has planned the construction of a large stadium to host the most important international sporting events. Several international architectural competitions were launched for this purpose. A team led by Paul Andreu developed an initial project that was never completed. Subsequently, two further consultations took place. The project I present here, was not constructed either. Our project developed a new, efficient, and innovative concept for the construction of a large stadium under extreme weather conditions.

We designed the enclosure surrounding the stadium as a large circular "foyer" where the public can roam (before or after games, or during half-time periods), sheltered from wind or excessive sunlight. In order to achieve this, we designed a network of enormous metal arches surrounding the stadium to provide comfort and protection from the weather. These arches are supported by a dense network of large brise-soleil whose positioning allows for natural ventilation and the control of sunlight. Under these conditions, these exterior spaces can accommodate gardens and flourishing vegetation, which ensure comfort and act as an organic complement to the various services available to thousands of spectators.

p. 194
Document de concours. Vue générale
General view, competition document

p. 195
Document de concours.
Les arceaux périphériques
The exterior arches, competition document

Document de concours. Détail de
la structure support des brise-soleil
Detail of the brise-soleil support structure,
competition document

p. 196
Document de concours.
Escaliers d'accès aux
tribunes hautes
Access stairs to the top bleachers,
competition document

p. 197
Document de concours.
Le grand déambulatoire sous
la voûte des brise-soleil
The large passage under the
brise-soleil canopy, competition document

ENSEIGNEMENT SUPÉRIEUR
HIGHER EDUCATION INSTITUTIONS

Les bâtiments d'enseignement supérieur sont, comme les hôpitaux, destinés à évoluer en fonction de nouveaux usages et de nouveaux besoins. Cette exigence programmatique s'est exprimée, au début des années 1970, par des constructions organisées suivant des systèmes maillés, formés de trames indifférenciées et évolutives. Organisations spatiales qui ont été considérées comme des réponses fonctionnellement satisfaisantes d'autant qu'elles s'inscrivaient dans une période de remise en cause du formalisme architectural. Les projets de l'équipe Candilis, Josic et Woods pour l'université de Toulouse - Le Mirail et l'université libre de Berlin en sont les réalisations les plus emblématiques.

Malgré l'intérêt d'une telle démarche, j'avais le sentiment qu'on renonçait ainsi à exprimer la dimension symbolique des programmes d'enseignements supérieurs alors qu'il était, selon moi, nécessaire d'affirmer la présence de l'Institution compte tenu de son importance dans le développement urbain. Cette présence pouvant se manifester dans une monumentalité assumée et par la mise en valeur de quelques fonctions éminentes du programme.

L'architecture expressive de ces bâtiments, quelque fois implantés dans des espaces périphériques au tracé incertain, était l'amorce d'un ordonnancement urbain, le signe d'un développement urbain maîtrisé dont l'université devenait le point focal.

Dans un autre registre j'ai cherché, lors de mes premiers projets, à réinterpréter l'urbanité des collèges de Cambridge et d'Oxford en m'inspirant de la succession des « Courts », ces quadrilatères où s'organise la vie universitaire, à retrouver aussi la force attractive des cloîtres des couvents, ces lieux de réflexion et d'échange.

Like hospitals, higher education buildings are destined to evolve in accordance with new purposes and needs. At the beginning of the 1970s, this flexible demand was expressed in constructions organized by linked systems, which was formed by indistinguishable and evolving frameworks. Spatial organization was considered a satisfactory practical response, especially since this was during a period of questioning architectural formalism. The most symbolic of this type of achievement are those designed by the Candilis, Josic and Woods Team who created the University of Toulouse - Le Mirail and the Free University of Berlin.

Despite the interest in such an approach, I felt that we were ignoring the opportunity to express the symbolic aspect of higher education programs. In my opinion, I thought it necessary to assert the Institution's presence, while taking into account its importance in urban development. This presence can be demonstrated by adopting a monumental dimension and by improving some of the notable functions of the framework.

The expressive architecture of these buildings, which were sometimes located in outlying areas, marked the beginning of the urban planning process. This was a sign of a managed urban development, in which the university became the focal point.

On a different note, during my early plans, I wanted to reinterpret the urban character of the Cambridge and Oxford Colleges. I drew inspiration from the succession of the "Courts," the quadrilaterals where university life is organized, and from the cloisters of convents' admirable strength, places of reflection and exchange.

Centre de microélectronique Georges Charpak, Gardanne
Georges Charpak Microelectronics Center, Gardanne

PÔLE API D'ILLKIRCH-GRAFFENSTADEN, STRASBOURG
ILLKIRCH-GRAFFENSTADEN POLE API, STRASBOURG
1989-1993

Cet ensemble, dépendant de l'université de Strasbourg, se développe sur le site réservé au parc d'innovation d'Illkirch où s'implantent divers laboratoires, écoles supérieures, centres de recherche. Il occupe une place privilégié au centre du plan directeur. Tirant parti du schéma rayonnant de ce plan, je romps avec l'orthogonalité des constructions environnantes et j'organise les bâtiments suivant un tracé courbe et sinueux qui affirme l'identité de cet important pôle universitaire.

Reprenant le concept du « cloître », j'organise autour d'un espace en creux de 4000 m² le regroupement des écoles supérieures de Physique (ENSBA), de Biotechnologie (ESBS), de Recherche appliquée (IREPA), de Production automatisée (ADEPA) et de Transfert des technologies. Chacune conserve son autonomie et son identité, mais l'ensemble affirme une monumentalité qui s'exprime dans l'ordonnancement des volumes autour du lieu central de convivialité.

En tête du dispositif, ouvert sur la place principale du parc d'innovation, le bâtiment des fonctions communes au cinq pôles regroupe : l'auditorium de 350 places, deux amphithéâtres, le centre de calcul, la bibliothèque, la salle du conseil, la cafétéria. L'auditorium en est l'élément majeur. Son volume hémisphérique, visible depuis la place centrale, domine le hall d'entrée dont les hautes parois vitrées présentent une inclinaison de 23°26 par rapport à la verticale. C'est l'angle que forme le plan de l'écliptique avec le plan de l'équateur. Ce surplomb spectaculaire, au-dessus du parvis d'entrée, confère à ce bâtiment un rôle de signal dans le parc d'innovation d'Illkirch.

Part of the University of Strasbourg, this complex is being constructed on the site reserved for the Illkirch Innovation Park, where various laboratories, higher education institutions, and research centers are located. It occupies a privileged place at the center of the overall plan. I take advantage of this radiating layout to break with the orthogonality of the surrounding buildings. I organize the structures according to a curved and winding layout, affirming the identity of this important university center.

Adopting the concept of the "cloister," around a hollow space of 4,000 square meters, I organize the grouping of the graduate schools in Physics (ENSBA), Biotechnology (ESBS), Applied Research (IREPA), Automated Production (ADEPA), and Transfer of Technologies. Each school retains its independence and identity, but the group upholds a monumentality, which is expressed in the structures' organization around a social, central place.

Opening onto the main square of Innovation Park, at the head of the layout, is the Commons Building, which includes the following five functions: the auditorium with 350 seats, two amphitheaters, the computer center, the library, the boardroom, and the cafeteria. The auditorium is the major component. Visible from the central square, its hemispherical structure dominates the entrance hall, whose high glass walls incline at 23°26, with respect to a vertical line. This is the angle between the ecliptic and equatorial planes. Extending over the parvis, this spectacular overhang imbues this building with an iconic role in Illkirch Innovation Park.

p. 201
Le bâtiment des services communs
The commons building

Vue aérienne
Aerial view

p. 202
Détail de la structure du bâtiment des services communs
Detail of the commons building's structure

p. 203
Le hall d'accueil et l'accès à l'amphithéâtre
The reception hall and access to the amphitheater

L'amphithéâtre, vue intérieure
The amphitheater, interior view

ÉCOLE NATIONALE SUPÉRIEURE DES MINES DE NANTES ET LA DRIRE
ÉCOLE NATIONALE SUPÉRIEURE DES MINES IN NANTES AND THE DRIRE
1992-1997

Je ne commenterai dans ces quelques lignes que l'École proprement dite car le secteur d'hébergement et de vie des élèves situé à l'écart du terrain réservé aux fonctions d'enseignement et de recherche est moins en contact avec l'Agora, élément majeur du campus universitaire, de 13 hectares.

Après avoir remporté le concours, je développe sous la direction de Robert Germinet le projet de l'École nationale supérieure des Mines de Nantes (en janvier 2017 Mines Nantes et Télécom Bretagne deviennent IMT Atlantique Bretagne-Pays de la Loire). C'est l'une des premières et des plus importantes réalisations venues s'implanter sur le campus universitaire du site d'Atlanpôle de Nantes dont Christian de Portzamparc a tracé le plan d'urbanisme.

Le plan s'organise autour d'une immense Agora, futur centre de la vie universitaire et urbaine d'Atlanpôle. L'École des Mines et la DRIRE (Direction Régionale de l'Industrie de la Recherche et de l'Environnement) formeront le premier front, long de 220 m, de la future Agora. Il doit se constituer et se développer, au cours du temps, par la construction d'autres bâtiments d'enseignement supérieur dont l'implantation respectera l'alignement rigoureux imposé par le plan d'urbanisme.

L'autre élément déterminant du site est l'Erdre, « la plus belle rivière de France » aurait dit François Ier. Elle coule à l'ouest, en contrebas du terrain réservé à l'École ; je décide d'orienter vers elle les départements

In these few lines, I will comment only on the School, itself, because the area for student housing and student life is located far away from the teaching and research domain. It has less contact with the Agora, a major component of the 13-hectare university campus.

Under the direction of Robert Germinet, I win the competition to design the project for the Ecole Nationale Superieure des Mines in Nantes (in January 2017, Mines Nantes will merge with Télécom Bretagne creating IMT Atlantique Bretagne-Pays de la Loire). It is one of the first and most important projects to be built on the university campus. The campus is located on the site of Atlanpôle in Nantes; Christian de Portzamparc drew up the city plan.

The plan is organized around an immense Agora, the future hub of Atlanpôle's university and city life. The Ecole des Mines and the DRIRE (Regional Direction of Industry, of Research, and of the Environment) will form the first front (220 meters long) of the future Agora. The Agora will be shaped and developed as the construction of other higher education buildings advances. Their establishment will be forced to form a strict line, in accordance with the city layout.

The site's other deciding element is the Erdre, "the most beautiful river in France," according to François I. Flowing west, it lies at the foot of the land reserved for the School. I decide to face the teaching and research departments to-

wards it, seeking to integrate these buildings into the open landscape sloping gently toward the river.

I arrange these four departments according to a "fingers of a glove," where the Central Forum is the base. The Administration building (overlooking the Forum) and the Forum constitute the School's urban façade along Alfred Kastler Street. Covered by a long glass roof, the Forum acts as an interior space where people can meet and socialize. Around this social area, are the welcome areas, exam rooms, and, dominating the Forum, steps to a long walkway that gives access to five small amphitheaters.

Arranged as "fingers of a glove," the façades of each department open onto planted spaces, an extension of the surrounding landscape within School grounds. These are the "cloisters" or the "courts" that I mentioned previously. The buildings that house these departments are connected to each other by a high stone wall pierced with bay windows. Through these "urban windows," one can see the Erdre River from the upper floors. A symbolic fence, this 300-meter-long wall is met by the magnificent lawns that surround the western side of the Ecole des Mines. Seen from the banks of the Erdre, the precise outline of the wall and its succession of high "urban windows" affirm the Institution's presence. The wall draws a stark boundary between the building and the natural space, which is, thus, preserved and enhanced.

The Ecole des Mines' main entrance opens onto the project's iconic feature on Alfred Kastler Street. This important element is formed by the monumental volume of the two amphitheaters located at the southern end of the Administration Building and the Forum. Supported by four concrete walls, this feature overlooks a large terrace, which forms the socle of the building. It towers over the natural terrain, which slopes steeply towards the Erdre, by more than ten meters.

When planning the Ecole des Mines in Nantes, I wanted the buildings to be enclosed within clearly defined limits: the strict alignment of the Agora to the north and of Alfred Kastler Street to the east, and the stone wall facing the Erdre to the west. I avoided scattering the structures and, thus, an uncontrolled spread. By concentrating university life and activity in a dense and managed space, I respected the beauty and balance of the magnificent site and affirmed the architectural unity of the Ecole.

d'enseignement et de recherche en cherchant à les intégrer au site paysager ouvert en pentes douces sur la rivière.

J'organise ces quatre départements suivant un plan en « doigts de gants » qui prend appui sur le Forum central. Ce Forum et le bâtiment d'administration qui le surplombe forment la façade urbaine de l'Ecole le long de la rue Alfred Kastler. Le Forum, couvert d'une longue verrière, est l'espace intérieur de rencontre et de déambulation autour duquel sont regroupées les fonctions d'accueil, les salles d'examens et les emmarchements à une longue coursive qui domine le Forum et donne accès à cinq petits amphithéâtres.

Les façades de chaque département disposé en « doigts de gant » s'ouvrent sur des espaces plantés, prolongement au sein de l'École, du paysage environnant. Ce sont les « cloîtres » ou les « courts » dont j'ai parlé plus avant.

Les bâtiments qui accueillent ces départements sont reliés entre eux par une haute enceinte minérale percée de baies, les « fenêtres urbaines » au travers desquelles on perçoit, depuis les étages, la rivière Erdre. Cette enceinte longue de 300m est la clôture symbolique sur laquelle viennent buter les magnifiques pelouses qui entourent sur sa face ouest l'École des mines. Vue depuis les rives de l'Erdre le tracé rigoureux de cette enceinte et la succession de ses hautes « fenêtres urbaines » affirment la présence de l'Institution. Elle dessine une limite précise entre le bâti et l'espace naturel ainsi préservé et mis en valeur.

Un autre élément important du projet forme signal dans la rue Alfred Kastler sur laquelle s'ouvre l'entrée principale de l'École des Mines. C'est le volume monumental des deux amphithéâtres situés à l'extrême pointe sud du bâtiment d'administration et du Forum. Il surplombe une grande terrasse qui forme socle du bâtiment et, s'appuyant sur quatre voiles de béton, il domine de plus de dix mètres le terrain naturel en forte pente vers l'Erdre.

En projetant l'École des Mines de Nantes, j'ai voulu que l'ensemble des bâtiments soit contenu dans des limites clairement définies : les stricts alignements sur l'Agora au nord et sur la rue Alfred Kastler à l'est, l'enceinte minérale face à l'Erdre à l'ouest. J'évitai ainsi la dispersion des volumes, leur étalement incontrôlé. En concentrant dans un espace dense et maîtrise la vie et l'activité universitaire, je respectais la beauté et l'équilibre d'un site magnifique et j'affirmais l'unité architecturale de l'École.

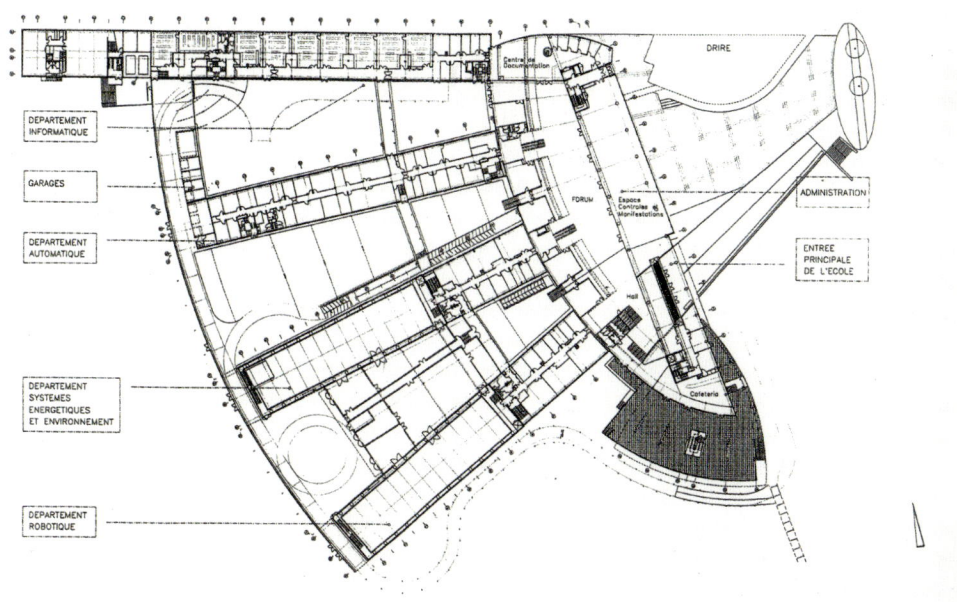

p. 204
L'amphithéâtre
The amphitheater

Un escalier d'accès aux salles de cours
An access staircase to classrooms

p. 206
Une aile d'enseignement bordant
un jardin intérieur
A teaching wing bordering
an interior garden

p. 206
La grande galerie et sa verrière
The large gallery and its glass roof

p. 207
Plan du rez-de-chaussée
Ground floor plan

Vue aérienne de l'école au sein
de l'ensemble universitaire
Aerial view of the Ecole within
the university complex

CENTRE DE MICROÉLECTRONIQUE GEORGES CHARPAK, GARDANNE
GEORGES CHARPAK MICROELECTRONICS CENTER, GARDANNE
2005-2008

C'est l'un des six centres de formation et de recherche de l'École nationale supérieure des Mines de Saint-Étienne. Le site qui lui a été réservé présente une difficulté particulière car les fonctions d'enseignement et de recherche d'une part et les fonctions d'hébergement et de vie des élèves d'autre part sont réparties sur deux terrains situés de part et d'autre d'une large brèche formée par la voie départementale qui traverse le site du nord-ouest au sud-est.

Une telle fracture rend difficile la perception d'un ensemble universitaire unique, unité que j'estime nécessaire si l'on veut affirmer la forte présence du Centre de Microélectronique dans un secteur à l'urbanisme distendu dont une évolution et une densification incontrôlées sont à craindre dans l'avenir.

Pour rendre visible cette unité et assurer l'articulation fonctionnelle entre les deux parties du programme, je propose d'organiser l'enseignement et l'hébergement sur deux axes de composition clairement affirmés. L'un parallèle à la voie départementale, l'autre perpendiculaire à celle-ci. Le premier sera l'axe majeur qui structure le Centre de Microélectronique proprement dit. Il est déterminé par la galerie vitrée, longue de 150 m, qui le traverse de part en part. Épine dorsale de l'ensemble, elle dessert sur toute sa longueur : les salles de cours, en vis-à-vis de celles-ci la salle polyvalente et modulable destinée aux examens et aux manifestations exceptionnelles et l'amphithéâtre. À son extrémité nord, la galerie donne accès au restaurant et aux salons de réception des personnalités et des professeurs invités, à son extrémité sud à la grande halle des « salles blanches ». La salle polyvalente, véritable vitrine du Centre s'ouvre par de hautes baies sur le parvis d'accès. Elle est encadrée par les volumes du grand

It is one of the six training and research centers of the Ecole Nationale Supérieure des Mines de Saint-Etienne. The site reserved for its development poses a particular complication since the teaching and research facilities are separated from those dedicated to student housing and student life. These two sites sit on either side of a wide gap formed by the regional road that crosses the site from northwest to southeast.

Such a divide makes it difficult to perceive a single university complex, a unity that I consider necessary to maintain the Microelectronics Center's significant presence in an area with a distended city planning. The uncontrolled development and densification of this urban planning are to be feared in the future.

In order to make this unity visible and to ensure a functional connection between the layout's two parts, I suggest organizing the teaching and the housing on two clearly defined axes of the configuration. One will be parallel to the regional road, and the other perpendicular to it.

Giving structure to the Microelectronics Center, the first, main axis will be determined by a 150-metre-long glass gallery that covers its whole length. The backbone of the complex, the entire gallery leads to: the classrooms, and facing them, the multi-purpose and modular room intended for exams and special events, and the amphitheater. The northern end of the gallery gives access to the restaurant and reception areas for invited speakers and guest professors. The southern end leads to the great hall of "clean rooms."

A true showcase of the Center, the multi-purpose room is opened by high windows onto the access parvis, and framed by the structures of the large amphitheater and the

hall. Overlooking the gallery and crowning the main teaching rooms, is the building reserved for administration, staff rooms, the boardroom, and some common rooms. This building asserts the layout's axis through two large cantilevers to the north and the south.

Thus, seen from the regional road, the Center's teaching and research facilities draw a 180-meter-long linear front. This front is punctuated by the prominent structures of the Hall to the north, the exam room in the center, the large amphitheater to the south, and the main access' hollow space. The restaurant's independent structure marks the border of the layout.

Supported by the center's main entrance, the axis lies perpendicular to this front. It is orientated towards the housing sector, located on the other side of the regional road that separates the two sites. A series of elements outline the axis' presence: a managed and planted pedestrian plaza; an access portico topped by a terrace; the high, truncated-cone shaped structure of the Maison des Élèves, which, in a large circular room across two levels, accommodates the facilities for meetings, exchanges, entertainment, and cultural activities. Enclosing the layout at the southern end of the axis, is the vast grassy quadrilateral at the center of student dormitories.

Despite the site's division into two distinct parts, I feel that the two axes of the layout (delineated by a series of clearly identifiable structures) ensure comprehension of the university complex's unity and allow the university to assert its significance.

amphithéâtre et de la halle. En surplomb de la galerie, couronnant les principaux locaux d'enseignement, le bâtiment réservé à l'administration, aux salles des professeurs, à la salle du conseil et à certaines fonctions communes, affirme l'axe de composition par deux grands porte- à faux au Nord et au Sud.

Ainsi, vues depuis la Départementale, les fonctions d'enseignement et de recherches du Centre dessinent un front linéaire, long de 180 m, ponctué par les volumes saillants, de la Halle au nord, de la salle des examens au centre, du grand amphithéâtre au sud, du volume en creux de l'accès principal. Le volume indépendant du restaurant ferme la composition.

L'axe perpendiculaire à ce front prend appui sur l'entrée principale du centre. Il est orienté vers le secteur des hébergements situé de l'autre côté de la Départementale qui sépare les deux terrains. Sa présence s'exprime par une succession d'éléments qui en rythment le tracé : une place piétonne aménagée et plantée, un portique d'accès surmonté d'une terrasse, le haut volume tronconique de la Maison des Élèves qui accueille sur deux niveaux, autour d'une grande salle circulaire, toutes les fonctions de rencontres, d'échanges, d'animation et d'activités culturelles, enfin à l'extrémité sud de cet axe le vaste quadrilatère engazonné, au centre des chambres d'étudiants, qui clôt la composition.

Ainsi, malgré la césure du site en deux parties distinctes, j'ai le sentiment que ces deux axes de composition, rendus perceptibles par une série de volumes clairement identifiés, permettent de saisir l'unité de l'ensemble universitaire et d'en affirmer l'importance.

p. 208
Croquis d'étude
Sketch plan

p. 209
Vue de nuit. Les bâtiments de l'école
The buildings of the Ecole seen at night

p. 210
Détail de la galerie vitrée et la couverture
de la salle des examens
Detail of the glass gallery and roof
of the exam room

Détail de la couverture et vue
du restaurant et de la cafétéria
Detail of the roof and view of the
restaurant and cafeteria

p. 211
Le volume de la « salle blanche »,
laboratoire à haute filtration
The volume of the "clean room,"
high-filtration laboratory

p. 212
Vue générale de l'école
General view of the Ecole

Galerie de liaison avec
le restaurant et la cafétéria
Connecting gallery to the restaurant
and cafeteria

p. 213
Salle de cours et galerie vitrée
Classroom and glass gallery

Galerie vitrée et grande salle d'examens
Glass gallery and large exam room

Le bâtiment des élèves et la salle polyvalente
The student hall and multipurpose room

p. 214
Le hall d'entrée de l'école
The entrance hall of the Ecole

La grande galerie vitrée, vue intérieure
The large glass gallery, interior view

p. 215
L'accès à la « salle blanche »
The access to the "clean room"

PÔLE UNIVERSITAIRE DE SIDI ABDELLAH, ALGER (ALGÉRIE)
SIDI ABDELLAH UNIVERSITY CENTER, ALGIERS (ALGERIA)
2008

Cette université doit accueillir dans un site très vaste un ensemble de facultés : les Sciences fondamentales et appliquées, les Sciences de la Terre et de l'Univers, les Sciences de la Nature et de la Vie, les Sciences de l'Ingénieur, les Sciences de l'Information et de la Communication, les centres de recherches, le Rectorat, la bibliothèque centrale, etc.

Je cherche pour cet important concours à développer une réflexion différente de celles des projets universitaires que j'ai réalisés auparavant. L'ampleur du site, qui s'apparente aux vastes campus américains, l'ambition du programme, une réalisation qui s'étendra sur de nombreuses années, tout m'incite à explorer les voies d'une organisation urbaine radicalement nouvelle et des bâtiments d'une architecture plus libre.

Nous dessinons, autour de l'axe formé par la voie principale d'accès à l'université, une organisation spatiale qui exprime, plus que l'architecture et l'organisation fonctionnelle des bâtiments eux-mêmes, l'importance des réseaux qui les relient entre eux. Je propose un schéma qui laisse une part d'indétermination volontaire dans l'implantation de chacune des facultés dont la réalisation échelonnée formera à terme l'université de Sidi Abdellah. Un schéma réticulé de chemins piétonniers dont la flexibilité permettra de conduire durant de longues années le développement maîtrisé, dans l'espace et dans le temps, du programme universitaire.

C'est pour rendre compte de cette recherche originale que nous évoquons, au cours des études, le concept de « rhizome », que nous parlons d'arborescence, de structure horizontale, souple et évolutive.

C'est dans une même démarche que je conçois l'architecture des bâtiments. Leurs volumes fluides et la souplesse des enveloppes en résilles métalliques qui les entourent, doivent permettre des développements multidirectionnels et favoriser, au cours du temps, leur insertion dans un tracé urbain en permanente évolution. Les résilles forment brise-soleil et brise-vent. Leur texture et leur structure s'adaptent aux évolutions du programme, aux réorganisations fonctionnelles ou aux extensions partielles. En large débord des bâtiments, elles surplombent les cheminements piétons et les protègent de l'ensoleillement excessif.

Across an immense site, this university must accommodate multiple departments: Basic and Applied Sciences, Earth Sciences, Natural and Life Sciences, Engineering Sciences, Communication Sciences, Research Centers, the Board of Education, Central Library, etc.

For this significant competition, I seek to develop a different approach to those of my previous academic projects. The size of the site (similar to those of large American campuses) and the ambition of the project (construction that will take many years) motivate me to explore radically new urban layouts and buildings with less restricted architecture.

We design the campus around the axis formed by the university's main access road. In addition to the architecture and the functional layout of the buildings, this spatial organization particularly expresses the importance of networks that connect one another. My suggested plan is intentionally vague regarding the creation of the departments, whose staggered establishment will eventually form the University of Sidi Abdellah. I designed reticulated pedestrian paths, whose flexibility will facilitate the university's controlled development across a period of many years.

During studies, to reflect this original research, we evoke the concept of "rhizome" and tree structures, that is, a horizontal, flexible, and evolving structure.

I approach the design of the buildings' architecture in the same way. I design fluid volumes surrounded by metal lattice envelopes. This architecture must tolerate multidirectional developments and support their integration, over time, into a constantly changing urban landscape. The lattice acts as brise-soleil and windbreakers. Their texture and structure can adapt to changes in the project, functional reorganizations, or partial extensions. As wide overhangs of the buildings, they overlook pedestrian walkways and act as a protection from excessive sunlight.

p. 217
Document de concours. L'université dans son environnement
The university in its surroundings, competition document

Document de concours. Les facultés et les espaces de sport
The department buildings and sports areas, competition document

Document de concours. Les chemins réticulés reliant les facultés
The reticulated paths connecting the departments, competition document

Document de concours. L'une des facultés
One of the department buildings, competition document

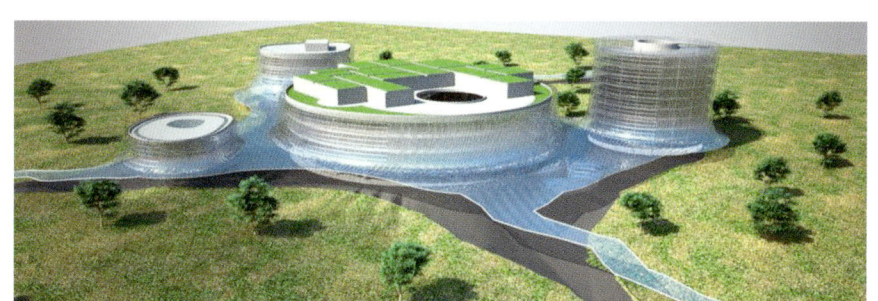

L'ARCHITECTURE DU TERTIAIRE
TERTIARY ARCHITECTURE

La Direction de l'Architecture et de la Recherche dans un ouvrage intitulé *Les Lieux du travail* parlait de « nouveaux locaux polyvalents à l'usage incertain, édifices souvent loués par les entreprises qui appelées à se déplacer ne considèrent plus leur domicile comme un patrimoine. La banalisation des constructions qui en résulte conduit à envisager le bâti comme un simple support indifférent aux occupations successives… ». Ce sont les « bureaux en blanc » destinés à des utilisateurs dont l'objet du travail, l'organisation, la taille, la durée d'occupation des locaux, toujours loués, sont inconnus au moment de la conception de l'immeuble. L'espace destiné à des activités successives doit donc être indifférencié, ouvert, flexible, adaptable. Il en résulte une uniformisation de ce type d'immeubles.

à l'inverse, les sièges sociaux ou les centres administratifs construits la plupart du temps dans des sites urbains denses ou destinés à le devenir, expriment par leur architecture leur destination, la spécificité de leur programme. Architecture qui tire parti des contraintes urbanistiques pour s'affirmer. Ces immeubles sont les repères, les points d'ancrage d'un espace urbain en voie de constitution.

In a book titled *Les Lieux du travail* (Places of Work), the Board of Architecture and Research talked about "new multi-purpose premises with an undecided use, buildings often rented by travelling companies that no longer consider their home as property. This leads to a banal attitude towards buildings, which results in seeing the structure as a simple support, indifferent to sequential occupations…"

These "blank offices" are intended for renters, whose work purpose, organization, size, and duration at the premises are unknown when the building is being designed. Intended for successive activity, the space must, therefore, be undifferentiated, open, flexible, and adaptable. The result is a standardization of this type of building.

On the other hand, built mostly in dense urban sites (or sites intended to become so), head offices or administrative centers express their purpose and specificity of their programs through their architecture. It is an architecture that takes advantage of urban development constraints in order to assert itself. These buildings are landmarks, anchors of an urban space in the process of being developed.

Le Porche d'entrée du siège BNP à Issy-les-Moulineaux
The entrance porch of BNP Headquarters, Issy-les-Moulineaux

CENTRE DE FORMATION IBM, NOISY-LE-GRAND
IBM TRAINING CENTER, NOISY-LE-GRAND
1989-1993

Le centre de formation IBM est situé, sur la commune de Noisy-le-Grand, dans le centre urbain régional de la ville nouvelle de Marne-la-Vallée. Il a été l'un des premiers immeubles construits au nord de ce centre marqué par la recherche d'un urbanisme de haute densité. C'est un volume imposant de 56.000 m² érigé à l'alignement de quatre rues. Il est relié par une galerie souterraine avec un autre bâtiment réalisé, quelques années auparavant, pour la même société. Il est destiné à accueillir des employés en formation, des étudiants, des stagiaires.

La façade d'entrée principale s'ouvre sur un parvis formé par la saillie d'une paroi diagonale et un tympan vitré, en retrait de l'alignement, qui se développe sur toute la hauteur de l'immeuble. Depuis l'extérieur on perçoit au travers de ce tympan le volume du hall, sa verrière, les escalators et le jeu des passerelles qui le traversent.

Les autres façades du centre de formation sont à dominante pleine, d'une planéité rigoureuse traversée par l'horizontalité des allèges et des baies, en contraste avec la transparence de la haute brèche verticale et vitrée de l'entrée.

Le plan d'ensemble est organisé suivant une grande diagonale qui traverse le bâtiment de part en part et permet d'assurer une différenciation très nette des circuits des visiteurs, des étudiants, des stagiaires, du personnel. Son tracé détermine toute l'architecture interne et externe du centre de formation.

The IBM Training Centre is located in the commune of Noisy-le-Grand, in the regional city center of the planned community of Marne-la-Vallée. It was one of the first buildings constructed north of the city center; they wanted a site with high-density urban development. An imposing structure of 56,000 square meters, it is built at the alignment of four streets. It connects, by an underground tunnel, to another building constructed for IBM a few years earlier. The new building is intended to accommodate employees in training, students, and interns.

The façade of the main entrance opens onto a parvis formed by the overhang of a diagonal wall and a glass tympanum, set back from the alignment, and stretched across the whole height of the building. From the outside, through the tympanum, one can see the volume of the hall with its glass roof, its escalators and the intertwining footbridges that traverse it.

The other façades of the Training Center are mainly solid. Crossed by the horizontal lines of the window's sills and bays, the façades display a strict flatness, which contrasts the transparency of the high, vertical, glass rupture of the entrance.

The overall plan is arranged according to a large diagonal that crosses through the building, which allows the paths to be clearly delineated for visitors, students, interns, and staff. Its layout determines the Training Center's entire internal and external architecture.

p. 221
Détail de la paroi bordant
l'accès principal
Detail of the wall bordering
the main entrance

p. 222
La grande paroi vitrée de
l'accès principal
The large glass wall
of the main entrance

Le hall et les coursives
de distribution
The lobby and distribution
corridors

Les sas circulaires d'entrée
The circular double door entrance

p. 223
Vue de nuit. Les coursives
derrière la grande paroi vitrée
Night view of the passageways
behind the large glass wall

SIÈGE DE TÉLÉDIFFUSION DE FRANCE, ISSY-LES-MOULINEAUX,
TÉLÉDIFFUSION DE FRANCE HEADQUARTERS, ISSY-LES-MOULINEAUX
1989-1993

Le terrain réservé à ce siège est situé à la limite immédiate de Paris et en vis-à-vis du périphérique. L'immeuble, implanté à l'alignement qui délimite la capitale et la commune limitrophe s'organise sur un plan en U autour d'un grand Atrium éclairé par une verrière rayonnante qui le recouvre en totalité. Il est bordé à tous les niveaux par des coursives en balcon sur cet espace intérieur. Celles-ci, conçues comme des prolongements de l'espace de travail du bureau, comme des espaces de rencontre, participent à l'animation de l'Atrium.

Les éléments spécifiques du programme – salles de réunions, documentation, salle de conférence, salle de démonstration – sont regroupés dans une tour au centre de l'Atrium. Par sa singularité, ce volume tronconique, visible au travers d'une grande paroi vitrée par les milliers d'automobilistes qui empruntent chaque jour le périphérique, affirme la présence du siège de Télédiffusion de France et lui confère son originalité.

Les déplacements verticaux et horizontaux du personnel et des visiteurs sont mis en scène par les passerelles qui bordent la façade principale, les coursives et les deux ascenseurs panoramiques. Ce sont des éléments de l'architecture de l'espace intérieur qui participent à mettre en valeur l'immeuble dans un environnement dense et inorganisé.

À l'origine, l'entrée de l'immeuble avait été située à l'angle du bâtiment dans une brèche formée par la paroi vitrée et une façade latérale. Cette disposition avait pour but de préserver l'intégralité et l'unité de cette imposante paroi et d'exprimer sa principale fonction de « vitrine » du siège. Le déplacement de l'entrée, voulu par un nouvel utilisateur, a en partie modifié l'objectif d'origine.

The land reserved for these headquarters is located on the immediate border of Paris, facing the periphery road. Located along the alignment that outlines the Capital and the neighboring town, the building is organized in a U-shaped plan around a large atrium that is illuminated by a radiating glass roof that covers it entirely. Open corridors at every floor run alongside the interior space of the atrium. These open spaces are designed to act as extensions of the office workspace and as meeting spaces to animate the atrium.

The specific requirements of the plan, including meeting rooms, archives, and conference rooms, are grouped together in a tower in the center of the Atrium. This unique truncated conical structure can be seen through a large glass wall by the thousands of motorists who use the periphery road every day. This tower and its particular architecture affirm the presence and originality of Télédiffusion de France Headquarters.

The staff and visitors' vertical and horizontal movements are illustrated by the walkways along the main façade, the corridors, and the two panoramic elevators. These elements of the interior space's architecture showcase the building amongst a dense and unorganized environment.

The building's entrance was originally positioned at the corner of the building, in a breach formed by the glass wall and a lateral façade. The goal of this layout was to preserve the integrity and unity of the imposing wall and to highlight its main purpose as a "showcase" for Headquarters. A new user wanted to relocate the entrance, which has partially modified the original objective.

p. 225
Le hall et le volume tronconique de la salle de conférence et des services communs
The lobby and the truncated structure of the conference room and common areas

La façade principale, côté Paris
The main façade on the Paris side

Vue du hall au travers de la grande paroi vitrée
View of the hall through the large glass wall

DIRECTION DE L'ACTION SOCIALE, DE L'ENFANCE ET DE LA SANTÉ
DEPARTMENT OF SOCIAL SECURITY
1989-1993

Le terrain, anciennement occupé par une usine de pompage qui devait être remontée et prendre place auprès des « Folies » du parc de la Villette, se situe dans l'axe de la longue perspective qui part du Muséum d'histoire naturelle et se prolonge vers la rive droite par le pont d'Austerlitz.

Le siège de la DASES est construit à l'angle de la rue Ledru Rollin et du quai de la Râpée. En cet endroit, l'étroitesse du trottoir gêne l'accès au bâtiment. Je décide pour cette raison d'élargir l'espace d'accès à l'immeuble en dessinant une façade concave qui dégage un parvis en prolongement du trottoir. Cet espace libéré dans un site très dense et le volume déterminé par la concavité développée sur toute la hauteur de la façade affirment la présence et la monumentalité de cet équipement public.

Cette disposition architecturale me permet d'apporter une réponse contemporaine au traitement des immeubles d'angle en écho aux couronnements typiques des deux immeubles anciens qui encadrent l'édifice à l'est et à l'ouest.

Le parvis n'est pas un simple élargissement du trottoir mais une surface propre à l'édifice dont il constitue le prolongement sur l'espace public. C'est pour préserver le statut de ce parvis que j'imagine de le clore, aux heures de fermeture de la DASES, par une immense porte coulissante de verre et d'acier. L'immeuble, visible depuis le quai de la rive gauche, devient avec cet ouvrage spectaculaire un point de repère et d'identification de l'institution dans le tissu parisien.

La superficie totale de cette porte monumentale est de 825 m², son poids de 84 tonnes dont 50 d'acier et 34 de verre. Elle s'ouvre sur un linéaire de 17 m à la vitesse de 5 cm à la seconde par motorisation hydraulique. Conçue comme une double façade, elle protège une partie de l'immeuble des nuisances d'une circulation importante à l'un des carrefours les plus fréquentés de Paris.

The site is located along the axis of a long stretch, which starts at the Museum of Natural History, crosses the Austerlitz Bridge, and extends toward the right bank. The site was previously occupied by a pumping station that was to be built next to Parc de la Villette's "Folies."

The DASES headquarters is located at the corner of Ledru Rollin Street and the Râpée Quay. In this area, the narrow sidewalk hinders access to the building. Thus, I decided to widen the building's access space by designing a concave façade to create a parvis in front of the sidewalk. This liberated space in a very dense site and the volume, constructed by the concave façade, affirm the public facility's monumentality and presence.

With this architectural layout, I provide a contemporary response to the approach of corner buildings. The architecture echoes the quintessential capstones of the two older structures, which frame the new edifice to the east and west. Extending onto the public space, the parvis is a surface that belongs to the building. It is not just a simple widening of the sidewalk. To preserve the parvis' condition, I create a huge sliding door of glass and steel to close the area during DASES' non-business hours. Visible from the quay of the left bank, the building with its spectacular work becomes an iconic landmark in the Parisian fabric.

This monumental gate has a total surface area of 825 m². It weighs 84 tons, including 50 tons of steel and 34 tons of glass. It opens up to a linear length of 17 m, at a speed of 5 cm per second, by hydraulic motorization. Designed as a double façade, it protects part of the building from the consequences of heavy traffic at one of the busiest intersections in Paris.

p. 227
Document de concours.
Perspective sur le quai de la Rapée
Perspective of the Rapée Quay,
competition document

p. 227
Façade principale et vue de la
porte monumentale coulissante
Main facade and view of the
monumental sliding gate

p. 228
Vue du parvis, courbe intérieur
View of the inner curved parvis

Le parvis intérieur et les buttons
de guidage de la porte coulissante
The inner parvis and the guiding
struts of the sliding gate

p. 229
Détail de la porte monumentale
et cylindres des circulations verticales
Detail of the monumental gate and
vertical circulation cylinders

p. 230
Détail de la structure de la porte
monumentale
Detail of the monumental
gate's structure

p 231
Traitement à l'angle du quai
de la Rapée et de l'avenue Ledru Rollin
Approach at the corner of Rapée Quay
and Ledru Rollin Avenue

SIÈGE SOCIAL DE LA CEGID, LYON
CEGID HEADQUARTERS, LYON
2001-2003

Construit dans le quartier de Vaise, alors en pleine expansion, le bâtiment destiné à une société éditrice de logiciels de gestion, la CEGID, est construit sur un terrain occupé par une ancienne Halle de la Navigation dont les volumes reconstitués ont été conservés au centre du nouvel immeuble.

Cette Halle, mise en valeur par un miroir d'eau qui se prolonge à l'extérieur, détermine toute l'organisation fonctionnelle et architecturale du projet dont elle devient l'élément emblématique. Elle accueille sur deux niveaux des espaces d'exposition, des salles de réunions et des fonctions communes. Son volume imposant et le jeu des passerelles qui la relient au corps de bureaux sont visibles depuis le quai Sédallian au travers du hall d'accès et de sa façade vitrée sur toute sa hauteur. L'immeuble de la CEGID prend ainsi une valeur singulière dans un tissu urbain en cours de développement.

Pour répondre au souhait de la ville de Lyon de rendre la Halle accessible au public lors de manifestations exceptionnelles, toute la surface du rez-de-chaussée a été aménagée en espace « traversant » qui débouche à l'opposé du quai Sédallian sur une voie nouvelle de desserte du nouveau quartier.

Constructed in the rapidly developing Vaisse neighborhood, the building, designed for a management software company, was erected on land occupied by a former Shipping Hangar, whose reconstituted structure was preserved in the center of the new building.

The iconic component, the Hangar determines the practical and architectural layout of the project. Extending to the exterior, a mirror of water enhances the Hangar. Spanning two levels, it houses exhibition spaces, meeting rooms and common facilities. Its massive volume and the interplay of walkways that connect the Hangar to the main office can be seen from the Sédaillan platform through the access hall's glass façade. Thus, the CEGID building assumes a unique value within the developing urban framework.

The City of Lyon wanted to make the Hall accessible to the public for special events. In order to accommodate their request, the entire ground floor has been converted into a "crossing" space, which leads to a new service road for the new neighborhood, opposite the Sédaillan Quay.

p. 233
Structure de la halle intérieure
vue au travers de la façade vitrée
Structure of the interior hall as seen
through the glass façade

p. 234-235
Les emmarchement du parvis
et la façade d'entrée
The steps of the parvis and
the entrance façade

SIÈGE DE BNP, ISSY-LES-MOULINEAUX
BNP HEADQUARTERS, ISSY-LES-MOULINEAUX
2008-2011

Le siège, d'une surface de 24.000 m², se développe dans deux immeubles, disposés de part et d'autres d'un axe piétonnier prévu par le plan d'urbanisme pour mettre en relation les nouveaux quartiers avec les berges de la Seine. Cette directive d'urbanisme posait un problème de fonctionnalité, les quatre passerelles transparentes franchissant l'axe piétonnier assurent la liaison des deux corps de bâtiment tandis que le toit formant un « velum » qui protège des intempéries le parvis d'accès exprime l'identité et l'unité du siège Paribas Real Estate.

Le long du quai de la Bataille de Stalingrad, la plus longue façade s'infléchit en une ample courbe pour mettre en scène la brèche monumentale et l'axe piétonnier qui la traverse.

Le hall d'accueil principal, bordé par le pan de verre courbe en double peau ventilée, est dominé par l'immense volume suspendu des salles de réunion qui évoque une voile de spi. C'est une surface complexe formée de panneaux de verre à double courbure mise en valeur, la nuit tombée, par un jeu d'éclairage d'intensité et de couleurs variables. Le hall et son volume spectaculaire sont des éléments marquants du paysage urbain qui s'est développé, depuis quelques années, face à la Seine et à l'île Saint-Germain.

The 24,000 square meter headquarters is located in two buildings on either side of a pedestrian axis. As part of the urban development plan, this path is designed to connect the new neighborhoods to the banks of the Seine. There are four transparent footbridges that cross the pedestrian axis to connect the two structures, while the roof forms a "velum" to protect the parvis from the elements. This architecture expresses the identity and unity of the Paribas Real Estate Headquarters, but this urban planning design posed a functional problem.

Placed along the Battle of Stalingrad Quay, the longest façade bends into a wide curve to display the massive breach and the pedestrian axis that crosses it.

Bordered by a section of the glass curve made of a ventilated double skin, the main reception hall is dominated by the meeting rooms' immense suspended volume, evoking a spinnaker sail. It is a complex surface made up of double-curved glass panels, which is enhanced at night by lights that alternate in varying intensity and color. The hall and its spectacular volume are striking components of the recently developed urban landscape that face the Seine and the Island of Saint-Germain.

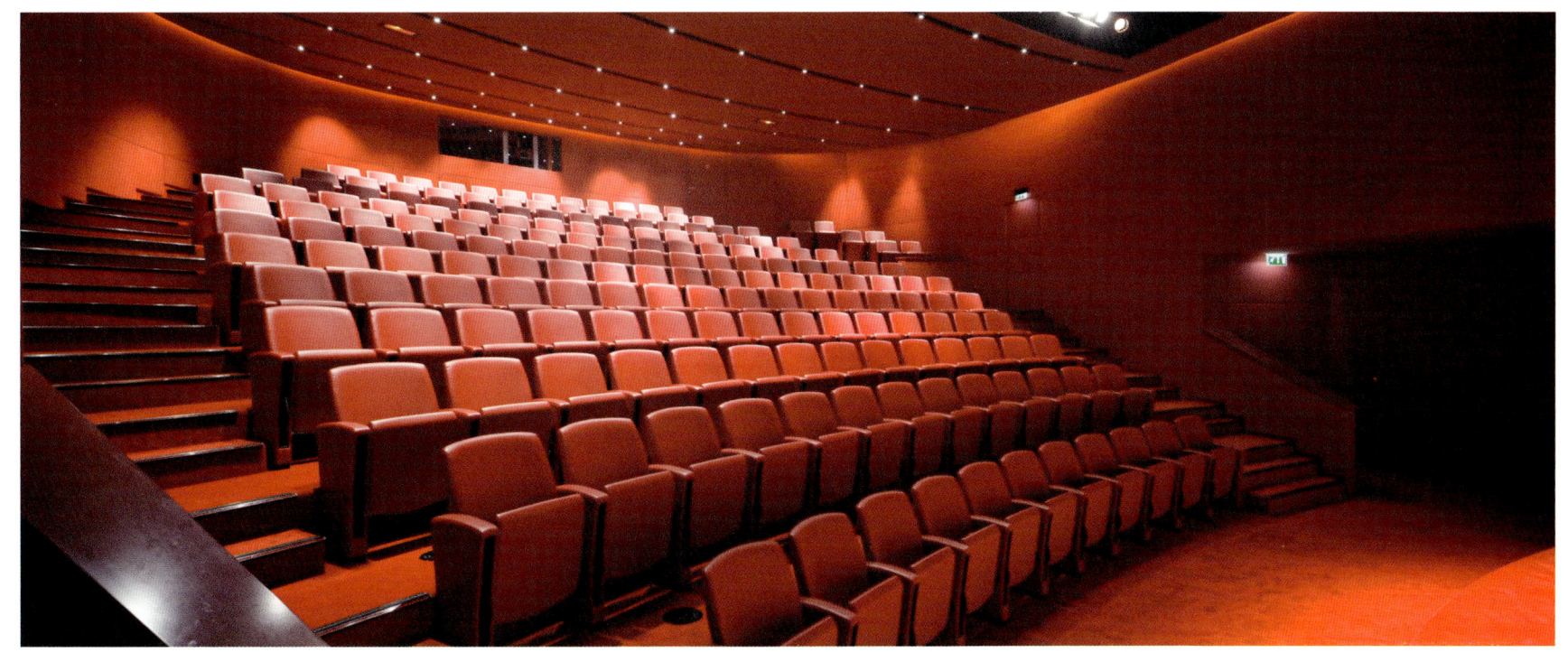

p. 237
Le parvis d'accès et la grande couverture
à oculus reliant deux corps de bâtiments
The access parvis and the large oculus
roof connecting two buildings

p. 238
Le volume en surplomb
des salles de réunion
The volume overhanging
onto the meeting rooms

Éclairage de nuit
Night lighting

p. 239
Une salle de réunion
A meeting room

p. 240
Le hall d'accueil
The reception hall

p. 241
Vue intérieure vers la verrière
Interior view of the glass roof

p. 242
Le volume des salles de réunion éclairé
de nuit, visible depuis l'extérieur
The meeting room structure lit up
at night, visible from the outside

p. 243
L'amphithéâtre
The amphitheater

IMMEUBLE « FRONT DE SEINE », ISSY-LES-MOULINEAUX
"FRONT DE SEINE" BUILDING, ISSY-LES-MOULINEAUX
2004-2006

Le nouveau quartier d'Issy-les-Moulineaux, qui accueille bureaux, logements, équipements, s'est pour partie développé le long de l'axe formé par le quai de la Bataille de Stalingrad et la Seine. L'immeuble « Front de Seine » occupe sur cet axe un emplacement privilégié. Son entrée principale s'ouvre sur un grand parvis créé à l'angle de deux rues importantes. Sa paroi vitrée, qui se développe sur toute la hauteur des deux corps de bâtiments qui l'entourent, donne à voir le grand atrium intérieur et le jeu des coursives qui desservent les différents étages.

Housing offices, accommodations, and facilities, the new district of Issy-les-Moulineaux has partly developed along an axis formed by the Seine and the Quay de la Bataille de Stalingrad. The "Front de Seine" building occupies a privileged location on this axis. Its main entrance opens onto a large parvis at the corner of two major streets. Extending to the full height of its surrounding two buildings, the entrance's glass wall reveals a large interior atrium and the intertwining passageways that lead to the various floors.

p. 245
Le grand tympan vitré
The large glass tympanum

p. 246
L'Atrium, vue intérieure
The atrium, interior view

p. 247
L'Atrium, vue de l'extérieur
The atrium, view from the outside

IMMEUBLE DE BUREAUX « LE MIRAGE », VILLEURBANNE
"LE MIRAGE" OFFICE BUILDING, VILLEURBANNE
2011-2014

L'architecture de ce projet dut évoluer en cours d'étude pour prendre en compte une contrainte urbanistique non prévue dans les plans d'origine afin de permettre la réalisation ultérieure d'un axe piétonnier devant se développer entre le bâtiment et la voie du tramway qui le longe en limite nord.

C'est pour cette raison que les corps de bâtiment en redents furent redessinés en surplomb pour accueillir ultérieurement le futur cheminement. Par ailleurs, la limitation à une hauteur maximum de quatre étages sur rez-de-chaussée de toutes les nouvelles constructions ne permettait pas d'installer à ce niveau le restaurant, la cafétéria et les services mis à disposition du personnel.

Ceux-ci furent alors développés dans un vaste sous-sol ouvert sur un grand jardin en contrebas de la rue Paul Krujer et largement ensoleillé compte tenu de l'orientation de la façade.

The architecture of this project had to evolve during the course of its design to take into account an urban planning constraint, unforeseen in the original plans. We had to allow for the subsequent creation of a pedestrian axis to be developed between the building and the tramway track that runs along the building's northern limit.

Due to this development, the body of the buildings were redesigned with a new overhang in order to accommodate this future movement. Furthermore, there was a new code that limited all new buildings to a maximum height of four stories, starting from the ground floor. This meant that the restaurant, cafeteria, and staff services could not be installed at that level.

As a result, these facilities were set up in a vast basement, which opens onto a large garden below Paul Krujer Street. The façade's position allows this space to receive a lot of natural light.

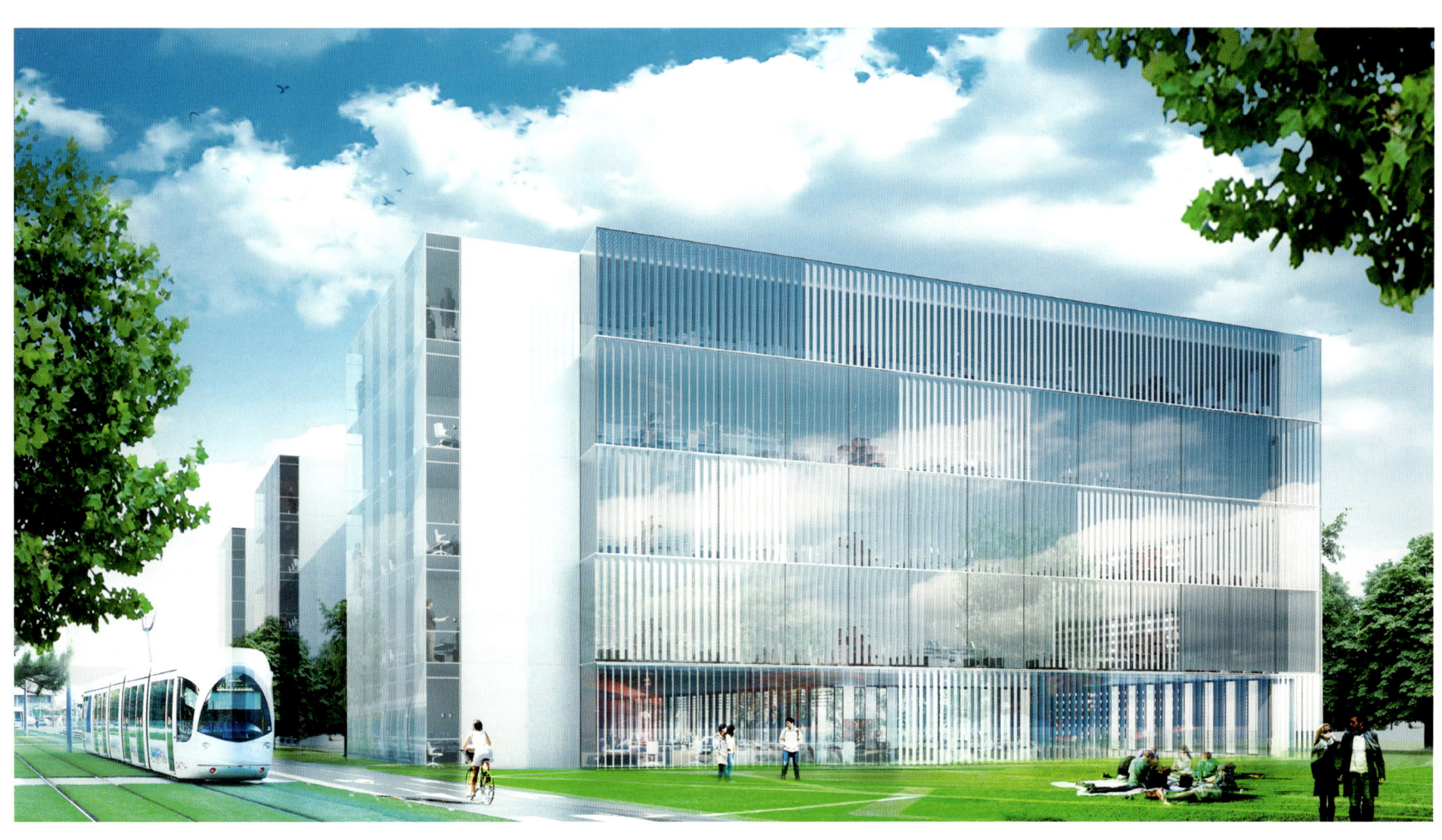

p. 249
Document d'étude, façade à redents
sur la ligne de tramway
Sawtooth façade along the tramway line,
study document

p. 250
Accès pompiers sur le pignon sud
Fire-fighter access on southern gable

p. 250
Façade ouest sur le parc
West façade onto the park

p. 251
Le hall d'accueil
The reception hall

IMMEUBLE DE BUREAUX « UNIVERSAÔNE », LYON
"UNIVERSAÔNE" OFFICE BUILDING, LYON
2010-2013

Cet immeuble de bureaux s'inscrit dans un quartier du 9e arrondissement de Lyon en plein développement. Il est l'un des nombreux et récents immeubles, dont celui de la CEGID que je construisis en 2003, qui se sont développés le long du quai Paul Sédaillan.

Les bâtiments s'organisent de part et d'autre d'un jardin en terrasse largement ouvert sur la Saône. Cette disposition permet de développer un important linéaire de façades qui bénéficient de la vue sur le fleuve qui coule au pied de l'immeuble.

L'entrée principale est située au nord du terrain, à l'opposé du jardin qu'on découvre cependant au travers d'une importante baie vitrée éclairant le hall d'accueil en double hauteur.

La façade principale s'inscrit à l'alignement d'une voie nouvelle qui prend place dans le réseau viaire réaménagé à l'occasion du développement urbain. Elle est formée d'une paroi vitrée qui s'étend sur toute la longueur et la hauteur du bâtiment, derrière laquelle court un ensemble de coursives accessibles depuis chaque bureau individuel dont elles constituent une extension mis à disposition des divers occupants.

This office building is located in a rapidly developing area of Lyon's 9th arrondissement. It is one of the many recent buildings that have developed along Paul Sédaillan Quay, including the CEGID building that I designed in 2003. The buildings are arranged on both sides of a terrace garden that opens up onto the Saône. This arrangement allows for the construction of a large line of façades that have views of the river flowing at the foot of the building.

The main entrance is situated at the north of the property, opposite the garden, which can be seen through a large bay window illuminating the two-story high reception hall.

The main façade is positioned along a new avenue that joins the network of roads renovated during the urban development. This façade is formed by a glass wall that extends along the entire height and length of the building. Behind this glass wall are a series of corridors, accessible from each individual office, forming an expansion that is open to the various occupants.

p. 253
Façades sur le jardin ouvert sur la Saône
Façades onto the open garden on the Saône

p. 254
L'angle de la façade d'entrée
et de la façade latérale
The corner of the entrance facade and side façade

p. 254
Les terrasses du jardin sur la Saône
The garden terraces on the Saône

p. 255
Le hall d'accueil
The reception hall

QUARTIER DES PYRAMIDES
"PYRAMIDES" COMPLEX
1971-1980

Le concours international lancé en 1971 par la ville nouvelle d'Évry avait pour objet la conception et la réalisation simultanée d'un vaste ensemble urbain comprenant : équipements publics, services, activités, infrastructures et 7000 logements.

Ce concours fut l'occasion de développer, à une vaste échelle, un concept d'habitat rompant avec la rigidité, la mono fonctionnalité et la monotonie architecturale des ZUP.

La configuration pyramidale des immeubles d'habitation résulta de la volonté d'offrir à chaque logement un prolongement extérieur sous forme de grande terrasse privative et de permettre aux nombreux habitants de chaque immeuble de bénéficier des services communs, tels que salles de réunions, petits ateliers, etc., répartis dans les volumes intérieurs des pyramides.

Les équipements publics, tels qu'écoles, crèches, etc., prennent place aux pieds des immeubles dans un tissu urbain évolutif et ouvert, aux façades multiples, caractéristique des recherches architecturales et urbaines des années 1970-1980.

In 1971, the planned community of Evry launched an international competition to design and construct a large urban complex, to include: public facilities, services, activities, infrastructures, and 7,000 housing units.

This competition was an opportunity to develop, on a vast scale, a housing concept that breaks with the rigid, mono-functional, and architectural monotony of the ZUP.

The residential buildings' pyramid configuration was a result of the desire to offer each dwelling an exterior extension in the form of a large private terrace, and to allow the building's many inhabitants to benefit from common areas, such as meeting rooms, small workshops, etc., distributed throughout the interior spaces of the pyramids.

The public facilities, such as schools, nurseries, etc., are located at the foot of the buildings, as part of an evolving and open urban framework with multiple façades, which was characteristic of the architectural and urban design of the 1970s and 1980s.

p. 256
Façades « végétales »
en panneaux de béton
Plant-covered façades
in concrete panels

p. 256
Terrasses et bow-windows
Terraces and bow-windows

p. 257
Le collège au pied des pyramides
The college at the foot of the pyramids

p. 257
Les terrasses privatives
The private terraces

PONTS
BRIDGES

C'est au cours des années où je fis partie du corps des « architectes conseils » et plus particulièrement auprès de la Direction des routes que j'ai eu l'occasion de rencontrer le grand ingénieur Michel Virlogeux au cours de séances de travail sur des projets routiers et des ouvrages d'art et de me familiariser avec les problèmes propres à cet important secteur de l'aménagement urbain.
Celui-ci me proposa, quelques années plus tard, de participer en équipe avec lui et d'autres bureaux d'études à la consultation pour la conception du futur pont levant à Rouen. Ce fut pour moi l'occasion d'aborder des questions nouvelles et d'appliquer certains concepts architecturaux dans un monde de haute technologie. Notre équipe fut déclarée lauréate.
Par la suite, j'ai participé à nouveau à un concours lancé pour la conception du futur pont levant sur la Garonne entre les quartiers Bacalan et Bastide à Bordeaux. Je développai à cette occasion un concept véritablement innovant que je mis au point avec une équipe d'ingénieurs et de constructeurs particulièrement imaginatifs, audacieux et expérimentés.

Je commente dans les pages suivantes les solutions développées pour ces deux projets.

I met the great engineer Michel Virlogeux during my time as a member of the "consulting architects" corps, in the Roads Department. We met during sessions on road projects and road structures, where I learned about problems that are specific to this important sector of urban development.
A few years later, Virlogeux asked me to participate in a team with him and other design offices to design the future lift bridge in Rouen. This was an opportunity for me to tackle new subjects and to implement architectural concepts in a world of advanced technology. Our team was declared the winner.
Later, I participated in another competition for the design of the future lift bridge over the Garonne, between the Bacalan and Bastide neighborhoods in Bordeaux. For this project, I developed a truly innovative concept with a team of particularly imaginative, daring, and experienced engineers and builders.

In the following pages, I comment on the solutions developed for these two projects.

Le pont Gustave Flaubert à Rouen.
Croquis d'étude "les Papillons"
Gustave Flaubert bridge in Rouen.
Sketch plan "les Papillon" (the Butterflies)

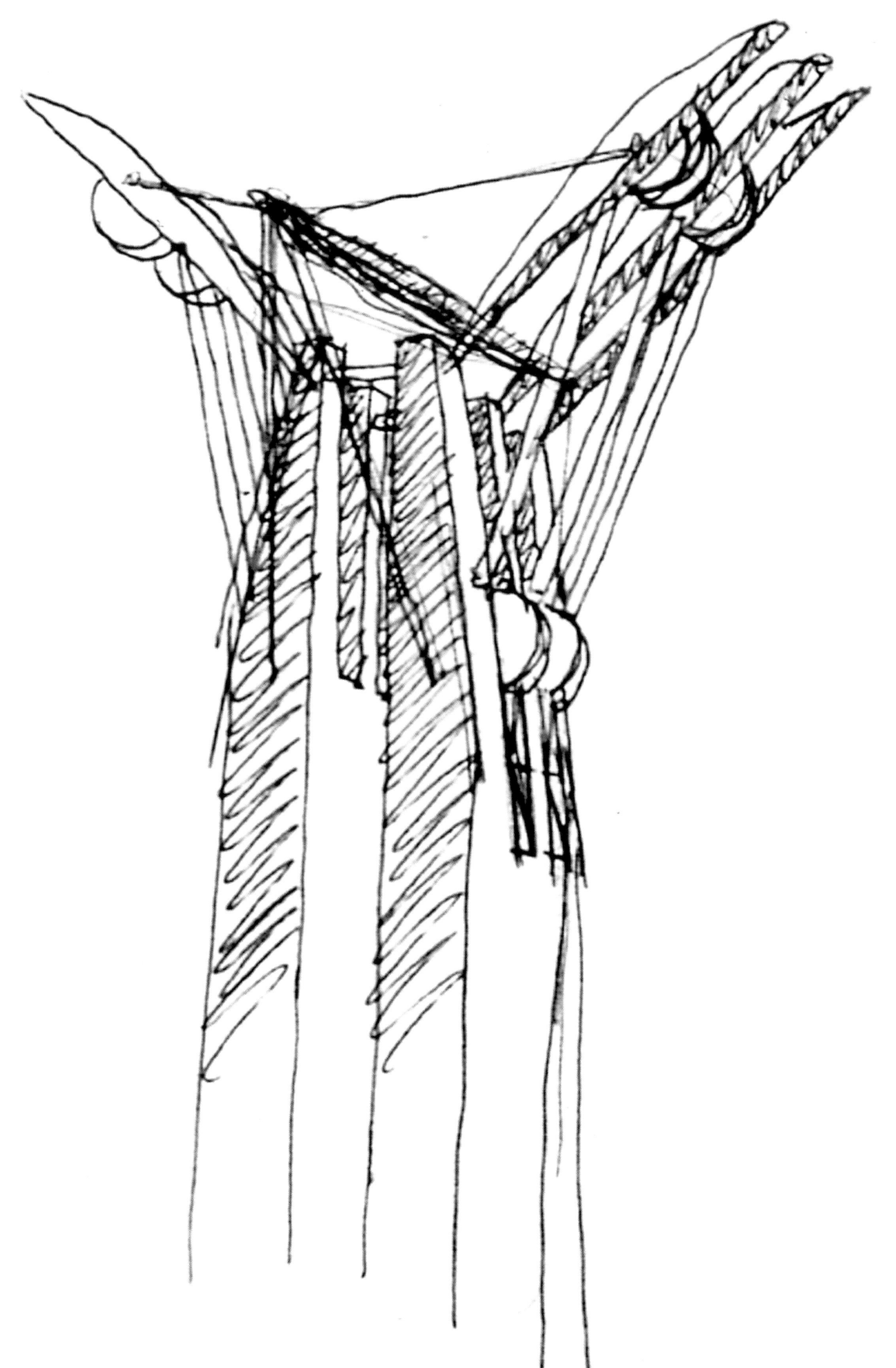

PONT LEVANT GUSTAVE FLAUBERT, ROUEN
GUSTAVE FLAUBERT VERTICAL-LIFT BRIDGE, ROUEN
2004-2007

Plusieurs hypothèses avaient été envisagées pour le sixième franchissement de la Seine à Rouen : un tunnel, un ouvrage surélevé, un pont mobile. C'est la solution du pont levant qui fut retenue parce que la meilleure au plan technique, urbanistique et financier.

Les reconstructions d'après-guerre avaient quelque peu escamoté les relations de Rouen avec la Seine. Depuis de nombreuses années le centre-ville était à la recherche de son ancien rapport avec le fleuve. Aussi, en même temps que je réfléchissais avec les ingénieurs à diverses solutions techniques, j'avais conscience que par sa position et son importance visuelle le pont serait un élément majeur du développement de la ville. Sa fonction était certes de relier les deux rives mais il devait devenir un monument urbain, un élément d'identification, un lien symbolique entre le passé et le futur de Rouen.

Sa silhouette allait s'inscrire dans une large perspective urbaine et paysagée dont la cathédrale, au cœur de la cité, était, pour l'instant, le point singulier. L'ouvrage d'art allait évidemment entrer en résonance avec elle. Plusieurs solutions techniques furent étudiées. Le « bow-string » fut l'une des premières parce qu'elle permettait d'alléger la structure des tabliers. J'écartai après discussion cette proposition car j'estimais que la coexistence de trois formes concurrentes – l'horizontale des tabliers, la verticale des colonnes et la courbe du bow-string – conduisaient à un projet visuellement trop complexe. J'estimais que seules deux lignes majeures, l'horizontale et la verticale, auraient donné force et clarté au dessin du pont.

Très vite j'ai perçu que la présence des ouvrages portuaires pouvaient inspirer la réflexion sur les diverses composantes du pont. En particulier pour les dispositions techniques concernant le système de levage des tabliers. Nous avions écarté le système à crémaillère intégré dans les fûts des colonnes et retenu le système de levage par câble à partir de chapiteaux au sommet des piles. Les premiers dessins de ces chapiteaux n'étaient pas satisfaisants.

C'est alors que pour illustrer une autre solution je m'amuse à croiser les doigts des deux mains jointes en formant un entrelacs qui évoque la silhouette des structures hautes des engins de levage du port.

J'aurais aimé que ces entrelacs soient réalisés en béton, qu'ils soient dessinés comme les ramifications de ces structures. Les calculs montrèrent que les très fortes contraintes imposées à cette partie de l'ouvrage auraient entraîné des risques de désordres lors des levages. C'est donc le métal qui fut retenu.

Le système de report des contrepoids dans les colonnes opposées

For the sixth crossing of the Seine in Rouen, several hypotheses were considered, including: a tunnel, a raised structure, and a moveable bridge. The vertical-lift bridge was selected because it was the best solution from a technical, urban, and financial perspective.

The post-war reconstruction had somewhat overshadowed Rouen's relations with the Seine. For many years, the city center wanted to reconnect with the River. While brainstorming with engineers about various technical solutions, I was conscious that, due to the bridge's location and visual significance, it would be a major component in the city's development. In addition to serving its function as a connection between the two shores, it was to become a city monument, an identifiable element and symbolic link between Rouen's past and future.

Its silhouette was to be part of a broad, urban and land-

scaped perspective, of which the Cathedral, in the heart of the city, was the singular point. The structure was obviously going to interact with the Cathedral.

Several technical solutions were considered. The "Bow String" was one of the first suggestions because it could lighten the structure of the deck. This plan involves the inclusion of three competing forms: the horizontal of the deck, the vertical of the columns, and the curve of the bow string. After having discussed it, I rejected this idea because I thought it was visually too complex. I felt that only two major lines, the horizontal and vertical, would give the bridge's design strength and clarity.

I very quickly realized that I could draw inspiration from the presence of the port structures to design the bridge's various components, especially the technicalities concerning the deck lifting system. We dismissed the rack and pinion system, which would have been integrated into the column barrels, and retained the cable lifting system, which extends from capitals placed on the top of the columns. The first designs of these capitals were not satisfactory.

It is then, to illustrate another solution that I entertain myself by crossing the fingers of my two hands in an interlacing pattern. This pattern evokes the silhouette of the high structures of the port's lifting system.

I would have liked to create the branches of the lifting system in this interlacing pattern in concrete. However, calculations showed that this part of the structure would have to endure very high stress, and concrete would have risked problems during lifting. Thus, we retained the metal.

Designed by engineers, we ultimately employed a system of transferring counterweights to the opposite column. The final design was called "the butterflies."

Here are a few figures to fully appreciate the dimensions of the structure. Weighing 1,350 tons each, the two 120 meter long decks must independently lift 55 meters above the river. The pylons, 68 meters high, are topped by a "butterfly" weighing 450 tons each, which brings the total height of the structure to 90 meters.

imaginé par les ingénieurs conduisit au dessin définitif de ce qui fut appelé « les papillons ».

Quelques chiffres permettent d'apprécier les dimensions de l'ouvrage d'art : les deux tabliers, longs de 120 m, doivent pouvoir être levés indépendamment à 55 mètres au-dessus du fleuve, chacun pèse 1350 tonnes. La hauteur des pylônes est de 68 m. Chaque « papillon » qui les surmonte pèse 450 tonnes et porte la hauteur totale de l'ouvrage à 90 m.

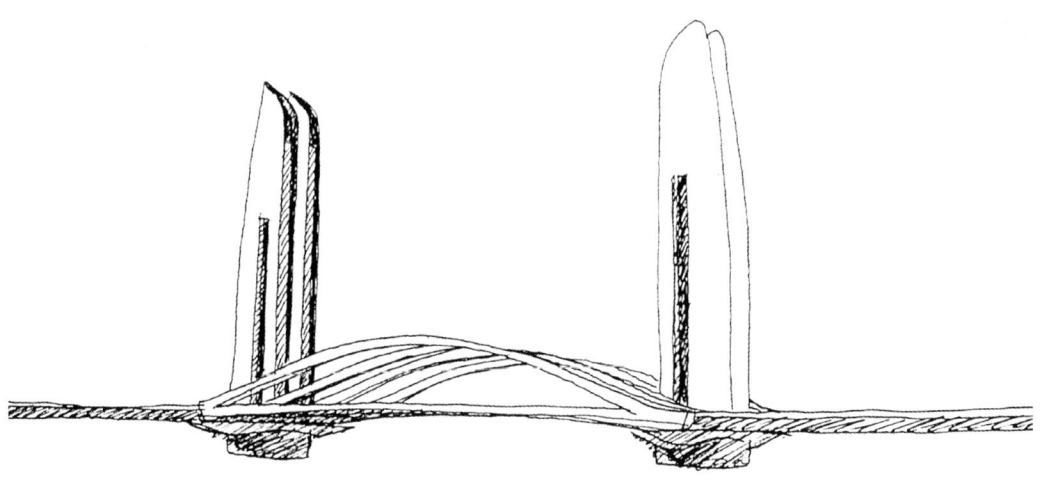
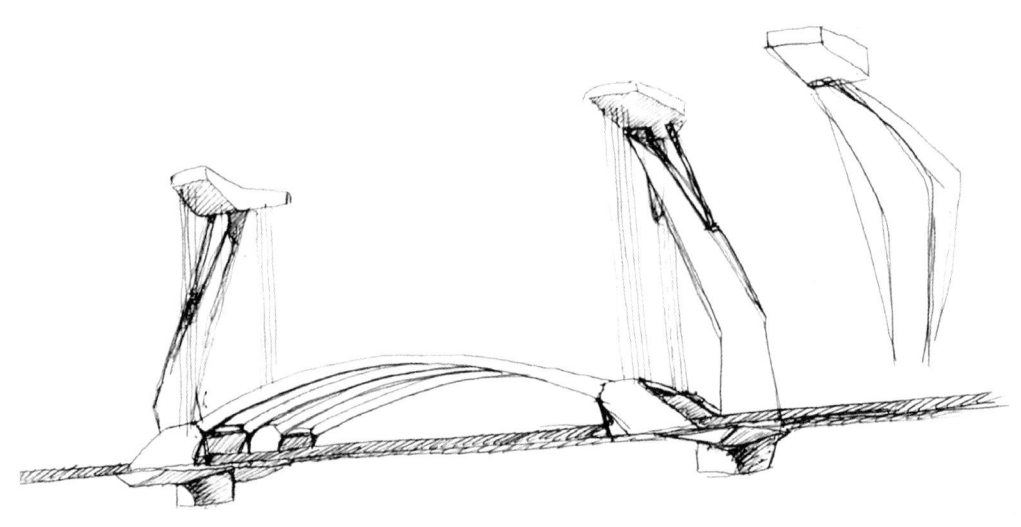
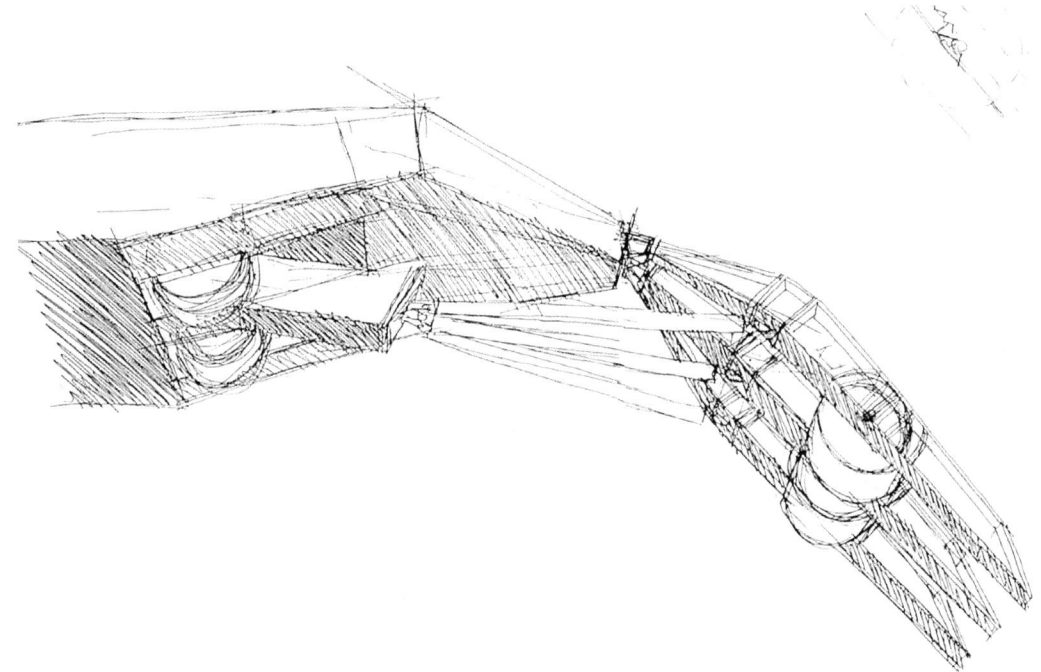

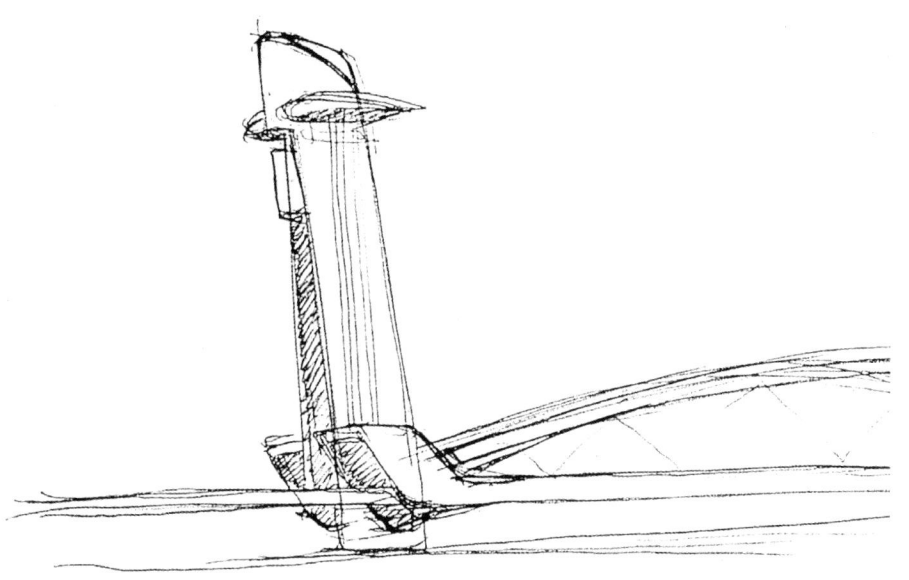

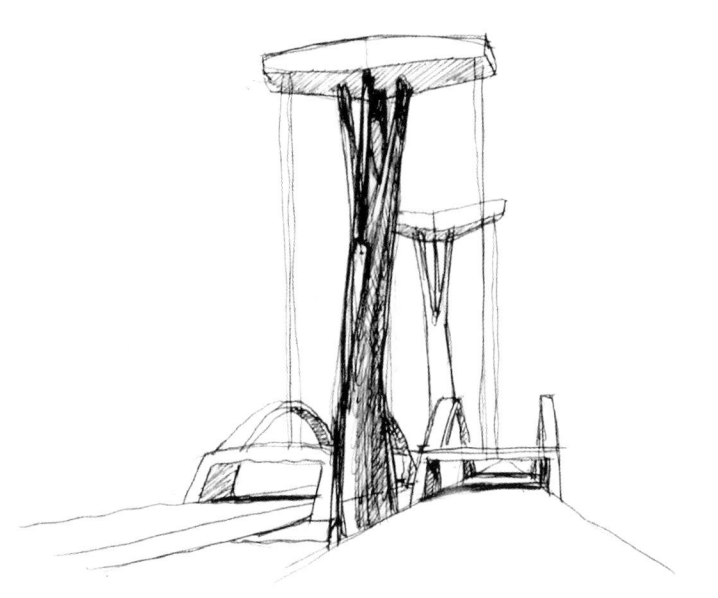

p. 260
Les deux tabliers sont levés
Both decks are raised

p. 261
Les colonnes jumelées Nord
et les "Papillons"
The twin columns North
and the "Papillons"

p. 262
Croquis d'étude. Hypothèse bow-string
Sketch plan. Bow string hypothesis

p. 262
Croquis d'étude. Variante de colonnes
Sketch plan. Column variations

p. 262
Croquis d'étude. Système d'ancrage des poulies de levage
Sketch plan. Anchoring system for the lifting pulleys

p. 263
Croquis d'étude. Variante de chapiteaux
Sketch plan. Capital variations

p. 263
Croquis d'étude. Variante de chapiteaux
Sketch plan. Capital variations

p. 263
Croquis d'étude. Variante de chapiteaux
Sketch plan. Capital variations

p. 264
Les deux tabliers sont baissés
Both decks are lowered

p. 265
14 avril 2007, passage du « Belem »
April 14, 2007, passage of "Belem"

PONT LEVANT CHABAN-DELMAS À BORDEAUX (CONCOURS)
CHABAN-DELMAS VERTICAL-LIFT BRIDGE IN BORDEAUX (COMPETITION)
2005

Les directives techniques du dossier de concours pour la réalisation de ce pont levant étaient proches de celles du pont Gustave Flaubert à Rouen mais le site était de nature radicalement différente, marqué par sa large ouverture où coulait, entre deux rives très éloignées l'une de l'autre, la Garonne. À l'endroit du futur pont levant, le fleuve était d'une largeur double de celle de la Seine au pont Gustave Flaubert, 420 m contre 195 m. C'est l'ampleur du site, la largeur de la Garonne qui orientèrent mes premières réflexions.

Au cours de la première visite sur le terrain, j'eus la certitude qu'il fallait imaginer une solution radicalement différente de celle que nous avions retenue à Rouen. Il me semblait en effet que sur un fleuve large et généreux, une « porte » délimitée par quatre pylônes apparaîtrait insolite, mal dimensionnée, pas à l'échelle d'un paysage aussi ouvert. Pour exprimer ce sentiment j'expliquais que sur la Garonne une telle « porte » serait perçue comme un portillon, un goulet pour navires.

Je proposais alors aux ingénieurs de l'équipe et à l'entreprise partenaire, Bouygues, de réfléchir à une solution de pylône unique portant à lui seul toute la mécanique de levage. Par ce dispositif inhabituel nous supprimerions l'effet de « portillon » que je redoutais.

Je développai l'idée que les navires longeraient ainsi un ouvrage unique, monumental, un phare en plein fleuve. Parmi tous les ponts levants qui se construisent dans le monde, un tel dispositif n'avait, me semble-t-il, jamais été étudié. Nous apportâmes une solution technique nouvelle et vraiment originale.

Le choix d'une pile unique avait une conséquence technique et architecturale : les ouvrages supports de câbles, habituellement répartis sur quatre supports, seraient concentrés sur un seul. Il fallait donc créer, en tête de cette pile, une plateforme d'une dimension suffisante pour y installer toute la mécanique nécessaire au levage des tabliers. C'est cette contrainte qui détermina le profil évasé du pylône surmonté d'une immense poutre métallique.

Nous pensions, dans un premier temps, recourir au système classique de traction par câbles mais cette solution aurait entraîné, compte tenu de la hauteur de l'ouvrage, des efforts importants de tension difficilement métrisables. Les ingénieurs proposèrent une solution beaucoup plus élégante.

Ils imaginèrent de lever le tablier en assurant le basculement de la poutre par un ensemble de buttons mobiles placés en tête de pylône complétés par des contrepoids logés à l'intérieur de la poutre caisson.

C'est ce dispositif de buttons et contrepoids qui détermina le profil en

The design competition's technical guidelines for the construction of this vertical-lift bridge were close to those of the Gustave Flaubert bridge in Rouen, but the nature of the land was radically different. The site is characterized by its ample opening where the Garonne River flows between widely set banks. At the location of the future vertical-lift bridge, the river is twice as wide as the Seine is at the Gustave Flaubert bridge, 420 meters vs. 195 meters. It was the wide breadth of the Garonne that influenced my first ideas.

During the first field visit, I was convinced that it was necessary to design a radically different solution from that of the one we employed in Rouen. I felt that on a wide and ample river, a "door," bounded by four pylons, would seem unusual and poorly proportioned, not the right scale for such an open landscape. To communicate this point of view, I explained that on the Garonne, such a "door" would be perceived as a gate, a bottleneck for ships.

To the team's engineers and the partner company, Bouygues, I consequently suggested that they consider a single pylon solution, which would handle all the lifting mechanics. Through this unusual plan, we would remove the "door" effect that I feared.

I developed the idea for ships to pass along a unique, monumental structure: a lighthouse in the middle of the river. Among all the vertical-lift bridges being constructed in the world, it seems to me that a plan such as this one had never been studied. We produced a new, and truly original technical solution.

The choice of a single column had a technical and architectural consequence: usually distributed across four supports, the cable support structures would be concentrated on one single structure. Therefore, we had to create a platform of sufficient size at the head of the column, to install all of the necessary mechanics to lift the decks. This constraint determined the flared profile of the pylon, which was topped by an immense, steel girder.

At first, we thought of using the traditional cable management system, but, given the height, this solution would have resulted in significant tension that would be difficult to control. The engineers proposed a much more elegant solution. They suggested lifting the deck by securing the girder's swing with a set of moveable struts placed at the top of the pylons. This would be complemented by counterweights housed inside the girder's chamber.

This plan of struts and counterweights determined the "bird wing" profile of the immense 170 meter long rod, hovering 55 meters above the river.

« aile d'oiseau » de l'immense fléau long de 170 m posé en équilibre à 55 m au-dessus du fleuve.

L'architecture du pont levant s'exprimait dans la précision, la rigueur et l'élégance de ces deux constituants majeurs, le pylône et « l'aile d'oiseau », et dans l'évidente simplicité du système de levage. La silhouette élancée de ce monument exceptionnel, d'une conception vraiment originale, remarquable exploit technique, se serait remarquablement inscrite sur le fleuve Garonne.

Ce projet, remarqué et apprécié par de nombreux observateurs, ne fut pas retenu. C'est l'un des plus grands regrets de ma vie d'architecte.

The vertical-lift bridge's architecture was articulated in the precision, rigor, and elegance of the pylon and the "bird wing" and in the clear simplicity of the lifting system. A truly original design and a remarkable technical achievement, this exceptional monument's slender silhouette would have fit in strikingly on the Garonne River.

Although noticed and appreciated by many observers, this project was not selected. This is one of the greatest regrets in my life as an architect.

p. 267
Document de concours. Vue depuis la places Quinconces, le tablier est levé
View from Quinconces Square, the deck is raised, competition document

Document de concours. Le tablier est levé
The deck is raised, competition document

p. 268
Document de concours. La colonne unique, la « flèche », le tablier levé à 55 mètres, vus depuis la rive droite
The single column, the "arrow," the deck raised to 55 meters, seen from the right bank, competition document

p. 269
Document de concours. Colonne et « flèche », tablier baissé, vus depuis la rive droite
Column and "arrow," lowered deck, seen from the right bank, competition document

Document de concours. Colonne et « flèche », tablier baissé, vus depuis la rive gauche
Column and "arrow," lowered deck, seen from the left bank, competition document

p. 270-271
Document de concours. Accès depuis la rive gauche
Access from the left bank, competition document

UNE TOUR ROSTRALE
A ROSTRAL TOWER
2020

Cette tour, haute de 205 m, s'inspire des colonnes rostrales qui furent élevées en témoignage de batailles navales dans la Grèce et la Rome antiques, comme celle de Duillius (260 av. J.-C.), ou plus tard pour guider les marins ou honorer un grand navigateur comme celle de l'île Vassilievski à Saint Pétersbourg (1810), celle du Colombus circus à New York (1892), et celle de la place des Quinconces à Bordeaux (1828).

Ce projet a pour objet d'explorer les voies d'un autre concept de verticalité urbaine.

En effet, l'architecture des tours s'exprime pour l'essentiel, dans l'élancement, le couronnement, la structure, les textures, les soubassements. Quelles qu'en soient leur dimension, leur virtuosité technique et esthétique, la caractéristique majeure des tours actuelles consiste dans la verticalité d'un volume unique, qu'il soit cylindrique, tronconique, rectangulaire ou torsadé. Aussi, la géométrie habituelle de celles-ci produisant une superposition d'étages quasi identiques limite la possibilité d'offrir, à un nombre très important de personnes, le bénéfice et le plaisir de vues panoramiques exceptionnelles. Notons d'ailleurs que, dans de nombreuses réalisations, la réceptivité qui tend à décroître dans les étages les plus élevés réduit encore le nombre de privilégiés.

Dans ce nouveau projet la tour est un ensemble architectural constitué de ''rostres'' qui se développent autour d'une colonne centrale dans un mouvement spiralé et une croissance arborescente. Ces rostres de longueurs variables accueillent aux niveaux supérieurs beaucoup plus de logements, de bureaux ou de services que ceux des tours habituelles. Ainsi, les occupants de ces niveaux seront plus nombreux à bénéficier de l'altitude et des vues panoramiques.

Ce projet, pose à un haut niveau de complexité les problèmes propres aux tours : résistance au vent et aux mouvements tectoniques mais, dans l'organisation et la disposition de ses constituants, il soulève des problèmes particuliers de portance et de mise en œuvre.

Certains de ces problèmes furent abordés et résolus dans l'étude d'un projet de pont levant dont le concept et la technique

This tower of 205 meters in height draws inspiration from the rostral columns erected in commemoration of naval battles in ancient Greece and Rome, like the column of Gaius Duilius (260 BCE), or much later to guide seafarers or hon-our great explorers, like those of Vasilyevsky Island in Saint Petersburg (1810), Columbus Circle in New York (1892) and Place des Quinconces in Bordeaux (1828).

The aim of this project is to explore the paths of another urban verticality.

In fact, the architecture of the towers is essentially expressed in their slenderness, capstone, structure, textures, and foundations. Besides their dimension, and technical and aesthetic mastery, the primary characteristic of the present-day towers is the verticality of a single volume, whether it be cylindrical, truncated, rectangular or twisted. Moreover, their usual geometry entails a superposition of almost identical floors which limits the possibility of offering exceptional panoramic views (for the benefit and pleasure) to a large number of people. Furthermore, for the majority of constructions, receptivity tends to decrease even at the highest stories.

In this new project, the tower is formed by "rostrums," which are organized around a central column in a spiral movement and a tree-like growth. Composed of varying lengths, these "rostrums" accommodate an increased number of dwellings, offices, and services at the upper levels in comparison to conventional towers. Thus, a higher number of occupants at these levels will benefit from panoramic views.

At a highly complex level, this project raises several problems specific to towers, such as resisting wind and tectonic movements. Moreover, with reference to the organization and positioning of the various components, it addresses the issues of bearing capacity and implementation.

Some of these problems are similar to the ones that engineers had resolved for a lift bridge project, whose concept was analogous to that of the Rostral

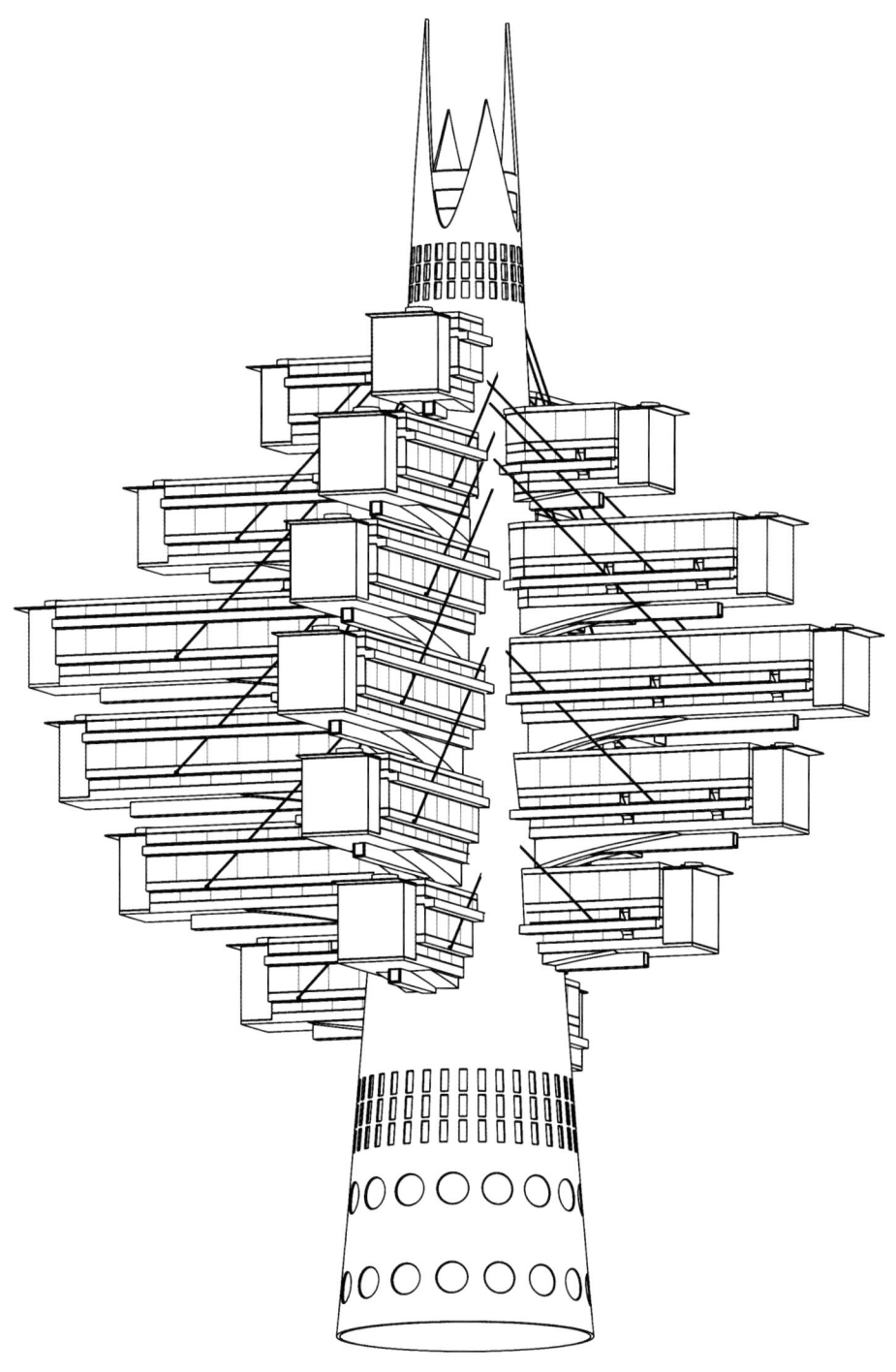

s'apparentaient pour partie à ceux de la Tour rostrale. C'est à partir de ces recherches antérieures que ce projet de tour sera développé.

Au plan de l'habitabilité et de la sécurité, un double réseau de circuits de secours par terrasses et coursives latérales permettra d'assurer, à tout moment, l'évacuation des personnes en cas de sinistre dans des conditions de parfaite efficacité.

Au plan de l'urbanisme les hautes silhouettes de ces « tours rostrales » apporteraient une note véritablement originale et dynamique rompant avec la verticalité habituelle et répétitive de nombreux quartiers contemporains.

Tower. We will establish further research and solutions during the development of this project.
In terms of habitability and safety, a double network of emergency paths through terraces and side corridors will ensure a perfectly efficient evacuation in the event of a disaster.
In terms of urban planning, the silhouettes of these "rostral towers" would provide a new and dynamic note, breaking with the usual and repetitive verticality of the towers in several contemporary neighborhoods.

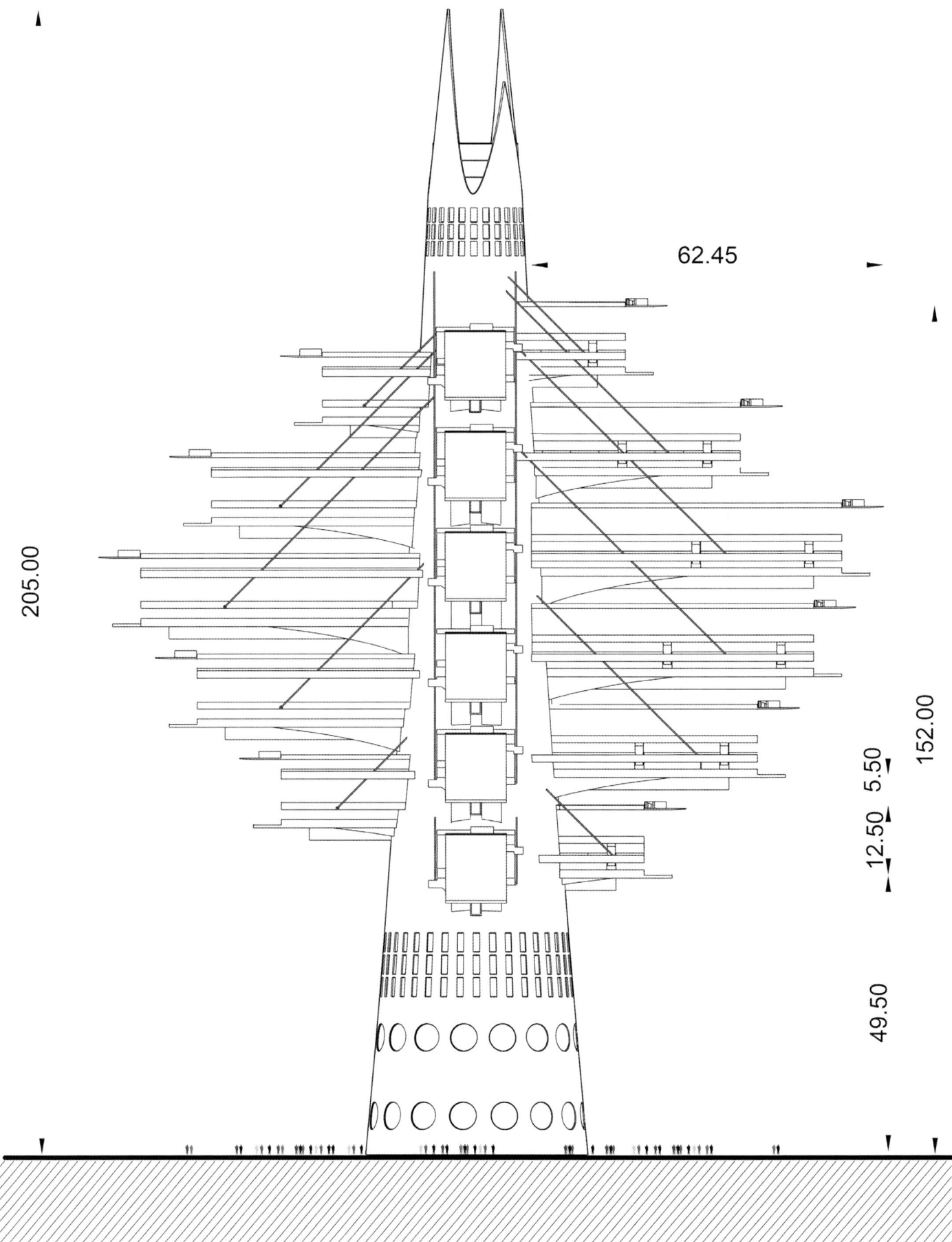

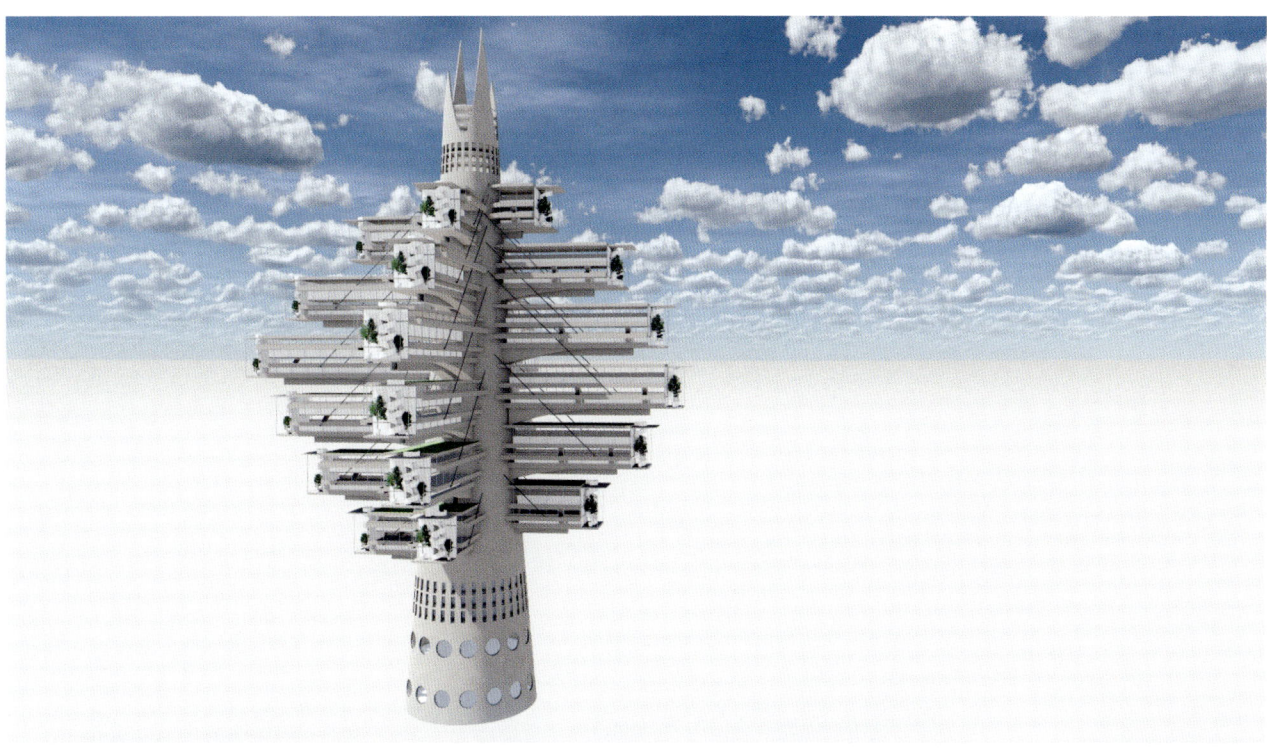

p. 273
Vue axonométrique
Axonometric view

p. 274
Élévation
Elevation

p. 275
Perspective à « vol d'oiseau »
Bird's-eye view

p. 275
Perspective à hauteur d'homme
Perspective at eye level

ANNEXES
APPENDIX

URBAN UTOPIAS

UTOPIES URBAINES

I have various misgivings about the presentation of enticing images of urban utopias in the media with no critical analysis, which I see as deliberately ignoring the immediate problems of the contemporary city and turning a blind eye to the challenges they entail for those whose task it is to imagine their future.

As Rudy Ricciotti rightly observed, "Romanticism means molding reality and fleeing from utopia, which is a nightmare. The transformation of reality alone is the great revolutionary project."

This desire for utopia is, however, embedded in architects' brains during their first few years of study when they discover the projects of the "revolutionary architects": the Royal Saltworks at Arc-et-Senans, designed and partially built by Claude-Nicolas Ledoux, the Newton Cenotaph of Etienne-Louis Boullée, Giovanni Battista Piranesi's dream-like images of Rome and then, at the birth of urban planning, the first geometrically pure and ideal grid plan, long attributed to Hippodamus of Miletus, traces of which have now been identified in the remains of earlier Greek colonies.

Architects love to illustrate the social utopias of philosophers or indeed to open secret doors themselves, to explore the imaginary worlds that haunt them and to capture them in evocative sketches. They thus escape for a moment from the rationality of the projects to be carried out in the present. If they allow themselves to dream, it is because they know that, as Françoise Choay wrote in *L'Urbanisme, utopies et réalités*, "Despite the claims of theorists, the planning of a city is not the object of a rigorous science. The idea of scientific urban planning is indeed no more than a myth of the industrial society."

I shall mention only a few ideal cities designed in the 20th century by architects without addressing the concepts of social and urban organization devised and sometimes applied by thinkers, philosophers and writers in the 19th century, one of the most fertile in this field.

J'ai, envers les images séductrices des utopies urbaines reproduites sans analyse critique par les médias, plus qu'une réserve lorsque je perçois dans ces publications l'ignorance volontaire des problèmes immédiats de la ville contemporaine, le pas de côté pour ne pas évoquer les défis qu'elle pose à ceux qui ont la charge d'en imaginer le devenir.

Il me plaît de citer ce propos de Rudy Ricciotti : « Façonner le réel, c'est ça le romantisme, échapper à l'utopie, puisque c'est elle le cauchemar, seule la transformation du réel est le grand projet révolutionnaire ».

Pourtant ce désir d'utopie s'inscrit dans le cerveau des architectes au cours de leurs premières années d'études lorsqu'ils découvrent les projets des « architectes révolutionnaires » : la Saline royale de Chaux, conçue et en partie réalisée par Claude-Nicolas Ledoux, le cénotaphe de Newton par Étienne-Louis Boullée, les restitutions d'une Rome rêvée par Giovanni Battista Piranesi, et plus avant, aux origines de l'urbanisme, ce premier plan de ville à la géométrie idéale et épurée longtemps attribué à Hippodamos de Milet, on sait aujourd'hui que d'anciennes colonies grecques en portèrent trace antérieurement.

Les architectes aiment illustrer les utopies sociales des philosophes ou pousser eux-mêmes des portes secrètes, explorer ces mondes imaginaires qui les habitent et leur donner corps dans des dessins évocateurs. Ils échappent ainsi, un instant, à la rationalité des projets qu'ils doivent, dans le temps présent, mener à bien.

S'ils s'autorisent à rêver, c'est parce qu'ils savent, comme l'écrivait Françoise Choay, dans son ouvrage *L'Urbanisme, utopies et réalités*, « que malgré la prétention des théoriciens, l'aménagement des villes n'est pas l'objet d'une science rigoureuse. Bien plus l'idée d'un urbanisme scientifique n'est qu'un mythe de la société industrielle… ».

Je n'évoquerai que quelques cités idéales conçues au XXe siècle par les architectes. Je n'aborderai pas les concepts d'organisation sociale et urbaine imaginés, parfois appliqués, par des penseurs, philosophes ou écrivains du XIXe siècle, l'un des plus féconds dans ce domaine.

Il me faut pourtant en citer quelques-uns parmi ces derniers : Robert Owen (1771-1858) et sa New Harmony, Étienne Cabet (1788-1856) et sa capitale Icara, Charles Fourrier (1772-1837) et sa Ville de la sixième période, Jules Verne (1828-1905) et France-Ville dans les *Les cinq cents millions de la Bégum* ou encore Herbert Georges Wells (1866-1946) et sa Cité de l'espace.

Parce que je m'interroge sur l'utilisation parfois abusive du terme « utopie », je ne distinguerai pas parmi les villes idéales d'architectes, celles qui sont restées dans les cartons de leurs auteurs et celles qui ont été réalisées en tout ou partie.

Toutes les utopies urbaines dessinées aux XIXᵉ et XXᵉ siècles s'inspirent d'un modèle progressiste et d'une esthétique moderne à l'exception de celle théorisée par Camillo Sitte, architecte et directeur de l'École impériale et royale des arts industriels de Vienne. Le Corbusier écrira férocement qu'elle était « le passé au petit pied, le passé sentimental, la fleurette un peu insignifiante au bord de la route. Ce passé n'était pas celui des apogées, c'était celui des accommodements. »

Je relève que ces cités d'architectes expriment, sauf une exception des années 1960 dont je parlerai après, une vision positive et lumineuse de la ville future si loin des univers obscurs et oppressants filmés par les cinéastes, Fritz Lang pour *Metropolis* ou Jean-Luc Godard pour *Alphaville*.

Au début du siècle, de 1901 à 1904, Tony Garnier, pensionnaire de l'Académie de France à Rome, projette « une cité industrielle », dont il dit dans l'introduction de son ouvrage qu'elle est « une imagination sans réalité mais qui est l'illustration de ces futures villes neuves dont la plupart seront fondées pour des raisons industrielles ». C'est, avant la Charte d'Athènes, le premier manifeste de l'urbanisme progressiste, écrira Françoise Choay.

Durant la crise économique de 1929, Franck Lloyd Wright imagine Broadacre City. Critiquant la verticalité congestionnée, inesthétique et antiscientifique des villes, il aborde la question politique de la libre disposition du sol afin que le paysage devienne un élément fondateur de la nouvelle cité. Il écrit : « Broadacre sera édifiée… dans un climat de sympathie avec la nature ».

Le Turinois Paolo Soleri projette en 1955, grâce à une subvention de l'université d'Arizona, Mesa City, une ville utopique, verticale, haute et dense, première représentation de la ville organique évoquant l'univers structurel d'Antoni Gaudí, ville écologique dont les mégastructures sont conçues pour capter l'eau, le vent, l'énergie cosmique.

Au cours de mes études, dans une vision écologiste anticipatrice, j'inverse le terme de « Cités jardin » et j'imagine des « Jardins Cités » formés de collines végétales habitées, parcourues de réseaux troglodytes.

Le rapport à l'océan, dont la « fondation Jacques Rougerie » fera l'un des axes de recherche de jeunes architectes et ingénieurs, est abordé en 1959 par Paul Maymont, avec son projet de ville flottante Thalassa, et en 1966 par Jacques Ringuez dans l'île artificielle, thème cette année-là du Grand Prix de Rome.

La dimension techniciste de la cité future apparaît en 1959 dans la Ville spatiale de Yona Friedmann, dans les années 1960 avec les dessins

I must, however, mention a few of the latter: Robert Owen (1771–1858) and his New Harmony, Etienne Cabet (1788–1856) and his capital Icara, Charles Fourrier (1772–1837) and his City of the sixth period, Jules Verne (1828–1905) and his Ville-France in *The Begum's Fortune*, H. G. Wells (1866–1946) and his City in space.

As I sometimes wonder about the sometimes incorrect use of the term *utopia*, I shall draw a distinction in the ideal cities of architects between those that remained on the drawing board and those either completely or partially built.

All the urban utopias designed in the 19th and 20th centuries draw inspiration from a progressive model and a modern aesthetic with the exception of the one devised by Camillo Sitte, architect and director of the Imperial and Royal School of Industrial Arts in Vienna. Le Corbusier described this scathingly as "the past in miniature, the sentimental past, the fairly insignificant little flower at the roadside, the past not of peaks but of compromises."

Apart from one exception of the 1960s to be discussed later, it should be noted that these architects' cities express a positive and radiant vision of the urban future far removed from the dark and oppressive universe of films like Fritz Lang's *Metropolis* and Jean-Luc Godard's *Alphaville*.

At the French Academy in Rome from 1901 to 1904, Tony Garnier worked on the design of an industrial city. As he wrote in the introduction to his work, this was "a figment of the imagination with no reality but an illustration of the new cities of the future, most of which will be founded for industrial purposes." Françoise Choay describes this as the first manifesto of progressive urban planning before the Athens Charter.

Frank Lloyd Wright developed the concept of Broadacre City at the time of the 1929 Wall Street Crash. Criticizing the congested, unattractive and unscientific verticality of cities, he addressed the political question of the free organization of land to ensure that the landscape constitutes a key element of the new town. He wrote of Broadacre being built in harmony with nature.

In 1955, on a grant from the University of Arizona, the Turinese architect Paolo Soleri designed Mesa City, a vertical utopian town, high and dense, the first representation of an organic city recalling the structural universe of Antoni Gaudí, an ecological city with megastructures designed to harness water, wind and cosmic energy.

As a student, looking forward to the environmentalist vision to come, I reversed the term *garden city* and dreamed of *city gardens* made up of inhabited hills covered in vegetation and riddled with troglodytic networks.

Our relationship with the ocean, developed as a central pillar of research for young architects and engineers by the Jacques Rougerie Foundation, was addressed in 1959 by Paul Maymont with his project for the floating city of Thalassa and in 1966 by Jacques Ringuez in the Artificial Island, the subject set for the Grand Prix de Rome that year.

The technological dimension of the city of the future made its appearance in 1959 with the Spatial City of Yona Friedmann and in the 1960s with the drawings of Claude Parent for his Oblique City and the work of Archigram. This group of six architects led by Peter Cook imagined Urban Megastructures, Network Cities and inflatable or mobile towns like Ron Heron's Walking City, a distant echo of Leon Battista Alberti's house on wheels. Jean-Claude Bernard's *Ville totale* of 1964 is an artistic and sculptural vision of the interwoven urban complex.

Auroville near Pondicherry, the mystic township designed by Roger Anger in 1968 for Mira Alfassa, known as the Mother, to house a community living in accordance with the precepts of Sri Aurobindo, is organized "around a point of magnetic attraction that symbolizes its message, the great sanctuary temple or Matrimandir at the center of spiritual life." A recent article in *Le Monde* speaks of a utopia on a gentle slope with very slow development.

As stated above, all these utopian cities express an optimistic vision of future urban life. The exception is Superstudio, a group of six architects founded in Florence in 1966 and led by Adolfo Natalini and Cristiano Toraldo di Francia. According to their radical critique of any collective utopia, "if architecture and town planning is merely the formalization of present unjust social divisions, then we must reject town planning and its cities." Superstudio's ironic and dystopian Ideal Cities include the Temporal Cochlea-City, New York of Brains, the City of the Hemispheres and Barnum Junior's Magnificent and Fabulous City.

To the best of my knowledge, the application of Artificial Intelligence to urban mobility has given rise to no utopian projects other than those of a few comic strips. Robotics, the proliferation of self-driven vehicles and autonomous taxi drones will have a radical impact on urban form, access to buildings, architecture, the organization and importance of road systems, and the reduction or even disappearance of space-devouring parking areas.

Cities once regarded as unrealistic have risen from the ground and developed far beyond what was originally envisaged. Examples include Chandigarh, designed by Le Corbusier for Nehru in 1947, and Brasilia, designed by Lúcio Costa for Kubitschek in 1956 and enhanced by the works of Oscar Niemeyer. These are the utopias made reality of the 20th century.

At the dawn of the new century, Norman Foster has designed the town of Masdar City on environmental criteria, in Abu Dhabi. Will this ambitious project, an urban symbol of sustainable development, become a reality or will it be a failed utopia like Auroville, its bid for carbon neutrality just a pipedream?

As Alphonse de Lamartine observed, utopias are sometimes premature answers.

Aymeric Zublena
22 March 2018

de Claude Parent pour sa Ville oblique et les recherches d'Archigram, groupe de six architectes réunis autour de Peter Cook. Ceux ci imaginent des megastructures urbaines, des cités en réseaux, des villes gonflables ou mobiles comme la Walking City de Ron Heron, lointain rappel de la Maison sur roues de Leon Battista Alberti. En 1964, Jean-Claude Bernard dessine la Ville totale, vision plastique et sculpturale de l'enchevêtrement urbain.

Auroville, près de Pondichéry, ville mystique dessinée en 1968 par Roger Anger à la demande de Mira Alfassa, dite « la Mère », pour accueillir une communauté vivant sous les préceptes de Sri Aurobindo, s'organise « autour d'un point d'attraction magnétique qui symbolise son message, le grand temple sanctuaire le "Matrimandir" au centre de la vie spirituelle ». *Le Monde*, dans un article récent, parle d'une utopie en pente douce au développement très lent.

J'ai dit plus haut que toutes ces cités utopiques expriment une vision optimiste de la vie urbaine future. Superstudio rompt avec cette attitude. Ce groupe né à Florence en 1966 réunit six architectes autour d'Adolfo Natalini et Cristiano Toraldo di Francia. Il dresse un réquisitoire radical contre toute utopie collective considérant « qu'il faut rejeter l'urbanisation des villes… parce qu'elle est la formalisation des divisions sociales injustes actuelles » et imagine, par ironie, des dystopies, les « Villes absurdes », telles que la Ville Colimaçon, New York sur cerveaux, la Cité des demi-sphères, la Cité Barnum, etc.

L'application de l'Intelligence Artificielle aux déplacements urbains n'a pas suscité, à ma connaissance, de projets utopiques, sauf en quelques bandes dessinées. Pourtant la robotique, la conduite automatique généralisée, les drones-taxis autonomes auront des conséquences profondes sur la forme de la ville, l'accès aux bâtiments, leur architecture, l'emprise et l'organisation des réseaux de voiries, la réduction ou peut-être même la disparition des aires de stationnement dévoreuses d'espace.

Des villes, que l'opinion considéra un temps irréalistes, sont sorties de terre et se sont développées bien au-delà des prévisions d'origine : Chandigarh, décidée en 1947 par Nehru, imaginée par Le Corbusier ; Brasilia, voulue en 1956 par Kubitschek, conçue par Lúcio Costa, magnifiée par les réalisations d'Oscar Niemeyer. Elles sont les utopies réalisées du XXe siècle.

À l'aube du nouveau siècle, Masdar City est une écocité de l'émirat d'Abou Dhabi projetée par Norman Foster. Ce projet ambitieux, symbole urbain du développement durable, sera-t-il mené à son terme, ou restera-t-il comme Auroville une utopie inaboutie, le songe inachevé d'une ville au taux « zéro carbone » ?

Les utopies sont parfois, d'après Alphonse de Lamartine, « des réponses prématurées ».

Aymeric Zublena
22 mars 2018

L'IMPERMANENCE DES CONCEPTS

Conférence, Quito, Équateur, 2013

THE IMPERMANENCE OF CONCEPTS

Lecture delivered in Quito, Ecuador, 2013

Avant de vous faire part de quelques réflexions sur l'acte de projeter puis d'illustrer mes propos par certaines de mes réalisations, je veux expliquer le choix du titre de mon intervention, « L'impermanence des concepts ».
L'architecture comme la plupart des activités et des productions humaines est entrée dans un cycle d'évolutions accélérées. La notion d'impermanence me vient à l'esprit, vocable qui a diverses acceptions dans les écoles bouddhistes. Je retiendrai celle-ci : l'impermanence, c'est « l'apparition, le passage et la transformation des choses ou la disparition des choses qui ont commencé à être ou qui ont apparu. Cela signifie que ces choses ne persistent jamais de la même façon, mais qu'elles disparaissent et se dissolvent d'un moment à l'autre ».
Pour rendre compte de cette évolution contemporaine j'évoquerai, en quelques mots, des périodes antérieures, durant lesquelles prévalaient, en architecture, la reconduction et la permanence des « types ».
On a pu en effet considérer l'architecture comme l'assemblage savant d'éléments codés dont l'articulation donne naissance à des types ou des modèles de bâtiments. Bien que la notion de « type » soit elle-même trop imprécise, je propose de la conserver quelques instants. Sur ce sujet, de nombreux traités et articles d'historiens de l'art et d'illustres architectes ont été écrits depuis plusieurs siècles ; je renvoie aux textes de Quatremère de Quincy, de Carlo Aymonino, d'Aldo Rossi.
Ces concepts de « types » ou de « modèles » perdurent, même en des périodes de ruptures, lorsque de nouvelles techniques, de nouveaux matériaux, et une approche scientifique des procédés de construction font naître de nouvelles formes architecturales.
À la fin du XIXe et encore au tout début du XXe siècle, gares, préfectures, palais de justice, mairies, hôpitaux, musées, prisons, églises, etc., sont conçus suivant des schémas précis, des types, dont le vocabulaire stylistique détermine ce qu'on a appelé le caractère de l'édifice. Ces notions de type, de caractère, seront la marque de l'École des Beaux-Arts et de son influence internationale.

Prior to making some remarks on the act of designing and illustrating them with some of my works, I would like to explain the meaning of the title of this lecture, "The Impermanence of Concepts."
Like most forms of human activity and production, architecture has entered into a cycle of accelerated evolution. This makes me think of impermanence, a word with different meanings in the various schools of Buddhist thought. According to the one I have in mind, impermanence is the appearance, passing and transformation of things or the disappearance of things that have come into being or appeared. This means that these things never remain in the same form but disappear and dissolve from one moment to the next.
To illustrate this contemporary evolution, I shall briefly describe some earlier periods during which the continuation and permanence of *types* predominated in architecture.
It was indeed possible to regard architecture as the deft assemblage of codified elements whose combination gave birth to certain types or models of buildings. Even though this idea of a type is itself too imprecise, I shall continue to use it for the moment. Numerous treatises and papers have been written on this subject over the centuries by art historians and illustrious architects. I refer to the works of Quatremère de Quincy, Carlo Aymonino and Aldo Rossi.
These types or models continued to exist even in periods of upheaval, when new techniques, new materials and a scientific approach to construction gave birth to new architectural forms.
In the late 19th and early 20th century, railway stations, prefectures, courthouses, town halls, hospitals, museums, prisons, churches and so on were still designed in accordance with precise schemata or types, the stylistic vocabulary of which determined what is called the character of the building. These concepts of type and character were to be the hallmark of the Ecole des Beaux-Arts and its international influence.

In these periods, functional concerns were regarded as secondary. They determined neither the plan nor the cross-section of the building and still less its façade. Though not actually ignored, they were not a key element of the project entrusted to the architect. The building to be imagined, designed and erected was a totality joining the long line of those before it. Reference was made to an established type that was to be followed. The architect's art was expressed in the invention of a stylistic approach, rhythm or arrangement of elements based on the type of reference with the addition of a personal touch. It is this touch that was to become in time the stylistic hallmark distinguishing one architect from another.

The Modern Movement swept away the concepts of type and character and hence all reference to styles drawn from the long history of architecture. It replaced them with its own organization of forms and gave birth to what is known as the International Style.

It is not my intention here to mention all the schools of modern and contemporary architecture: functionalism, constructivism, brutalism, deconstructivism, minimalism and so on. I simply wish to point out the appearance in architectural discourse over the last few years of terms like proliferation, transparency, flexibility, evolution and, most recently, sustainability. This terminology is related to no concerns of a constructive, aesthetic or social nature. Without being abstract, it differs from the previous notions because it refers to what I shall call *concepts*. I am, of course well aware that this word is rife with different and complex meanings and can easily imagine its use in these circumstances giving rise to discussion.

It seems to me, however, that these terms, some of which are already obsolete, have characterized architectural discourse and indeed still do. Though abstract in nature, they have determined forms, combinations of volumes, kinds of functional organization, aesthetics. They have often be-

À ces époques les préoccupations fonctionnelles sont considérées comme secondaires. Elles ne déterminent pas le plan de l'édifice, ni la coupe et encore moins la façade, non qu'elles soient ignorées mais elles ne sont pas une composante déterminante du projet confié à l'architecte. Le bâtiment à imaginer, à projeter, à ériger est une totalité qui s'inscrit dans la longue lignée de ceux qui l'ont précédé. Il se réfère à un type prédéterminé auquel il convient de ne pas déroger. L'art de l'architecte s'exprime dans l'invention d'une écriture stylistique, une rythmique, une modénature qui renvoie au type considéré en lui apportant une touche personnelle. C'est cette touche qui deviendra au cours du temps son « écriture architecturale » qui le distinguera de ses pairs.

Le mouvement moderne fera disparaître les notions de type et de caractère et, par conséquent, toute référence à des styles puisés dans la longue histoire de l'Architecture. Il leur substituera sa propre organisation des formes et donnera naissance à ce style que l'on qualifiera d'international.

Ce n'est pas mon propos ici d'évoquer tous les avatars de l'Architecture moderne et contemporaine : fonctionnalisme, constructivisme, brutalisme, déconstructivisme, minimalisme, etc. Je veux simplement souligner l'apparition, il y a quelques années, dans les discours d'architectes, des termes suivants : prolifération, transparence, flexibilité, évolutivité et plus récemment durabilité. Cette terminologie ne renvoie à aucune préoccupation constructive, esthétique, sociale. Sans être abstraite elle diffère des notions précédentes parce qu'elle réfère à ce que je propose d'appeler des concepts. Je n'ignore pas, bien sûr, les significations complexes et diverses que ce mot recèle. J'imagine combien son usage dans ces circonstances peut prêter à discussion.

Il me semble pourtant que ces termes, dont certains sont déjà obsolètes, ont marqué et marquent encore le discours architectural. Bien que de nature abstraite, ils ont pourtant déterminé des formes, des combinaisons de volumes, des organisations fonctionnelles, des esthétiques.

Ils ont souvent séduit maîtres d'ouvrage et élus car ils ne renvoient pas à un vocabulaire de spécialistes ou d'esthètes.

Pour rendre plus clair mon propos j'aurais dû puiser dans les nombreuses et prestigieuses réalisations de mes confrères à travers le monde, mais ici, dans ce colloque où vous m'avez invité pour vous présenter mes réalisations je ne m'appuierai que sur celles-ci, plus précisément sur celles qui me permettent d'expliquer le sens de mon intervention. Ce sont des projets suffisamment nombreux et récents pour servir d'illustration à ces réflexions dont j'ai voulu vous faire part.

J'ai choisi de vous présenter divers projets, mais je vous parlerai plus particulièrement d'hôpitaux, de stades et de ponts. Ce sont en effet des constructions emblématiques que j'ai construit ou projeté, en France, en Italie, en Chine. Ce sont des programmes dont je connais bien les caractéristiques et surtout l'origine et les évolutions des concepts qui ont déterminé l'organisation fonctionnelle et l'architecture.

Trois réflexions se sont fait jour dans les années 1980-1990 sur la façon de concevoir les nouveaux hôpitaux. Ces réflexions se sont développées à peu près à la même époque en Angleterre, en Allemagne, en France, au Canada, un peu plus tard en Italie.

Le premier de ces concepts était l'*humanisation* de l'hôpital. En effet, ceux qui avaient été construits à l'issue de la seconde guerre mondiale étaient, pour la plupart d'entre eux du type monobloc vertical, en rupture avec le concept d'hôpital pavillonnaire du XIXe siècle.

L'exigence d'humanisation concernait, d'une part, l'hébergement des malades hospitalisés dans des chambres de un à deux lits et non plus comme précédemment dans des chambres à quatre ou même six lits et, d'autre part, l'amélioration des conditions de travail du personnel et l'accueil des consultants. Je n'entrerai pas dans le détail de ces exigences nouvelles, je me limiterai à dire que sur ce second point l'obligation de faire pénétrer la lumière naturelle dans la quasi-totalité des locaux était déterminante dans le choix du lauréat pour les projets mis au concours. Cette simple considération remettait en cause le dispositif fonctionnel et architectural des hôpitaux construits durant les vingt années précédentes. Je me souviens précisément des diagrammes utilisés par les commissions chargées d'analyser les projets avant que le jury final décide de son choix. Cette exigence qui nous parait évidente et légitime maintenant a profondément modifié l'architecture des hôpitaux.

Le second concept est celui de la *flexibilité*, qui se décline en termes d'évolutivité ou d'adaptabilité. Ce concept est né du constat qu'il était illusoire de figer dans une organisation et une structure rigide l'hébergement des malades, l'accueil des consultants, les secteurs de diagnostic, les blocs opératoires, les services d'urgences et la logistique. La raison principale était que l'évolution rapide et permanente des moyens de diagnostic, de matériel chirurgical, l'apparition de pathologies nouvelles ou l'éradication (peut être momentanée) de maladies anciennes, imposait de concevoir l'hôpital comme une structure capable à tout moment de s'adapter à ces diverses évolutions.

Ce concept plus encore que le premier a modifié radicalement la conception architecturale des hôpitaux. C'est ainsi qu'est apparu *l'hôpi-*

guiled clients and politicians precisely because they do not belong to a specialized vocabulary of experts or aesthetes. To illustrate my point, I could have drawn on the many, prestigious works of my colleagues all over the world. Having been invited here to present my own works, however, I shall refer solely to them and in particular to those that help to clarify my meaning. These projects are sufficiently numerous and recent to serve as illustrations of the views I am putting forward.

While I have chosen to present a range of different projects, I shall talk to you in particular about hospitals, stadiums and bridges. These are in fact emblematic constructions that I have designed or built in France, Italy and China, programs I know very well in terms of their characteristics but also and above all of the origin and evolution of the concepts determining their functional organization and architecture.

Three schools of thought were developed about the design of new hospitals at more or less the same time in the 1980s and 1990s in the United Kingdom, Germany, France, Canada and slightly later Italy.

The first of these concepts was the *humanization* of the hospital. Those built at the end of World War II were in fact of the vertical single-block type, marking a departure from the multi-wing hospitals of the 19th century.

The call for humanization regarded not only the accommodation of patients in rooms with one or two beds rather than four or even six but also the improvement of working conditions for personnel and housing for consultants. I shall not go into the details of these new requirements but simply note that on the second point, the need to introduce natural light into almost all the areas was a crucial factor in selection of the winning entries of competitions for the assignment of contracts. This simple consideration called into question the functional and architectural layout of the hospitals built over the two previous decades. I clearly recall the diagrams used by the committees appointed to examine the designs submitted before the jury made its final choice. This requirement, which now appeared evident and legitimate, radically altered the architecture of hospitals.

The second was *flexibility*, understood in terms of the capacity to evolve or adapt. The concept was born out of the realization that it is impossible to impose rigid structure and organization on accommodation for patients, housing for consultants, diagnostic facilities, operating theaters, emergency services and logistics. The primary reason was the fact that the rapid and constant evolution of diagnostic equipment and surgical material as well as the appearance of new illnesses or the (perhaps momentary) eradication of old ones made it essential to design the hospital as a structure capable of constant adaptation to all these different changes.

This concept entailed an even more radical change than the first in the architectural design of hospitals. This led to the appearance of the *horizontal hospital*, marking a complete break with the vertical single block of previous years.

The third concept has more to do with social considerations and town planning than architecture or functionality. By this

I mean to say that the hospital, long located outside the city for various reasons that I have no time to discuss here, now became a constituent part of the urban fabric and indeed a driving force in its development.

It is this third concept that generated what I have called the "Hospital Street," a space for walking, meeting people and relaxation that also houses the reception area and waiting rooms as well as providing access to most of the hospital services and departments. In the concept of urban design that I have just mentioned, this "street" enjoys special status as an integral part not only of the hospital but also of the existing neighborhood or the district yet to be built. The concept had in any case been explored a few years earlier for new universities.

In the case of the few hospitals to be presented here, I shall show how their architecture is informed by these three concepts. In the latest, which I am now building at Monselice near Padua in Italy, I have endeavored to break away from the architecture characterizing my previous works, the volumetric rigor of which expresses the radical nature of these concepts.

What I have called *impermanence* regards the fact that architecture has been determined by certain conceptual precepts that ignore all aesthetic considerations, which they regard as intangible, and are now challenged at increasingly short intervals.

I spoke at the beginning about types of building, which were not considered obsolete until after one or two centuries. More recently, the Modern Movement, born between the two world wars, lasted until the 1980s. Rather than planned obsolescence of the kind found in the production of industrial goods, I regard this as an accelerated wearing out of concepts that has nothing to do with fashion or style.

Let me now talk about stadiums. I am of course very happy about the large-scale development of these facilities in recent years. Hardly a month goes by without someone deciding on the construction of a new structure to accommodate tens of thousands of spectators. I do not say to accommodate supporters or structures for sports because the function of stadiums, their place in the city, their use and their users have undergone radical modification.

As we know, these structures now house a variety of events, sport being only one of the kinds. This means that the public making use of these places of entertainment is no longer exclusively or primarily male. As a result, the conditions for their accommodation, comfort and safety as well as the nature and kind of services provided have evolved to levels of quality unheard of thirty years ago.

The profitability of these complex and costly places of entertainment depends on large-scale use. Hence the birth of the concept of urban facilities, incorporated into the city or constituting the nucleus of future urban developments, served by specially created means of public transport for ease of access and incorporating shops, sports museums, offices, conference centers and so on.

This concept was developed, enlarged and indeed magnified in the Stadium of France, designed as a stadium open-

tal horizontal en complète rupture avec l'hôpital monobloc des années précédentes.

Le troisième concept est moins de nature architecturale ou fonctionnelle que de nature sociétale ou urbanistique. Je le caractériserai en disant que l'hôpital, longtemps rejeté en dehors de la ville pour des raisons diverses que je n'ai pas le temps d'évoquer ici, devient un élément constitutif de celle-ci, ou plus encore, un élément moteur de son développement.

C'est ce troisième concept qui a généré, ce que j'ai appelé la « Rue hospitalière », c'est-à-dire un espace d'accueil, d'attente, de déambulation, de rencontre, de détente qui sert de distribution et d'accès à la plupart des services et des départements hospitaliers. Dans le concept d'urbanité que je viens d'évoquer, cette rue à un statut particulier puisque, bien que partie intégrante de l'hôpital, elle est aussi élément du quartier, existant ou futur. Ce concept avait d'ailleurs été exploré voici quelques années pour des universités nouvelles.

Je montrerai dans les quelques hôpitaux que je présenterai comment leur architecture répond à ces trois concepts. Dans le dernier, que je suis en train de construire en Italie à Monselice, près de Padoue, j'ai cherché à rompre avec l'architecture qui caractérise mes réalisations précédentes qui exprimèrent dans la rigueur de leur volumétrie la radicalité de ces concepts.

Ce que j'ai appelé « impermanence » est le fait que certains préceptes conceptuels, volontairement étrangers à toutes considérations esthétiques, considérés comme intangibles, ont déterminé l'architecture et sont maintenant remis en cause au court de périodes de plus en plus brèves.

Au début de mon propos j'ai parlé des types de bâtiments dont l'obsolescence n'apparaissait qu'au bout d'un ou deux siècles. Plus près de nous, le mouvement moderne initié entre les deux guerres a perduré jusqu'aux années 1980. Je ne dirai pas que nous sommes confrontés à une obsolescence programmée comme celle qui frappe la production d'objets industriels, mais à une usure rapide des concepts qui n'a rien à voir avec la notion de mode ou de style.

Je parlerai maintenant des stades. Je me réjouis naturellement du développement considérable de ces équipements durant ces dernières années. Il ne se passe pas un mois sans que l'on décide de construire une nouvelle enceinte pour accueillir des dizaines de milliers de spectateurs. Je ne dis pas, pour accueillir des supporters ni enceintes destinées au sport, car la fonction des stades, leur place dans la ville, leur usage, leur public ont été profondément modifiés.

Nous savons que ces constructions sont maintenant des lieux de spectacles conçus pour accueillir des manifestations diverses, le sport étant l'une d'elles. Ce concept signifie que le public qui pratique ces lieux festifs n'est plus uniquement ou principalement masculin, les conditions de son accueil, de son confort, de sa sécurité, la nature et le type des services qui lui sont offerts ont évolués vers des niveaux de qualité ignorés il y a trente ans.

La rentabilité de ces équipements complexes et coûteux suppose une fréquentation soutenue de ces lieux de spectacles. C'est ainsi qu'est né le concept d'équipements urbains, intégrés à la ville ou noyau d'un développement urbain futur, faciles d'accès grâce à des transports en commun créés pour les desservir, intégrant dans leurs enceintes, commerces, musées du sport, bureaux, salles de congrès, etc.

Ce concept a été développé, élargi et magnifié dans le Stade de France, conçu comme un stade ouvert sur la ville. L'enceinte grillagée qui ceinture le stade devait à l'origine rester ouverte afin que le parvis qui entoure le stade soit en permanence accessible aux habitants des quartiers environnants, à l'exception naturellement des périodes de spectacles.

La couverture elle-même indépendante des gradins surplombe et protège des intempéries le parvis. Les spectateurs installés sur les gradins les plus élevés peuvent voir les lumières de la ville depuis l'intérieur du stade.

Les stades d'Istanbul et de Suwon en Corée du Sud ont été projetés sur ces mêmes principes. Celui d'Istanbul, éloigné de la ville historique, sera au centre d'une Cité sportive et d'importants quartiers nouveaux desservis par une ligne de RER. Celui de Suwon est au contact de quartiers déjà existants, il est prévu de le compléter par divers équipements commerciaux et ludiques. Je pourrai citer aussi, à Paris, le très beau stade Charléty d'Henri Gaudin.

Cette notion d'ouverture, nouvelle et riche de potentialité, est en partie infléchie dans les dernières réalisations. Les derniers stades, suivant le modèle britannique, sans piste d'athlétisme, sont conçus comme des enceintes totalement fermées, repliées sur elles même. Façade et couverture ne forment qu'un tout qui englobe la totalité des gradins, parfois même un toit mobile vient recouvrir la pelouse qui peut elle-même se transformer en scène pour divers spectacles. L'image du stade depuis l'extérieur est celle d'une coquille.

C'est à ce concept que répondent, entre autres, les stades de Valenciennes, du Havre, de Casablanca et de Marseille. Naturellement l'idée initiale d'insérer le stade dans la ville et de le compléter par d'autres fonctions pour qu'il assure le rôle nouveau qui lui est dévolu n'est pas remise en cause mais sa traduction architecturale s'en trouve modifiée.

Ainsi en très peu de temps, une vision nouvelle, un concept nouveau validé par des réalisations nombreuses et importantes, subit des infléchissements notables qui génèrent des architectures nouvelles.

Le troisième exemple que je présenterai est de nature différente et s'apparente plus à la notion de « parti » telle qu'on l'entendait quand je commençais mes études. Je ne sais pas si ce terme peut se traduire avec le même sens en langue espagnole. Il s'agit de deux projets de ponts levants mis au concours, d'abord par la ville de Rouen ensuite par la ville de Bordeaux. J'ai construit le premier mais non réalisé le second car le jury a été un peu effrayé par l'audace du concept architectural et structurel.

Les données techniques et fonctionnelles étaient identiques pour les deux concours mais les données environnementales très différentes. Il s'agissait de concevoir, dans les deux cas, des ponts dont les tabliers (les chaussées sur lesquelles passent voitures et piétons), longs de 120 mètres, pesants plus de 3000 tonnes, devaient être levés à 55 mètres au-dessus du fleuve.

ing onto the city. The fenced enclosure all around it was originally supposed to remain open and accessible to the inhabitants of the surrounding neighborhoods, except of course when events were taking place.

Detached from the tiered seating, the roof also projects over the forecourt and provides shelter from rain. The spectators in the top rows can see the lights of the city from inside the stadium.

The stadiums of Istanbul and Suwon in South Korea were designed on the same principles. Located at a distance from the city, the former will be at the center of a sports complex and important new districts served by a regional train line. The Suwon stadium is instead in contact with existing districts and will be completed with a variety of shops and leisure facilities. In this connection, mention can also be made of Henri Gaudin's splendid Charléty stadium in Paris.

This new idea of openness, rich in potential, has been reduced to some extent in the last few works. The most recent stadiums, based on the British model with no track for athletics, are designed as structures completely closed in upon themselves. The roof and exterior form a whole that covers all of the seating and there is sometimes even a sliding roof to cover the pitch, which can then be turned into a stage for different events. The stadium looks like a sort of shell from the outside.

This is the concept that informs stadiums such as those of Valenciennes, Le Havre, Casablanca and Marseille. While the initial idea of embedding the stadium in the city and equipping it with other functions in order to perform the new role assigned to it has not been called into question, its translation into architecture has undergone modification.

In a very short space of time, a new vision, a new concept validated through numerous major projects, has thus undergone considerable revision leading to the creation of new architectural works.

The third example I shall present is different in nature and more akin to the French idea of *parti* as understood when I began my studies. I don't know whether there is a term in Spanish for this *primary concept* or *organizing idea*. I refer to two designs for vertical-lift bridges submitted in competitions, one for Rouen and the other for Bordeaux. I built the first but not the second, as the jury was slightly intimidated by the daring nature of the architectural and structural design.

The technical and functional data were identical for the two competitions but the environmental aspects were very different. The task in both cases was to build bridges with roadways (for vehicles and pedestrians) of 120 meters in length and over 3,000 tonnes in weight that could be lifted to a height of 55 meters above the river.

The architecture and the highly innovative hoisting techniques of the two roadways of the Gustave Flaubert bridge in Rouen take the industrial environment of the harbor as their point of reference. It is a splendid project that fits very well into the site with "butterfly" metal structures strongly characterizing the landscape.

I was prompted to explore a radically new approach for what is now the Chaban-Delmas bridge by the conviction that the nature of the two sites and the great difference in width between the Seine in Rouen (195 m) and the Garonne in Bordeaux (420 m) were such as to justify a more innovative architectural and structural concept. I opted for a single pier supporting an immense beam of 150 meters from which the bridge's single roadway was suspended. The power of this *parti* and its monumental impact in the vast site on the open sea would have made this bridge a symbol of Bordeaux. As I said, the jury decided against this daring design despite its great attraction.

For some years now, environmental concerns and the idea of sustainable development have informed most of the thinking in a whole variety of fields. It appears to me, however, that this concept has above all generated studies on the envelope and "skin" of buildings.

The new, extraordinarily complex and tangled forms that characterize a section of present-day architecture are born out of formal studies prompted by the sophistication of digital technology, thus marking a return to the aesthetic considerations abandoned for many years. Aesthetics "in itself" as a new architectural concept. This is what I have called "digital baroque."

Aymeric Zublena
November 2013 – November 2017

L'architecture et les techniques de levage, très novatrices, des deux tabliers du pont Gustave Flaubert à Rouen font référence à l'environnement industriel du port. C'est un beau projet bien inséré dans le site dont les structures métalliques, « les papillons », marquent fortement le paysage.

Je décidai pour le pont dénommé aujourd'hui pont Chaban-Delmas d'explorer une solution radicalement nouvelle car j'estimais que la nature des deux sites et les largeurs très différentes de la Seine à Rouen (195 m) et de la Garonne à Bordeaux (420 m) justifiaient un concept architectural et structurel plus innovant. J'optai pour une pile unique supportant un immense fléau de 150 mètres auquel était suspendu le tablier unique du pont. La force de ce parti, son impact monumental dans le site très vaste et ouvert sur le large aurait fait de ce pont un emblème de Bordeaux. Comme je l'ai dit le jury bien que séduit n'a pas osé retenir ce projet audacieux.

Depuis quelques années les préoccupations environnementales et la notion de développement durable imprègnent la plupart des réflexions dans les domaines les plus divers. Il me semble, pourtant, que ce concept a surtout généré des recherches sur les enveloppes et les « peaux » des bâtiments.

Les volumétries nouvelles, ces formes extraordinairement complexes, échevelées, qui caractérisent une part de l'architecture actuelle sont nées de recherches formelles, suscitées par la sophistication de l'outil informatique, renouant ainsi avec des préoccupations esthétiques délaissées durant de nombreuses années. L'esthétique, « en soi », comme nouveau concept architectural. C'est ce que j'ai appelé le « baroque informatique ».

Aymeric Zublena
Novembre 2013 - Novembre 2017

LE BAROQUE INFORMATIQUE

THE DIGITAL BAROQUE

Ces quelques réflexions s'inscrivent dans la continuité d'un discours que j'avais prononcé lors de la rentrée solennelle des cinq Académies en octobre 2011 qui avait pour thème « Le Virtuel ».

Je n'évoquerai pas la virtualité des projets utopiques des architectes révolutionnaires du XVIIIe siècle, notamment ceux d'Étienne-Louis Boullée ou de Jean-Jacques Lequeu, ni les « architectures de papier » de l'époque soviétique car la virtualité architecturale dont je veux parler est d'une autre nature, elle est apparue depuis une quinzaine d'années grâce à l'ordinateur.

En effet, de l'outil informatique ont émergé des espaces virtuels dont les architectes ont nourri leurs projets. De ces recherches, de ces tâtonnements, de ces jeux, sont nés des formes, des volumes, de nouveaux espaces architecturaux qui apparaissent comme étrangers à des préoccupations fonctionnelles, à toute considération technique, à toute logique constructive, à toute opérationnalité immédiate. C'est ainsi qu'Antoine Picon, architecte et historien, a pu dire : « L'utilisation de l'ordinateur afin de produire des formes nouvelles et spectaculaires ne constitue qu'un aspect d'une dynamique de beaucoup plus grande ampleur, de même que l'invention de la perspective à la Renaissance était liée à des questions plus vastes que la seule recherche de la régularité géométrique ».

Ces formes ont l'apparence, sur l'écran, de volumes liquides qui flottent dans un environnement d'illusion, volumes virtuels sans attaches avec un quelconque territoire, une quelconque géographie. Ces formes, ces volumes ont la fluidité des formes « molles ». Je ne résiste pas, ici, à citer cette réponse de Salvador Dalí à Le Corbusier qui lui demandait s'il avait des idées sur l'avenir de son art, l'architecture : « Oui j'en ai... je lui répondis que l'architecture serait molle et poilue ». Cette réponse faite, la date est incertaine, en 1925 ou 1929, est extraite du dernier livre de François Chaslin, *Un Corbusier*. En faisant la part de son caractère provocateur propre à Dalí, elle est prémonitoire, comme l'est, sans doute, l'emploi de l'adjectif « poilu », qui pourrait s'appliquer à cet engouement du végé-

These remarks are a follow-up to a speech on virtuality that I delivered at the official opening of the new academic year for the five academies in October 2011.

I shall not talk about the virtual nature of the utopian projects of the revolutionary architects of the 18th century, above all those of Etienne-Louis Boullée and Jean-Jacques Lequeu, or the architecture on paper of the Soviet era. The architectural virtuality I wish to speak of is something different, something that owes its appearance about fifteen years ago to the computer.

The virtual spaces with which architects have developed their designs are in fact the fruit of digital technology. These studies, explorations and games have given birth to forms and volumes, to new architectural spaces that appear wholly indifferent to all functional concerns, technical considerations, logic of construction and immediate operationality. As the architect and historian Antoine Picon puts it, "The use of computers to produce new and spectacular forms is only one aspect of a far broader dynamic, just as the invention of perspective in the Renaissance was bound up with questions much greater than the pursuit of geometric regularity alone."

On the screen, these forms have the appearance of liquid volumes floating in an illusionistic environment, virtual volumes unconnected with any territory of geographic area. These volumes have the fluidity of "soft" forms, a term I cannot resist borrowing from Salvador Dalí. As reported in François Chaslin's book *Un Corbusier*, on being asked by Le Corbusier, either in 1925 or in 1929, whether he had any ideas about the future of architecture, Dalí replied, "Yes, I have... architecture will be soft and hairy." In keeping with the artist's desire to shock, the answer is a forewarning, as is probably his use of the adjective *hairy*, which could be applied to the craze for vegetation that has manifested itself for a few years now in the curious and costly fashion for façades covered in plants. This is, however, perhaps something to be explored elsewhere.

In every era, architecture has certainly undergone changes, steps forward and sudden changes of course reflecting the need to respond to new requirements and forms of use, to the daring and unexpected introduction of previously unknown materials, to the aspirations of the powerful and the desire to build the monuments of a new society with the means and techniques of a given era. But nowadays, with no equivalent in earlier periods, the possibility of obtaining numerous images instantly from a host of very interesting angles has had a crucial influence on a certain sector of architectural production.

It should be noted, however, that these complex, distorted, virtual forms, explored on monitors and made susceptible of construction by powerful software, find expression above all in exceptional projects born out of the desire of clients, private or public, to mark their era.

Let us also note that these spectacular works, such as the Louis Vuitton Foundation, to mention just one of the most recent, are perceived, understood and accepted much better that those of the heroic period of the Modern Movement ever were.

For obvious economic reasons, these studies are less frequent in the case of less prestigious programs.

For the new hospital of Monselice near Padua, a project characterized by a site of volcanic origin where the Euganean Hills rise from the Veneto plain, a very limited budget and the implacable functional rigor peculiar to this kind of construction, I did, however, decide to abandon the rational orthogonality customarily adopted for hospital architecture. Compared by some to a baroque universe and described by the Canadian professors Guitte and Lachapelle as "an aesthetic quest that draws on a historical dimension other than that of rationalist thought", these explorations of form born out of the use of digital technology have generated renewed interest in contemporary architecture among the general public.

tal qui s'exprime depuis quelques années dans cette mode curieuse et coûteuse des façades végétalisées. Mais ceci pourrait être l'objet d'un autre article.

Certes l'architecture a, de tous temps, connu ces évolutions, ces avancées ou ces revirements, témoins de la nécessité de répondre à des usages et des besoins nouveaux, témoins aussi de l'utilisation soudaine et audacieuse de matériaux précédemment inconnus ou plus encore témoins des aspirations des puissants et du désir de bâtir, par les moyens et les techniques d'une époque donnée, les monuments d'une société nouvelle. Mais de nos jours, sans équivalent dans les périodes antérieures, la possibilité de réaliser dans l'instant, des images nombreuses, sous des angles multiples et très évocateurs, a eu une influence déterminante sur une certaine production architecturale.

Notons cependant que ces formes complexes, distordues, virtuelles, explorées sur les écrans des ordinateurs et devenues constructibles, grâce à des logiciels puissants, s'expriment surtout dans des commandes exceptionnelles, nées du désir de quelques maîtres d'ouvrage publics ou privés de marquer leur temps.

Notons aussi que ces spectaculaires réalisations, pour ne citer que l'une des plus récentes, la Fondation Louis Vuitton, sont mieux perçues, comprises et acceptées que ne l'ont été celles de l'époque héroïque du mouvement moderne.

Ces recherches, pour des raisons économiques évidentes, sont moins fréquentes lorsqu'il s'agit de programmes moins prestigieux.

J'ai voulu cependant, pour le nouvel hôpital de Monselice proche de Padoue, dans le relief d'origine volcanique d'où émergent de la plaine de Vénétie les Colli Euganei, dans la contrainte d'un budget fort modique et l'implacable rigueur fonctionnelle propre à ce type de réalisation, rompre avec l'habituelle orthogonalité rationnelle de l'architecture hospitalière.

Ces explorations formelles, nées de l'usage informatique, s'apparentent selon certains à un univers baroque, renvoient selon deux universitaires canadiens, Guitte et Lachapelle, « à une quête esthétique qui puise dans une autre historicité que celle de la pensée rationaliste » et suscitent ainsi un intérêt nouveau du grand public pour l'architecture contemporaine. Je laisse à quelque sociologue ou philosophe le soin de nous éclairer sur l'émergence de cette « architecture virtuelle » de son expression baroque et de nous dire en quoi elle témoigne de notre temps, et à quelque Dalí de rencontre d'imaginer celle qui lui succédera.

Aymeric Zublena
Avril 2015

I shall leave to some sociologist or philosopher the task of clarifying the emergence of this virtual architecture and its baroque expression, and explaining how it bears witness to our era, and to some artist like Dalí the task of imagining what will follow it

Aymeric Zublena
April 2015

THE LIMITS OF ARCHITECTURE

LES LIMITES DE L'ARCHITECTURE

In designing a building, architects have to take into consideration a series of economic, technical, functional and social parameters that are thought to limit their creative freedom, just as it could be limited by the judicialization of our society and the risks incumbent on all those who perform the acts of creation and construction. Despite these obligations and constraints, many of the finest architects endeavor in each new project to explore new pathways, put forward new concepts and take the risk of new utopias. There are no limits to the studies that they themselves decide to undertake. It is all these reflections and experiments that ultimately come to alter the world we live in radically despite all the criticisms, rejections, successes and failures. These studies can differ in nature and scale. They may regard form, technique and town planning. They may address the details of one element or an entire city, social concerns or methods of industrial production.

This is hardly the place to recall all the great schools of architecture and urban planning that transformed the image of the city and ways of living, working and moving during the last century. This would then require me to mention the remarkable successes and the resounding failures, to show how utopian dreams and generous ideas have often been distorted under spurious pretexts of urgency and economy or alleged rationality, leaving the architects with the bitter sense of having been conned.

Nor shall I go into the attempts to industrialize building in the same way as automobile production in the hope of meeting the overriding and urgent need to house the greatest number, or into the hopes of involving future inhabitants in the design of their living space as from the architect's initial sketches. These attempts revealed their limits in just a few years, perhaps because their aim was not essentially architectural.

Today, the principles of sustainable development, energy saving and environmentalism guide the architect's work and

Projetant un bâtiment l'architecte doit prendre en compte un ensemble de paramètres économiques, techniques, fonctionnels, sociétaux qui limitent, pense-t-on, sa liberté créatrice. Comme pourraient la limiter, la judiciarisation de notre société et les risques qui pèsent sur tous ceux qui font acte de créer et de construire. Malgré ces obligations et ces contraintes beaucoup d'architectes, parmi les meilleurs, explorent dans chaque nouveau projet des voies nouvelles, proposent de nouveaux concepts, prennent le risque de nouvelles utopies .Il n'y a pas de limites aux recherches qu'ils décident eux même d'entreprendre. Ce sont toutes ces réflexions, ces expériences qui, malgré les critiques, les rejets, les réussites et les échecs, finissent par modifier profondément le monde dans lequel nous vivons. Ces recherches peuvent être de nature et d'échelles différentes. Elles porteront sur la forme, la technique, l'urbanisme. Elles peuvent traiter du détail d'un élément comme de l'ensemble d'une cité, aborder des préoccupations sociales ou des méthodes de production industrielle.

Ce n'est pas le lieu de rappeler tous les grands courants architecturaux et urbanistiques qui au cours du siècle précédent ont transformé l'image de la cité, les modes d'habiter, de travailler, de se déplacer car j'aurais dû alors évoquer les réussites remarquables et les échecs retentissants, montrer comment les utopies et les pensées généreuses ont souvent été dénaturées sous les fallacieux prétextes d'urgence, d'économie ou de prétendue rationalité en laissant aux architectes le sentiment amer d'avoir été floués. Je ne m'étendrai pas non plus sur les tentatives d'industrialisation du bâtiment comme on a industrialisé la production automobile dans l'espoir de répondre à l'impérieux besoin de loger dans l'urgence le plus grand nombre, ni sur les aspirations à faire participer le futur habitant à la conception de son cadre de vie en l'associant dès les premières esquisses au travail de l'architecte. Ces tentatives ont, au bout de quelques années, trouvé leur limites, peut-être parce que leur objet même n'était pas d'essence architecturale.

Aujourd'hui les principes de développement durable, d'économie d'énergie, d'écologie orientent le travail des architectes et dessinent les nouveaux horizons de l'architecture des bâtiments et le tracé des villes. On voit à nouveau resurgir le concept de la ville verte, pourtant déjà exploré et appliqué il y a cinquante ans dans beaucoup de villes nouvelles de la Région parisienne. On reparle de la ville dense, de la reconquête de la ville sur la ville. La lutte incessante contre l'étalement urbain est périodiquement évoquée. J'avais moi-même, à la demande de l'université d'Amiens, écrit voici plus de quinze ans un article sur ce sujet. J'émettais l'hypothèse qu'un mouvement inverse à celui qui avait, durant des siècles, généré l'expansion ininterrompue des villes, aspirait vers le noyau originel de la cité les périphéries et les excroissances incontrôlées. La ville atteignait alors une hyperdensité, source d'une nouvelle urbanité et d'une nouvelle architecture. Les alentours, libérés de toutes constructions parasites, retournaient à leur état d'origine. Utopie, certes, mais au moment où j'écrivais cet article quelques grandes capitales régionales amorçaient ce mouvement de recentralisation. Il faudrait vérifier s'il s'est poursuivi.

J'évoquerai rapidement, par trois exemples, les limites de quelques théories, hypothèses ou utopies mais s'en m'attarder car les questions soulevées seraient de natures trop diverses et concerneraient trop de disciplines. Je me limiterai donc à parler des recherches sur l'aspect formel des bâtiments et les diverses évolutions de la notion de *limite*, comprise comme le déterminant spatial de tout bâtiment. Je montrerai que la transformation de la forme architecturale échappe souvent aux considérations techniques, économiques ou fonctionnelles et même à toute exigence de rationalité immédiate. C'est donc dans ce sens bien particulier que je traiterai de la notion de limite en architecture.

Dans un colloque qui s'est tenu en juin 2010 à Montpellier, l'architecte Eva Mahdalickova, parlant de bâtiments récents, dit : « Aujourd'hui la limite acquière un nouveau sens, elle n'est plus clôture, façade ou mur mais une disponibilité, un échange. La limite crée un espace de tension, de conflit, de rencontre ». Dans une même réflexion l'architecte suisse Bernard Tschumi explique que : « Définir architecturalement l'espace c'est définir des frontières ». En effet, lorsque l'architecte trace sur le papier où sur l'écran de l'ordinateur les premiers traits d'un projet futur, traits souvent énigmatiques aux yeux du profane, c'est bien une frontière, une limite qui divise l'espace, détermine le dedans du dehors, le clos et l'ouvert alors même que dans une démarche contradictoire et simultanée, il cherchera à dissoudre ces limites, à créer des interpénétrations d'espaces qu'il vient pourtant de délimiter. C'est ce jeu permanent et spécifique qui caractérise le travail de l'architecte.

C'est un jeu essentiellement intellectuel qui surprend parfois et déconcerte souvent .Mais c'est par ce besoin de définir et de briser les limites, d'explorer constamment d'autres frontières, d'imaginer d'autres imbrications ou dislocations d'espaces que l'architecte exerce véritablement son art. Au risque de se tromper parfois.

Pour illustrer mon propos je vais vous présenter, en quelques images, des projets et des réalisations de natures très différentes. Les premières

open up new horizons in building and town planning. There has been a return to the concept of the green town, an idea already explored and indeed applied fifty years ago in many of the planned communities of the Paris region. There is renewed talk of the *ville dense* or compact city and the reconquest of the city by the city. The never-ending fight against urban sprawl is periodically mentioned. I myself wrote a paper on this subject over 15 years ago at the request of the University of Amiens, putting forward the hypothesis of a movement in the opposite direction to the one that had generated uninterrupted urban expansion for centuries, instead drawing the suburbs and unplanned excrescences towards the original nucleus of the city. The resulting hyper-density would in turn become the source of a new form of urban planning and architecture, and the outskirts, freed of all parasitic constructions, would return to their original state. Utopian dreams, of course, but at the time when I wrote the paper, this movement of recentralization was beginning in some major regional capitals. It remains to be seen whether it continued.

By means of three examples, I shall briefly outline the limits of certain theories, hypotheses or utopian dreams but without lingering over them, as the questions raised would differ too much in nature and regard too many different disciplines. I shall therefore confine myself to talking about studies on the formal appearance of buildings and the various evolutions of the concept of *limit*, including the spatial determination of all building. I shall show that the transformation of architectural form often has nothing to do with any technical, economic or functional considerations or even any requirement of immediate rationality. It is in this very particular sense that I shall address the concept of limit in architecture.

Speaking of recent buildings at a seminar held in Montpellier in June 2010, the architect Eva Mahdalickova made this observation: "The limit has now taken on a new meaning, no longer closure, façade or wall but availability and exchange. The limit creates a space of tension, conflict and encounter." As the Swiss architect Bernard Tschumi noted in the same connection, "defining space architecturally means defining frontiers." When architects use paper or a monitor to draw the first lines of a future project, lines that are often mysterious to the untrained eye, the result is in fact a boundary, a limit that divides the space, that determines the inside and the outside, the closed and the open. And this even when they seek at the same time and on the contrary to dissolve these limits, to create interpenetrations of the spaces thus delimited. It is this constant and specific interplay that characterizes the architect's work.

This is an essentially intellectual process that sometimes surprises and often disturbs. It is, however, through this need to define and break through limits – to explore new frontiers all the time, to imagine new interpenetrations or displacements of spaces – that architects truly practice their art, sometimes at the risk of making mistakes.

To illustrate this, I shall present a few images of some very different designs and completed works. The first show what

I mentioned earlier, namely how an urban-planning concept can go astray on being developed radically, reaching its limits and triggering rejection. The following images will instead illustrate some remarkable works that constitute important moments of architectural creation. These are the result of studies that do not always regard form but have had a major impact on the outer shell of buildings. Hence the shattering of limits, their displacement and proliferation, followed later by the emergence of fluid forms generated by the immense possibilities of digital technology, and in other periods the effects of transparency and reflection suggesting the virtual multiplication or elimination and disappearance of limits.

BLOCKS

The first photo presents two views of Le Corbusier's Unité d'habitation in Marseille, the Cité Radieuse (1947–52), an archetype of modern architecture, a rigorous block of 137 metres in length, 24 in width and 56 in height containing an internal street with shops and facilities for the inhabitants. Le Corbusier built four blocks of the same type between 1955 and 1965. The one in Marseille had a worldwide impact and inspired numerous buildings but also gave rise to some unfortunate failures. The latter include this one in Italy, which took the original concept to extremes with disastrous consequences for the environment and its occupants' lives. This is the Corviale (1975–82), a public housing block built by the architect Marco Fiorentino to the west of Rome. One kilometer in length, it is nine stories high and contains 1,200 apartments. After the model of the Cité Radieuse in Marseille, the entire 4th floor was to have contained facilities for the inhabitants but this never happened. Even before the building was completed, it was occupied by poorly-housed families, who turned the premises intended for shops, businesses and services into makeshift apartments illegally connected with the peripheral water, electricity and telephone systems. This is one of the problematic areas of Rome and various rehabilitation projects are currently being developed.

Another example of comparable nature attests to the relationship between the different versions of the town-planning scheme drawn up by Le Corbusier in the 1930s for the city of Algiers. Called the *Plan Obus* or "bombshell plan" because it was supposed to explode all the established ideas about town planning, it envisaged an elevated highway on top of an immense residential building 10 km in length passing over the Casbah. While we have no idea how Le Corbusier could ever have put this radical concept into concrete shape, it was taken up by the architect Luigi Carlo Daneri for the Forte Quezzi public housing complex (1956–68) northeast of Genoa consisting of long, curved blocks, each 300–500 meters in length, containing a total of 900 apartments and constituting a landmark of territorial scale on its hilly site. The work, which caused a considerable stir, is again the object of various rehabilitation plans.

Finally, here is an unfinished project on a gigantic scale that even surpasses the previous two: the Colossus of Prora (1936–39), a seaside complex built by the architect Clem-

montrent, comme je l'ai dit précédemment, les dérives d'un concept urbain lorsqu'il est développé de façon radicale et atteint ainsi ses limites et suscite le rejet. Les images suivantes illustreront au contraire des réalisations remarquables qui ont été des moments importants de la création architecturale. Elles sont le résultat de recherches qui ne portaient pas toujours sur la forme mais qui ont eu des conséquences profondes sur l'enveloppe des bâtiments. C'est ainsi que sont apparues, l'éclatement des limites, leur dislocation, leur prolifération, plus tard l'émergence de formes fluides générées par les immenses possibilités de l'outil informatique, et à d'autres époques les effets de transparence et de reflets qui suggèrent l'effacement, la disparition ou la multiplication virtuelle des limites.

LES BÂTIMENTS LAMELLAIRES

La première photo présente deux vues de l'Unité d'habitation de Marseille, la Cité radieuse, construite par Le Corbusier de 1947 à 1952. C'est un archétype de l'architecture moderne, un volume rigoureux de 137 m de long, 24 m de large, haut de 56 m qui contient une rue intérieure de commerces et de services destinés aux habitants de l'immeuble. De 1955 à 1965 Le Corbusier réalisa quatre unités d'habitation du même type. Celle de Marseille eut un retentissement mondial qui inspira de nombreuses réalisations mais fut aussi à l'origine de malheureuses dérives. Parmi celles-ci j'en ai retenu une, en Italie, qui a porté le concept originel à ses limites extrêmes avec des conséquences désastreuses sur l'environnement et la vie des occupants.

Il s'agit du Corviale, immeuble long de 1 km, réalisé de 1975 à 1982 à l'ouest de Rome par l'architecte Marco Fiorentino. Il abrite, sur neuf niveaux, 1200 logements sociaux. Une rue des services, inspirée de la Cité radieuse de Marseille, devait occuper toute la longueur du 4e étage. Cette rue n'a jamais été aménagée car elle fut investie, avant même la fin du chantier, par une foule de mal logés qui transformèrent les volumes destinés aux commerces et services en logements de fortune raccordés illégalement aux réseaux périphériques d'eau, d'électricité, de téléphone. C'est l'un des quartiers « difficiles » de la capitale italienne. Divers projets de réhabilitations sont actuellement à l'étude.

Un autre exemple de même nature témoigne d'une filiation entre les diverses versions du plan d'urbanisme dessiné par Le Corbusier dans les années 1930 pour le schéma directeur d'Alger. Ce projet fut dénommé « Plan Obus » parce qu'il pulvérisait toutes les idées préconçues sur l'urbanisme. Il s'agissait d'un immense bâtiment surmonté d'une autoroute sorte de ruban habité de 10 km qui aurait surplombé la Casbah. Sur ce concept radical, dont on ne sait pas comment Le Corbusier l'aurait mis en œuvre, l'architecte Luigi Carlo Daneri réalise, de 1956 à 1968, dans le quartier Forte Quezzi au nord-est de Gènes, un vaste ensemble de 900 logements constitué de bâtiments sinueux et continus longs chacun de 300 à 500 m qui marquent le site vallonné d'une empreinte à l'échelle du territoire. Cette réalisation, qui a suscité de nombreux remous, fait aussi l'objet de projets de réhabilitations.

Voici enfin une autre réalisation inachevée dont le gigantisme dépasse les deux exemples précédents. Il s'agit du complexe balnéaire, surnommé « le colosse de Prora », construit de 1936 à 1939 par l'architecte Clemens Klotz pour accueillir 20.000 vacanciers à Prora dans l'île de Rügen sur la mer Baltique. C'est un bâtiment long de 4,5 km dont le chantier a été abandonné au déclenchement de la dernière guerre, sa démolition a été un moment envisagée, mais il est depuis 1993 classé au Patrimoine national allemand. Il reste pour l'instant sans affectation si ce n'est une auberge de jeunesse de 400 lits. Quatre complexes identiques étaient prévus jamais réalisés.

LES VOLUMES ÉCLATÉS

Les réalisations précédentes se présentent comme des volumes architecturaux qui bien qu'étendus indéfiniment dans une seule direction (le gratte-ciel est un autre exemple d'une extension uni-directionnelle) conservent l'identité de volumes compacts aux limites clairement identifiables.

Le magnifique et monumental Palais Strozzi à Florence (1489-1505), des architectes Da Maiano et Del Pollaiolo, est une parfaite illustration de la compacité architecturale.

Pour illustrer le concept d'éclatement de l'enveloppe traditionnelle j'ai choisi six exemples réalisés par différents architectes à diverses époques. Franck Lloyd Wright, dans la Maison sur la cascade (1935-1939), organise les diverses parties de la demeure dans des volumes distincts superposés, dans un état d'équilibre dynamique entre lesquels s'insinue la nature et dont l'œil perçoit les vides interstitiels. C'est l'une des premières et des plus marquantes réalisations de l'architecture moderne dans laquelle s'affirme une nouvelle conception de la notion de limite.

Dans l'Université de Toulouse le Mirail (1967-1975) et dans l'Université libre de Berlin (1969), les architectes Candilis, Josic et Woods rompent avec le schéma architectural rigide des bâtiments d'enseignement supérieur. Ils cherchent à exprimer, par un plan qui se présente sous la forme d'une résille indifférenciée, des volumes et un espace architectural capable à tout moment de s'adapter à l'évolution permanente des disciplines universitaires. Cette résille neutre, évolutive, que j'appellerai « anarchitecturale », reste encore aujourd'hui une des voies explorées pour les futures universités.

Le projet de Le Corbusier pour un hôpital à Venise, conçu en 1964 et jamais réalisé, témoignait de la même conception, celle d'une architecture évolutive apte à s'étendre dans diverses directions pour accueillir de nouvelles fonctions. Certaines réalisations hospitalières récentes s'inspirent des exemples précédents.

Les projets de Moshe Safdie (1963-1967) pour l'exposition Montréal 67, ceux de Jean Renaudie à Gisors (1973-1980) et à Ivry (1978-1983), comme celui du groupe Bjarke Ingels pour la Montagne à Copenhague (2008), développent avec une plus grande radicalité le concept de fragmentation de l'édifice et l'abandon de la compacité. Les limites deviennent poreuses, la notion de façade n'existe plus, la distinction entre espaces internes et externes s'estompe au point de disparaître. Les bâtiments prennent un aspect collinaire où les entrées des divers apparte-

ens Klotz for up to 20,000 holidaymakers at Prora in the German island of Rügen in the Baltic. The building is 4,5 kilometers long but construction stopped at the outbreak of World War II. Once scheduled for demolition, it has been a German national heritage site since 1993 and is now unoccupied apart from a 400-bed youth hostel. Four identical buildings were planned but never built.

FRAGMENTED VOLUMES

The previous works take the form of architectural volumes, albeit extended indefinitely in a single direction (as is the skyscraper), and preserve their identity as compact buildings with clearly identifiable limits.

Built by the architects Da Maiano and Del Pollaiolo, the magnificent and monumental Palazzo Strozzi (1489–1505) in Florence is a perfect example of architectural compactness.

In order to illustrate the fragmentation of the traditional shell, I have chosen six works built by different architects in different periods. In Fallingwater (1935–39), Frank Lloyd Wright organizes the various parts of the house into separate volumes, placed one above the other in a state of dynamic balance with visible gaps between them into which the natural environment makes its way. This is one of the first and the most significant works of modern architecture in which a new idea of the concept of limit is asserted.

In the University of Toulouse-Le Mirail (1967–75) and the Free University of Berlin (1969), the architects Candilis, Josic and Woods break away from the rigid architectural model for buildings of higher education. With a plan in the form of an undifferentiated mesh, they develop volumes and an architectural space capable at any time of adapting to the constant evolution of university disciplines. This neutral, evolutionary grid, which I would describe as "anarchitectural" is still today one of the avenues explored for the universities of the future.

Le Corbusier's plan for a hospital in Venice, designed in 1964 but never built, exemplifies the same idea of evolutionary architecture capable of extending in different directions to take on new functions. Certain recent hospitals are modeled on the previous examples.

The plans of Moshe Safdie for the 1967 Montreal Expo (1963–67), of Jean Renaudie for Gisors (1973–80) and Ivry (1978–83), and of the Bjarke Ingels Group for the Mountain Dwellings in Copenhagen (2008), develop the concept of fragmentation and the abandonment of the compact building still more radically. The limits become porous, the idea of a façade is banished, and the distinction between internal and external space is blurred to the point of disappearing. The buildings take on a hill-like appearance with the entrances to the different apartments discovered in the course of the climb. These works also recall Claude Parent's concept of *oblique architecture*. These explorations of the habitat go beyond the limits of the building as object to generate a new kind of urban fabric described as "proliferating." Urban organization, structure and development break away from the traditional codes of spatial organization of the city made up of squares, avenues and perspectives composed in accordance with orderly urban layouts. These explorations of the habitat and the numerous works born out of them during the 1980s and 1990s have been abandoned for the moment for economic reasons.

FLUIDITY

The most recent architectural works are characterized by a space dominated by curves, a baroque space deliberately breaking away from structural orthogonality. In the case of the National Grand Theater of China in Beijing (1999–2007) designed by Paul Andreu, the entire building is contained in a spherical cap. The huge glass roof perfectly embedded in this shell reveals the curves and countercurves of the auditoriums located inside the monumental complex. Jean Nouvel's Philharmonie de Paris (2006–15) is another example of this pursuit of architectural fluidity. In the case of the Stadium of France (1994–98), by the architects Macary and Zublena, this constitutes a major element of the composition, projected outside the surrounding wall in the form of an immense disc that covers the tiered seating and the forecourt.

The Rolex Learning Centre (2004–10) in Lausanne, by the Japanese architectural firm SANAA, is a fluid volume that flows like a wave over the surrounding lawns.

Frank Gehry's Guggenheim Museum in Bilbao (1993–97) and Toyo Ito's Metropolitan Opera House in Taiwan, now under construction, are two more examples of the fluid, baroque architecture born out of the use of digital technology. The latter conjures up the idea of membranes, organic tissues, a continuous undifferentiated space where interior and exterior are interwoven.

TRANSPARENCY

Early in the 20th century, the use of huge glazed surfaces made dematerialization of the architectural volume possible. Effects of transparency and the interweaving of interior and exterior lie at the heart of the Modern Movement.

Mies van der Rohe's German Pavilion for the 1929 Barcelona Expo and Neue Nationalgalerie in Berlin are the first examples of transparency in architecture and the pursuit of visual effects making it hard to distinguish the perception of what is real from its reflection.

The Louvre-Lens (2004–12) by the Japanese architectural firm SANAA is a very simple building in volumetric terms with huge glass façades that cause it to blend into the landscape and dematerialize through the effect of visual permeability.

It is, however, above all with the Cartier Foundation (1991–94) on boulevard Raspail in Paris that Jean Nouvel develops the theme of transparency and the dematerialization of limits. He creates what he calls a new interactivity with the environment and speaks of the "evacuation of the visible, *trans-appearence*, the mutation of space". In this building, the architect has created "a machine of multiple visions."

In conclusion, I shall show you two works of which I am the author, the first already built while the second never got beyond the drawing board. These are two vertical lift bridges

ments se découvrent au détour d'une escalade. Ces réalisations ne sont pas sans rappeler le concept de l'« Architecture oblique » chère à Claude Parent. Ces recherches sur l'habitat ont dépassé les limites de l'objet bâtiment et ont généré un nouveau type de tissu urbain qu'on a appelé *proliférant*. L'organisation de la ville, sa structure et son développement rompaient avec les codes de l'organisation spatiale traditionnelle de la cité formée de places, d'avenues, de perspectives composées selon des tracés urbains ordonnancés. Ces recherches sur l'habitat et les nombreuses réalisations auxquelles elles ont donné naissance durant les années 1980-1990 sont pour l'instant abandonnées pour des raisons économiques.

FLUIDITÉ

Les plus récentes réalisations architecturales se caractérisent par l'apparition d'un espace où dominent les courbes, un espace baroque qui rompt délibérément avec l'orthogonalité structurelle. Le bâtiment est tout entier contenu dans une calotte sphérique comme pour l'Opéra de Pékin, conçu en 1999-2007 par Paul Andreu. Une vaste verrière parfaitement inscrite dans cette enveloppe donne à voir les courbes et contre-courbes des salles d'orchestres situées dans l'enceinte monumentale. La Philharmonie de Paris de Jean Nouvel (2006-2015) est une autre expression de cette recherche de fluidité architecturale. Dans l'exemple du Stade de France, construit en 1994-1998 par les architectes Macary et Zublena, c'est un élément majeur de la composition qui se projette à l'extérieur de l'enceinte sous la forme de l'immense disque qui couvre les gradins et le parvis périphérique .

À Lausanne, le Rolex Learning Center, réalisé de 2004 à 2010 par les architectes japonais SANAA, est un volume fluide qui comme une vague se répand sur l'espace engazonné autour du bâtiment.

De même le musée Guggenheim à Bilbao (1993-1997), de Franck Gehry, et le Metropolitan Opera House à Taiwan, en construction, de l'architecte Toyo Ito, sont encore deux autres exemples de l'architecture fluide, baroque née des recherches sur ordinateur. L'Opéra de Taiwan évoque ainsi des membranes, des tissus organique, un espace indifférencié, continu, où s'enchevêtrent l'intérieur et l'extérieur.

TRANSPARENCE

Au début du XXe siècle l'utilisation de vastes surfaces vitrées a permis une dématérialisation du volume architectonique ; les effets de transparence, d'interpénétrabilité de l'intérieur et de l'extérieur sont au centre du mouvement moderne.

Le pavillon de Barcelone (1929) et la Neue Nationalgalerie à Berlin de l'architecte Mies Van der Rohe sont des premiers exemples de la transparence en architecture, de la recherche d'effets visuels qui rendent indistinct ce qui est perçu de ce qui n'en est que le reflet.

Le musée du Louvre à Lens (2004-2012) des architectes japonais SANAA est un bâtiment d'une volumétrie très simple qui par ses immenses façades de verre s'efface dans le paysage et se dématérialise par les effets de perméabilité visuelle.

Mais c'est surtout à la Fondation Cartier, boulevard Raspail à Paris (1991-1994), que Jean Nouvel développe le thème de la transparence, de la dématérialisation des limites. Il crée, dit-il, une nouvelle interactivité avec l'environnement et parle de « l'évacuation du visible, de *transapparence*, de mutation de l'espace ». Dans ce bâtiment l'architecte a créé « une machine à visions multiples ».

Je terminerai en vous présentant deux ouvrages d'art dont je suis l'auteur, le premier réalisé, le second resté à l'état de projet. Il s'agit de deux ponts levants dont les exigences fonctionnelles fixées par les ingénieurs de l'Équipement sont identiques : lever à 55 m les travées d'un pont pour laisser passer les plus grands navires. J'aurais naturellement pu reconduire les mêmes dispositions techniques et architecturales pour les deux projets. Mais, volontairement, pour tenir compte du contexte environnemental mais surtout pour le plaisir d'explorer d'autres limites, je me suis refusé à reproduire à Bordeaux la solution technique que j'avais adoptée pour le pont Gustave Flaubert à Rouen (2004-2007). Pour le projet de Bordeaux, j'ai en effet estimé que la largeur de la Garonne, deux fois et demi celle de la Seine, justifiait de rechercher une solution architecturale plus audacieuse, plus expérimentale qui poussait à ses limites la technique des ouvrages de ce type. C'est ainsi que j'ai proposé une pile unique de 70 m de hauteur qui supporte, en équilibre, un immense fléau de 170 m, soit près de deux fois et demi la largeur des Champs-Élysée. Cet ouvrage aurait marqué de son empreinte spectaculaire et originale l'accès au centre de Bordeaux. Pour des raisons de coût, c'est un autre projet qui a été retenu.

En conclusion, je dirai, l'Architecture est d'abord un art, ces limites sont « illimitées ». Ce ne sont pas les techniques, aussi innovantes soient-elles, ni les considérations fonctionnelles, ni les préoccupations sociétales ou même les aspects économiques, aussi prégnants soient-ils, qui sont les déterminants premiers des mutations architecturales les plus novatrices, mais bien la volonté renouvelée de repousser les limites de la création.

Aymeric Zublena
27 février 2014

with identical functional requirements set by the engineers responsible: roadways capable of being lifted to a height of 55 meters to allow larger ships to pass. While I could of course have used the same technical and architectural design for both projects, I deliberately refused to put forward in Bordeaux the solutions already adopted for the Gustave Flaubert bridge in Rouen (2004–2007). This was partly in order to take the environmental context into consideration but above all for the pleasure of exploring other horizons. In the case of Bordeaux, I decided that the width of the Garonne, two and a half times that of the Seine in Rouen, called for a more daring and experimental architectural approach taking the technique for works of this kind to its very limits. What I proposed was a single pier, 70 meters tall, supporting an immense balanced beam of 170 meters, nearly two and a half times the width of the Champs-Elysées. This work would have endowed the point of access to the center of Bordeaux with its own spectacular and original landmark. For reasons of cost, another design was chosen.

In conclusion, let me say that architecture is first of all an art and these limits are *unlimited*, so to speak. The most ground-breaking architectural mutations are primarily determined neither by techniques, no matter how innovative, nor by functional considerations, societal concerns or even economic aspects, no matter how weighty, by rather by the constantly renewed determination to push back the limits of creation.

Aymeric Zublena
27 February 2014

TRANSMISSION, MASTER AND PUPILS

Speech delivered on 27 October 2015 at the Institut de France on the official opening of the new academic year for the five academies

"Poor is the pupil who does not surpass his Master." These words were written around 1490 by Leonardo da Vinci in his treatise on painting, the notes for which were brought back from Italy by Napoleon and now form part of the Institut de France's Manuscript A.

In the same connection, George Steiner wrote of "the calling of the teacher. There is no craft more privileged. To awaken in another human being powers, dreams beyond one's own."

In this period of crisis affecting the institutions responsible for education and handing on knowledge, these observations convey ideas that have to do with dreams and going beyond rather than authority and techniques of transmission.

While social conditions, the constraint of teaching large numbers and the new means of transmission constitute a challenge peculiar to our era, the desire to surpass and striving for dreams, always present in the hearts of teachers, are things that we must take care to preserve and assert.

There is indeed a crisis in transmission. The causes are known and numerous. Let us discuss some of them:

• There are what we can call technical causes due to the advent of powerful means of communication and the resulting upheaval in the conditions of access to information and knowledge. Constantly evolving, increasingly sophisticated and universal in their applications and use, these tools are said to have made the traditional forms of teaching obsolete;

• This ease of access to a whole variety of skills without the intermediary of a teacher undermines the authority of those responsible for transmitting knowledge and challenges the values that justify their position;

• Another cause, and one less frequently mentioned, is the specialization of disciplines, which generates their autonomy and interdependence at the same time, thus making the act of transmission very difficult and indeed impossible for a single individual, no matter how knowledgeable and cultivated.

LA TRANSMISSION, MAÎTRE ET DISCIPLES

Discours prononcé le 27 octobre 2015 à l'Institut de France Rentrée solennelle des cinq Académies

« Piètre disciple qui ne surpasse pas son Maître » écrit vers 1490, Leonardo Da Vinci dans son traité sur la peinture, dont les notes, rapportées d'Italie par le Général Bonaparte, sont conservées dans le manuscrit A de l'Institut de France.

Et encore cette pensée de George Steiner : « Un des nombreux privilèges du Maître, c'est d'éveiller chez les autres des pouvoirs et des rêves qui dépassent les siens ».

En ces temps de crises qui frappent les institutions en charge d'éduquer et de transmettre les savoirs, ces propos sont porteurs d'une pensée qui ne parle ni d'autorité ni de techniques de transmission, mais de dépassement et de rêve.

Oui, les conditions sociales, les contraintes d'enseigner au grand nombre, et les nouveaux moyens de transmission représentent un défi particulier propre à notre époque. Mais cette ambition de dépassement, cette aspiration au rêve, toujours présentes au cœur des enseignants, il faut veiller à les maintenir et à les réaffirmer.

Oui, il y a une crise de la transmission. Les causes en sont connues, elles sont nombreuses, évoquons-en quelques-unes :

• Causes que nous appellerons techniques, dues à l'apparition des puissants moyens de communication qui bouleversent les conditions d'accès à l'information et au savoir. En constante évolution, toujours plus sophistiqués, universels dans leurs applications et leur usage, ces moyens ont, dit-on, rendus caduques les formes traditionnelles de l'enseignement ;

• Cette facilité d'accès aux connaissances multiples, sans le truchement d'un maître, fragilise l'autorité de ceux qui sont en charge de transmettre le savoir et remet en cause les valeurs qui les légitiment ;

• Autre cause, moins souvent citée, celle de la spécialisation des disciplines qui, générant à la fois leur autonomie et leur interdépendance, rend complexe et illusoire la transmission d'un savoir par un seul individu aussi savant et cultivé soit-il.

On assiste ainsi à la multiplication des experts, à la divergence de leurs points de vue, qui créent ce sentiment d'une connaissance parcellisée, émiettée, en constante évolution dont la valeur devient alors relative.

Nul ne conteste l'extraordinaire apport de l'informatique et de son avatar l'Internet. Michel Serres dit justement qu'ils ont libéré la mémoire et rendu disponible le cerveau pour de plus nobles fonctions, imaginer et inventer. Mais, nous dit aussi Marceline Loridan-Ivens, « avec l'ordinateur on cherche, on regarde et on oublie ».

Je pense que ces moyens remarquables ont eu un autre effet, celui de donner naissance et de faire émerger une nouvelle société d'autodidactes.

En effet la transmission des savoirs ou des compétences se réalise habituellement dans une relation hiérarchisée, sans qu'elle soit nécessairement autoritaire, dans un rapport accepté d'individu à individu ou d'individu à groupes, au sein d'écoles, de facultés, d'ateliers ou de laboratoires, lorsque se mêlent théories et pratiques.

Or ce qui caractérise cette nouvelle société d'autodidactes, c'est une rupture, non formulée mais réelle, avec l'Institution (avec un grand I) dont on remet en cause la légitimité, la pertinence des savoirs transmis et les valeurs auxquelles elle se réfère.

Ce n'est pas que l'autoacquisition n'existait pas auparavant. Elle s'effectuait aussi au fil des curiosités successives et des besoins ressentis par ceux qui voulaient s'épanouir ou réussir dans la carrière qu'ils avaient choisie. Il a existé des autodidactes célèbres et respectés mais la plupart étaient, selon Georges Le Meur, les témoins « d'une réussite socio-professionnelle de personnes qui ne devaient "normalement" pas s'élever dans la hiérarchie sociale… L'autodidacte emblématique manifestait un respect à l'égard de l'Institution éducative et s'appropriait par des voies non scolaires le capital intellectuel qui lui faisait défaut ».

J'ai le sentiment que ce n'est plus ce respect que ressentent les autodidactes d'aujourd'hui.

J'ai évoqué la complexité croissante des disciplines, leurs constantes spécialisations, leur interaction nécessaire pour rendre compte de phénomènes complexes. Les exemples en sont nombreux dans le monde scientifique, je n'aborderai pas ce domaine, mais permettez-moi, en quelques mots, d'évoquer celui de l'enseignement de l'architecture et des évolutions qu'il a connues.

Dans l'École des Beaux-Arts, celle de ma lointaine jeunesse, l'enseignement de l'architecture était essentiellement dispensé par un Patron Chef d'Atelier. Certes, d'éminents Professeurs prodiguaient *ex cathedra* des cours théoriques, de mathématiques, de physique, de chimie, de résistance des matériaux et bien sûr d'histoire de l'Art. Mais ces éminents professeurs ne quittaient jamais leurs chaires, et d'ailleurs on ne le leur demandait pas, pour rencontrer les étudiants au sein de leurs ateliers.

L'Atelier, ce lieu mythique où s'effectuait, sous la tutelle exclusive du Patron, l'exercice du projet, élément central de l'enseignement de l'architecture.

Or, à la suite des bouleversements que nous connaissons, la direction de cet exercice est devenue collégiale. Architectes, ingénieurs, sociologues,

This has given rise to the proliferation of experts with differing points of view, thus creating the impression of knowledge as partial, fragmented, constantly changing and hence of only relative value.

No one is denying the extraordinary contribution of digital technology and the Internet, its avatar. As Michel Serres rightly observes, they have freed the memory and made the brain available for the nobler functions of imagination and invention. But as Marceline Loridan-Ivens also tells us, with the computer, you search, look and forget.

I think these remarkable tools have had another effect, namely that of fostering the birth and emergence of a new society of the self-taught.

The transmission of knowledge and skills normally takes place through a relationship that is hierarchical, albeit not necessarily authoritarian, an accepted relationship of individual to individual or individual to group in schools, faculties, workshops and laboratories, where theory and practice are combined.

What characterizes this new self-taught society is a rift, not explicitly formulated but real, with the Institutions with a capital I, whose legitimacy is called into question together with the pertinence of the knowledge transmitted and the values of reference.

It is not that the self-acquisition of knowledge did not exist before. It took place also as a result of the curiosity and needs felt by those wishing to blossom or seeking success in their chosen careers. While there have been some famous and highly respected self-taught people, most cases bear witness, according to Georges Le Meur, to the "socio-professional success of people not 'normally' expected to rise in the social hierarchy… The emblematic autodidact manifested respect for the institution of education and acquired the capital intellectual by non-scholastic means."

It is my impression that today's autodidacts no longer feel this respect.

I mentioned the increasing complexity of the disciplines, their constant specialization and the interaction required to tackle complex phenomena. While there are numerous examples in the world of science, I shall not address this domain but rather say a few words about the teaching of architecture and the evolution it has undergone.

In the Ecole des Beaux-Arts of my now distant youth, the teaching of architecture was essentially dispensed by a *patron* in charge of an *atelier*. While some eminent professors did generously offer *ex cathedra* theoretical courses in mathematics, physics, chemistry, the strength of materials and of course the history of art, they never left their chairs to meet the students in their *ateliers*, nor indeed were they ever asked to.

The *atelier*, the legendary place where exercises in the central architectural element of design were carried out under the exclusive supervision of the *patron*.

Now, after the upheavals of which we are well aware, these exercises are under joint supervision. Architects, engineers, sociologists and artists, most of them young, take part with shared authority in the weekly training of students.

This new form of teaching has certainly proved beneficial, bringing a breath of fresh air into the schools of architecture that took the place of the defunct architectural section of the Ecole des Beaux-Arts. These are the schools responsible for producing generations of architects that have imagined and conceived architecture of internationally recognized quality and originality.

Nevertheless, without challenging either the respective areas of competence nor the interest of a joint body of experts, students have gradually come to feel and express the need for a central figure of reference, a *master*, to use an outmoded term, a personality whose culture and works could arouse in them the dream and the desire to surpass mentioned above.

It is therefore my conviction that despite the constantly accelerating torrent of information and the proliferation of the networks and tools at our disposal, the essential function of the master will survive.

It will have to be redefined and reinvented, however, so as to ensure that the transmission of knowledge is accomplished in its entirety, as fully and humanly as possible.

Aymeric Zublena
September 2015

plasticiens, jeunes pour la plupart, participèrent dans une autorité partagée à l'encadrement hebdomadaire des étudiants.

Certes cette nouvelle forme d'enseignement a été bénéfique, elle a insufflé un air frais dans ces écoles d'architecture qui ont succédé à la défunte section d'architecture de l'École des Beaux-Arts. C'est de ces écoles que sont sorties les générations d'architectes qui ont imaginé et conçu une architecture d'une qualité et d'une originalité reconnue internationalement.

Mais pourtant, sans remettre en cause ni la légitimité des compétences respectives, ni l'intérêt d'une collégialité d'experts, les étudiants ont peu à peu exprimé le besoin et le désir de se référer à un personnage central, à un « Maître », même si ce terme n'avait plus cours, à une personnalité dont la culture et les œuvres suscitaient en eux ce rêve et ce désir de dépassement que j'évoquai il y a quelques instants.

J'ai ainsi la conviction que, malgré l'accélération torrentielle d'informations, la multiplication des réseaux et des outils qui sont maintenant à notre disposition, la fonction essentielle du « Maitre » subsistera.

Elle reste à redéfinir, à réinventer pour que la transmission du savoir s'accomplisse dans sa totalité, pleinement et je dirais humainement.

Aymeric Zublena
Septembre 2015

Liste des projets avec les divers participants

List of projects with their participants

HÔPITAUX
HOSPITALS

Hôpital européen / European Hospital Georges Pompidou (HEGP)
Paris XV
1983-2000
Maître d'ouvrage / Contractor : Assistance publique - Hôpitaux de Paris
BET / Technical consultancy : Thales
Économiste / Economist : Dominique Lucigny
Photos : Olivier Wogenski

Hôpital / Hospital Carémeau
Nîmes
1998-2003
Maître d'ouvrage / Contractor : CHU de Nîmes
BET / Technical consultancy : Sogelerg

Hôpital / Hospital Bretonneau
Tours
1996-2011
BET / Technical consultancy : Coteba
Maître d'ouvrage / Contractor : CHU de Tours

Hôpital d'instruction des Armées / Army Hospital Saint Anne
Toulon
1999-2008
Maître d'ouvrage / Contractor : Ministère de la Défense
Architectes associés / Associated architects : Duchier, Bonnet
BET / Technical consultancy : Setec bâtiment, Beterem
Photos : Christian Michel

Hôpital de la / Hospital Conception
Marseille
2005-2007
Maître d'ouvrage / Contractor : Assistance publique - Hôpitaux de Marseille
Photos : Christian Michel, David Giancatarina

Hôpital / Hospital Pierre-Paul Riquet
Toulouse
2007-2012
Maître d'ouvrage / Contractor : CHU de Toulouse
Architectes associés / Associated architects : Cardette, Huet
BET / Technical consultancy : Tecnip TPS, Serige
Photos : Jean-Luc Boegly

CHU de Grenoble, Pôle Mère-Enfant / CHU of Grenoble, Mother-Child Center
Grenoble
2007-2011
Maître d'ouvrage / Contractor : CHU de Grenoble

CHU Robert Debré
Reims
2006
Maître d'ouvrage / Contractor : CHU de Reims
Architectes associés / Associated architects : Thienot, Ballan
BET / Technical consultancy : Coteba

Hôpital / Hospital Michele e Pietro Ferrero
Verduno, Italie / Italy
1997-2019
Maître d'ouvrage / Contractor : ASLCN 2
Architectes associés / Associated architects : Ugo Camerino, Ugo e Paolo Dellapiana
BET / Technical consultancy : Simete, Steam, Forte
Photos : ASLCN 2

Hôpital / Hospital Papa Giovanni XXIII
Bergame, Italie / Italy
2001-2011
Maître d'ouvrage / Contractor : Ospedali Riuniti di Bergamo
Architectes associés / Associated architects : Alessandro Martini, Edoardo Monaco, Studio Traversi
BET / Technical consultancy : ETS, Steam, Taddia, Tecnarc
Photos : Paolo Stroppa

Église / Church Papa Giovanni XXIII
Bergame, Italie / Italy
2011-2014
Maître d'ouvrage / Contractor : Paroisse Saint-Joseph
Architectes associés / Associated architects : Studio Traversi
BET / Technical consultancy : ETS, Steam, Taddia
Photo : Paolo Stroppa

Hôpital / Hospital Madre Teresa di Calcutta
Monselice, Italie / Italy
2008-2014
Maître d'ouvrage / Contractor : ULSS 17 Ospedali riuniti di Padova
BET / Technical consultancy : Steam, Sanson, FMI
Photos : Euganea, Sanita, Steam

Hôpital / Hospital Zhongshan
Shanghai, Chine / China
2001-2006
Architecte associé / Associated architect : Xavier Menu

STADES
STADIUMS

Stade de France / Stadium of France
Saint-Denis
1994-1998
Maître d'ouvrage / Contractor : Consortium Stade de France
Architectes associés / Associated architects : Macary, Regembal, Costantini
Photos : Augusto Da Silva, Nicolas Borel, Galard

Stade Olympique / Olympic Stadium Atatürk
Istanbul, Turquie / Turkey
1998-2003
Maître d'ouvrage / Contractor : Ministère des sports   Vinci
Architectes associés / Associated architects :
Michel Macary

Stade de Suwon / Suwon Stadium
Suwon, Corée du sud / South Korea
1995-2001
Maître d'ouvrage / Contractor : Samsung
Architectes associés / Associated architects : Michel Macary
BET / Technical consultancy : Samsung
Photos : SCAU

Stade du Hainaut / Hainaut Stadium
Valenciennes
2006-2011
Maître d'ouvrage / Contractor : Valenciennes Métropole
Architectes associés / Associated architects : Escudié Fermaut
Photos : Luc Boegly

Stade / Stadium Océane
Le Havre
2009-2012
Maître d'ouvrage / Contractor : COHDA
Architectes associés / Associated architects : KSS
Photos : Luc Boegly

Stade / Stadium Vélodrome
Marseille
2010-2014
Maître d'ouvrage / Contractor : Ville de Marseille, AREMA
BET / Technical consultancy : Entreprise GFC Construction
Architectes associé / Associated architect : Didier Rogeon
Photos : V. Paul

Stade de Pékin / Stadium of Beijing
Chine / China
2003 (concours / competition)
Architectes associés / Associated architects :
Xavier Menu

Stade de Bakou / Baku Stadium
Azerbaïdjan / Azerbaijan
2008 (concours / competition)

Stade de Casablanca / Casablanca Stadium
Maroc / Morocco
2009 (concours / competition)

ENSEIGNEMENT SUPÉRIEUR
HIGHER EDUCATION INSTITUTIONS

Pôle API / Pole API Illkirch-Graffenstaden
1989-1993
Maître d'ouvrage / Contractor : Conseil régional d'Alsace
Architecte associé / Associated architect : Blondel
BET / Technical consultancy : Coteba
Photos : Nicolas Borel

École nationale supérieure des Mines de Nantes
Nantes
1992-1997
Maître d'ouvrage / Contractor : Ministère de l'Économie, des Finances et de l'Industrie
Photos: Antonio Martinelli

Centre de Micro-électronique / Microelectronics Center Georges Charpak
Gardanne
2005-2008
Maître d'ouvrage / Contractor : Ministère de l'Économie, des Finances et de l'Industrie
BET / Technical consultancy : Coteba, Acouphen
Photos: Serge Demailly

Pôle universitaire / University Center Sidi Abdellah
Alger / Algiers, Algérie / Algeria
2008 (concours / competition)

L'ARCHITECTURE DU TERTIAIRE
TERTIARY ARCHITECTURE

Centre de formation IBM / IBM Training Center
Noisy-le-Grand
1989-1993
Maître d'ouvrage / Contractor : IBM France
Photos : C. Bouleau

Siège de / Headquarters of Télédiffusion de France
Issy-les-Moulineaux
1989-1993
Maître d'ouvrage / Contractor : TDF
Architectes associés / Associated architects : Michel Macary
Photos : Nicolas Borel

Direction de l'action sociale, de l'enfance et de la santé / Department of Social Security
1989-1993
Maître d'ouvrage / Contractor : DASES
BET / Technical consultancy : Sechaud et Bossuyt
Photos : Olivier Wogenski

Siège social de la / Headquarters of CEGID
Lyon
2001-2003
Maître d'ouvrage / Contractor : Cegid
Architecte associé / Associated architect : Michel Macary

Siège de / Headquarters of BNP Paribas
Issy les Moulineaux
2008-2011
Maître d'ouvrage / Contractor : BNP Parisbas
Photos : Vincent Fillion

Immeuble / Building « Front de Seine »
Issy-les-Moulineaux
2004-2006
Maître d'ouvrage / Contractor : BNP Paribas
BET / Technical consultancy : Barnabel, Kephren, Elioth
Photos : Didier de la Tour

Immeuble de bureaux / Office building « Le Mirage »
Villeurbanne
2011-2014
Maître d'ouvrage / Contractor : Filying
Photos : Filying

Immeuble de bureaux / Office Building « Universaône »
Lyon
2010-2013
Maître d'ouvrage / Contractor : Filying
Photos : Filying

LOGEMENTS
HOUSING

Quartier des Pyramides
Évry
1971-1980
Maître d'ouvrage / Contractor : OCIL
Architectes associés / Associated architects : Michel Macary, Thierry Gruber

PONTS
BRIDGES

Pont levant / Vertical-lift bridge Gustave Flaubert
Rouen
2004-2007
Maître d'ouvrage / Contractor : Direction régionale de l'équipement Haute-Normandie
Ingénieur Associé / Associated engineer : Michel Virlogeux
BET / Technical consultancy : Eurodim, Arcadis ESG, Serf
Photos : Vercelino

Pont levant / Vertical-lift bridge Chaban-Delmas
Bordeaux
2005 (concours / competition)
BET / Technical consultancy : Eurodim, Arcadis ESG

*Avec le soutien de /
With the support of*

FILYING 2010

Silvana Editoriale S.p.A.
via dei Lavoratori, 78
20092 Cinisello Balsamo, Milano
tél. 02 453 951 01
fax 02 453 951 51
www.silvanaeditoriale.it

Les reproductions, l'impression et la reliure
ont été réalisées en Italie
Reproductions, printing and binding in Italy
Achevé d'imprimer en avril 2020
Printed April 2020